한국어에서 중국어 바라보기

# 한국어에서 중국어 바라보기

박종한 저

學古房

# 머리말

한국어의 관점에서 중국어 바라보기를 한 지 10년이 훨씬 넘었다.

그 과정에서 문법 연구의 본령에 대한 투철한 깨달음도 없이 이것저것 많이도 건드려 온 것 같다.

그 중에서 그래도 나 자신의 생각이 조금 스며 있는 것을 11편 뽑아보았다. 이 책에서 각각 하나의 장을 구성하는 이들은 경우에 따라 제목이 조금 바뀌기도 할 것이다.

이들의 원래 제목과 출처를 밝히면 다음과 같다.

제1장 <중국어와 한국어의 문법적 특성 대조 연구>, Foreign Languages Education (4)1, 1998년 봄호, 137-161, 한국외국어교육학회.

제2장 <(很)[有NP] 구성의 어휘화에 대한 고찰>, 중어중문학 제25집, 73-97, 1999.

제3장 <(很)[VP] 구성의 어휘적 특성에 대한 실증적 연구>, 중국문학 제33집, 367-382, 2000.

제4장 <명사구의 한정성과 중국어의 주제>, 성심여대 논문집 제22집, 5-20, 1990.

제5장 <현대중국어의 전제에 대하여>, 가톨릭대학교 논문집, 67-90, 1995.

제6장 <현대중국어에서의 통제와 의미 해석>, 중국문학 제24집, 433-453, 1995.

제7장 <현대 중국어 동사 '來'와 '去'의 문법적 특성>, 성심여대 논문집 제24집, 33-50, 1992.
제8장 <인지문법에 의한 현대중국어 다의어 분석>, 중국언어연구 제5집, 한국중국언어학회, 325-359, 1997.
제9장 <중한 번역에서 부딪치는 몇 가지 문제>, 중국언어연구 제6집, 209-240, 1998.
제10장 <중한 번역 기법의 모색>, 중국어문학 32집, 영남중국어문학회, 557-589, 1998.
제11장 <중한 사전의 뜻풀이와 용례>, 중국언어연구 제9집, 159-182, 1999.

제1장은 중국어와 한국어를 서로 비교하면서 두 언어의 공통점과 차이점, 그리고 각 언어가 지닌 특징을 밝히고자 쓴 글이다. 애초부터 전공 학자가 아닌 일반 대중을 염두에 두고 쓴 글이므로 그런 대로 쉽게 읽힐 것으로 믿는다.

제2장과 제3장은 정도부사 '很'을 매개로 하여 중국어에서 보이는 어휘화 현상의 일단을 건드려 본 것이다. 최초의 아이디어는 누구나 다 아는 '很有意思'(참 재미있다)에서 시작되었고 그것을 어휘화의 차원으로까지 일반화하여 설명해 보려는 시도가 담겨 있다.

제2장은 제3장을 쓰기 위한 전 단계로 진행된 것이기 때문에 내용 중의 일부가 제3장에 그대로 인용되고 있다.

제4장과 제5장은 근래에 한국뿐 아니라 중국이나 일본 등지의 많은 학자들이 관심을 보이고 있는 인지의미론을 중국어 연구에 적용한 글이다. 인지적 접근에 대한 초기의 유치한 생각이 제5장에 보이며 그보다 약간 진전된 상황이 제4장에 반영되어 있다.

제6장과 제7장은 통사 의미론에서 흔히 언급되는 통제 현상과 전제에 대해 살펴본 것이다. 깊이 있는 설명보다는 현상의 기술이 주를 이루고 있다.

제9장에서 제11장은 번역에 관한 글이다. 순수 문법 연구가 응용의 바다로 나아갈 수 있는 출로의 하나를 보여주는 예이다(이 연구 성과는 뒤에 《중국어 번역 테크닉》(중국어문화원, 2000)으로 묶여 출판되게 된다).

이렇게 해서 한 권으로 꾸며진 이 책은 지난 10여 년 간 나름대로의 암중모색에 대한 조그마한 기록이 될 터이다.

이제 그 다음에 내디딜 걸음은 어디를 향할 것인가. 명확한 것은 아직 없다. 다만 연구든 교육이든 현재의 중국과 중국인을 이해하는 데 도움이 될 수 있도록 내용과 질이 달라져야 한다는 새삼스런 깨달음에 속으로 기꺼워할 뿐이다.

늘상 그렇듯 세상에 혼자만의 힘으로 되는 것은 별로 없다.

박사학위 논문을 쓸 때부터 지금까지 바라보고 계신 것만으로도 자극이 되고 힘이 되어주시는 허성도 교수님, 한 편 한 편 쓸 때마다 이런저런 문제를 들어 흠잡기(?)를 마다 않던 눈밝고 입 매서운 후배들, 그리고 최종적인 편집에 즈음하여 기술상의 미흡함은 물론 조사와 연결어미 하나까지 따져가며 틀린 곳을 바로 잡아준 정향채, 양세욱, 김아영, 이미경, 박은석 후배님들께 깊이 머리 숙여 감사의 말씀을 전한다.

이 책은 2001년에 《한국어의 관점에서 중국어 바라보기》란 제목으로 중국학@센터에서 출판되었다. 독자들의 성원에 힘입어 도서출판 학고방에서 다시 출간하게 되었다. 모두들에게 감사의 말씀을 드린다.

2004년 10월 1일
멀리서 바라봐도 아름다운 원미산 자락에서
박종한 씀

# 차례

머리말 … 5

## ■제1부 문법

### 제1장 중국어와 한국어의 문법 비교하기

1. 들머리 …………………………………………………………………… 17
2. 문법 관계 ………………………………………………………………… 19
   2.1 어순 …………………………………………………………………… 19
   2.2 주제 …………………………………………………………………… 23
   2.3 전치사와 후치사 …………………………………………………… 26
   2.4 보어 …………………………………………………………………… 30
3. 문장 관계 ………………………………………………………………… 34
   3.1 경어법과 대명사의 쓰임 …………………………………………… 34
   3.2 문장의 접속 ………………………………………………………… 38
   3.3 생략 …………………………………………………………………… 41
   3.4 복문의 구성 방식 …………………………………………………… 44
4. 맺음말 …………………………………………………………………… 49

### 제2장 어휘화 : (很)[有NP] 구성을 중심으로

1. 들머리 …………………………………………………………………… 51
2. (很)[有NP] 구성에 쓰이는 NP의 성격 ………………………………… 55
   2.1 [+추상] 명사는 필요 충분 조건인가 ……………………………… 55

2.2 [-추상] 명사는 쓰지 못하는가 …………………………………… 57
2.3 NP의 뉘앙스와 관련된 제약은 없는가 ……………………… 61
2.4 [bare NP]만 되는가 …………………………………………… 63
3. (很)[有NP] 구성의 어휘화 …………………………………………… 65
3.1 어휘화의 과정 …………………………………………………… 65
3.2 어휘화론의 문법적 의의 ……………………………………… 70
4. 맺음말 ………………………………………………………………… 72
[부록] …………………………………………………………………… 74

### 제3장 어휘화: (很)[VP] 구성을 중심으로

1. 들머리 ………………………………………………………………… 77
2. (很)[VP] 구성의 존재 양상 ………………………………………… 80
2.1 (很)[V NP] ……………………………………………………… 80
2.2 (很)[有NP] ……………………………………………………… 83
2.3 (很)[使 NP AP] ………………………………………………… 87
2.4 (很)[V 了 QP] ………………………………………………… 90
3. 어휘화와 그 문법적 의의 ………………………………………… 91
3.1 어휘화와 그 정도성 …………………………………………… 91
3.2 어휘화론의 문법적 의의 ……………………………………… 94
4. 맺음말 ………………………………………………………………… 97

## ■제2부 의미와 화용

### 제4장 명사구의 한정성과 중국어의 주제

1. 들머리 ……………………………………………………………… 103
2. 지시성과 한정성 …………………………………………………… 105
2.1 지시성 ………………………………………………………… 105
2.2 한정성 ………………………………………………………… 112

3. 총칭 명사구의 한정성 ············································ 116
　3.1 이전의 견해 ··················································· 116
　3.2 문제와 대안 ··················································· 119
4. 수량 명사구의 한정성 ············································ 120
　4.1 범위부사와 수량명사구의 한정성 ···························· 121
　4.2 양상요소와 수량명사구의 한정성 ···························· 125
5. 맺음말 ······························································· 127

### 제5장 현대 중국어에서의 전제

1. 들머리 ······························································· 129
2. 의미론적 전제 ······················································ 134
　2.1 한정 명사구와 존재의 전제 ·································· 134
　2.2 상의 의미를 지닌 동사와 전제 ······························· 137
　2.3 반복어와 전제 ················································· 139
　2.4 사실성 동사와 반사실성 동사의 전제 ······················· 145
　2.5 서술절의 전제 ················································· 148
3. 화용론적 전제 ······················································ 150
　3.1 주어절과 전제 ················································· 151
　3.2 유사 분열문에서의 전제 ······································ 153
　3.3 강세 구성소를 가진 문장에서의 전제 ······················· 156
　3.4 의문문에서의 전제 ············································ 157
　3.5 종속절과 전제 ················································· 158
　3.6 보어 구문과 전제 ·············································· 160
4. 맺음말 ······························································· 163

### 제6장 현대 중국어에서의 통제와 의미 해석

1. 들머리 ······························································· 167
　1.1. 연구 목적 ····················································· 167
　1.2 기존의 연구 ··················································· 170
　1.3 연구자료 ······················································· 173
2. 동사구 내포문의 분포 ············································· 174

2.1 주어 ································································· 175
　　2.2 목적어 ······························································ 176
　　2.3 보어 소절과 부가 소절 ····································· 180
　　2.4 소결 ································································· 183
　3. 통제의 유형 ··························································· 183
　　3.1 제Ⅰ유형 ··························································· 185
　　3.2 제Ⅱ유형 ··························································· 186
　　3.3 제Ⅲ유형 ··························································· 187
　　3.4 제Ⅳ유형 ··························································· 188
　　3.5 제Ⅴ유형 ··························································· 190
　4. 맺음말 ·································································· 192

## 제7장 동사 '来'와 '去'의 의미

　1. 들머리 ·································································· 195
　　1.1 '来'와 '去'의 의미 ············································· 196
　　1.2 '来'와 '去'의 선택 원리 ···································· 197
　2. 구체 사물의 이동 ················································· 201
　　2.1 시점Ⅰ: 화자의 위치 ········································ 201
　　2.2 시점Ⅱ: 청자의 위치 ········································ 204
　　2.3 시점Ⅲ: 화자의 집 ··········································· 209
　　3. 시간의 이동 ······················································ 211
　4. 사태의 지속 ·························································· 214
　5. 상태의 변화 ·························································· 217
　　5.1 시점Ⅰ: 정상 상태 ············································ 217
　　5.2 시점Ⅱ: 바라는 상태 ········································ 219
　6. 맺음말 ·································································· 221

## 제8장 인지의미론에 의한 '过'의 의미 분석

　1. 들머리 ·································································· 223
　　1.1 문제의 제기 ······················································ 223

1.2 다의어 생성 원리 ································ 225
　2. 동사 '过'의 의미 확장NP ························· 230
　　2.1 원형 의미NP ································· 230
　　2.2 영역의 전환 ································· 232
　　2.3 상이한 윤곽과 영역의 전환: [초과] ············ 233
　　2.4 의미의 파생: 사동사 ·························· 235
　3. 방향보어 '过'의 의미 확장 ······················· 237
　　3.1 원형 의미의 실현 ····························· 238
　　3.2 영역의 전환: [공간→시간, 추상적 공간] ······· 239
　　3.3 윤곽의 축소: [소폭 이동] ····················· 240
　　3.4 종점 초과 부분이 윤곽: [초과] ················ 242
　4. '过'의 의미 허화와 기능 확장 ···················· 244
　　4.1 특정 윤곽의 부각: [완결] ····················· 245
　　4.2 다른 영역과의 교차: [과거 완결] ·············· 249
　5. 맺음말 ········································· 256

# ■제3부 언어학의 응용: 번역

## 제9장 중한 번역에서 부딪치는 몇 가지 문제점

　1. 들머리 ········································· 263
　2. 어휘와 관련된 문제 ····························· 266
　　2.1 중국어 어휘의 음역에서 빚어지는 오역 ········ 266
　　2.2 자주 쓰이는 중국어 단어의 오역 ··············· 269
　　2.3 어색한 번역어 ······························· 271
　　2.4 ≪사전≫의 한계에서 비롯되는 오역 ··········· 273
　3. 문법상의 문제 ·································· 275
　　3.1 어순 문제 ··································· 276
　　3.2 시제 문제 ··································· 279
　　3.3 조사 '은, 는'과 '이, 가'의 선택 ················ 281
　4. 직역에서 발생하는 오류들 ······················· 283

4.1 직역 혹은 의역 ································· 283
　　4.2 의미 보완의 문제 ···························· 285
　　4.3 문장의 번잡함 ································ 288
　　4.4 문장 성분의 기능 변환 문제 ············ 289
　　4.5 어색한 우리말 ································ 291
　5. 외래어 표기법 문제 ······························· 292
　6. 맺음말 ···················································· 295

## 제10장 중국어 번역 기법의 모색

　1. 들머리 ···················································· 297
　2. 중국어 번역의 6가지 기법 ····················· 300
　　2.1 순서 바꾸기: 앞뒤 순서를 바꾸어 보자 ······ 300
　　2.2 더하기: 공백을 채우자 ···················· 307
　　2.3 빼기: 군더더기를 제거하자 ············· 312
　　2.4 나누기: 끊어서 옮겨 보자 ··············· 316
　　2.5 틀 바꾸기: 문장의 구조를 바꾸어 보자 ······ 320
　　2.6 뒤집기: 의미를 뒤집어 표현해 보자 ··· 327
　3. 맺음말 ···················································· 331

## 제11장 중한 사전의 뜻풀이와 용례분석

　1. 들머리 ···················································· 333
　2. 표제어 뜻풀이 오류의 여러 가지 양상 ···· 335
　　2.1 중국어에 대한 이해와 관련된 문제들 ······· 335
　　2.2 한국어에 대한 이해와 관련된 문제들 ······· 340
　3. 용례와 관련된 문제들 ···························· 342
　　3.1 중국어에 대한 이해와 관련되는 오류 ······ 342
　　3.2 한국어에 대한 이해 부족에서 빚어진 오류 ···· 350
　4. 맺음말 ···················································· 356

참고 문헌 ······················································ 359

## 제1부 문법

- **제1장** 중국어와 한국어의 문법 비교하기
- **제2장** 어휘화 : (很)[有NP] 구성을 중심으로
- **제3장** 어휘화 : (很)[VP] 구성을 중심으로

# 제1장
# 중국어와 한국어의 문법 비교하기

## 1. 들머리

　본고의 목적은 중국어와 한국어가 지닌 문법적 특성을 대조 분석함으로써 두 언어 사이의 유사점과 차이점을 명확히 기술하는 데 있다.[1]
　이러한 연구가 필요한 까닭은 기존의 중국어 문법책들이 지니고 있는 한계에서 비롯된다. 어느 나라 문법책이건 대개 그렇듯이 중국어 문법책도 중국어에 존재하는 여러 가지 문법 현상만을 기술하고 있다. 이러한 기술 방식은 중국어 모어 화자에게는 전혀 문제가 되지 않는다. 중국인에게 중국어의 구성 방법을 가르치는 것을 목적으로 하면서 굳이 중국어에 없는 현상들까지 일일이 기술할 필요는 없기 때문이다. 그러나 이것은 중국어를 외국어로 배우는 학생들에게는 문제가 될 수 있다. 그 학생의 입장에서 볼 때 두 언어 사이에 공통적인 부분도 있겠지만, 자기 모국어

---

[1] 계통이 다른 두 언어를 대상으로 유사한 점이 무엇이고 다른 점이 무엇인가를 연구하는 학문 분야를 대조 언어학(contrastive linguistics)이라고 한다.

에는 있지만 중국어에는 없는 문법 현상이나 중국어에는 있지만 자기 모국어에는 없는 문법 현상이 있을 수 있기 때문이다. 예를 들어 경어법 체계를 보면 우리말은 경어법이 대단히 정밀하게 발달되어 있다. 청자와 화자 사이에 놓여 있는 여러 가지 관계에 따라 적절하게 경어법을 선택하여 사용하지 않으면 실수를 저지를 수도 있으므로 한국인들은 처음 만나는 사람과의 대화에서 언어 선택에 상당히 조심하는 편이다. 여기에 익숙한 한국인 학생들은 중국어를 배우면서 자연히 중국어의 경어법 체계에 관심을 갖게 된다. 그런데 중국어는 상대적으로 경어법이 그다지 발달되어 있지 않다. 우리말에 비해 대단히 소략하여 일반 문법책에 거의 한두 줄 밖에 언급되어 있지 않다. 그러다 보니 한국인 학생들은 어디에서도 그 궁금증을 속 시원히 풀지 못한다. 그런데 지금 우리나라에서 출판된 중국어 문법책들이 거의 대부분 바로 이렇게 중국에서 중국인을 위해 만든 것을 번역 또는 편집한 것이라는 데 문제가 있다. 한국어 화자들의 중국어 학습에 도움을 주기 위해서는 다른 각도에서 중국어를 분석하고 기술해야 한다. 중국어의 문법 현상과 한국어의 문법 현상을 나란히 늘어놓고, 서로 간에 어떤 문법 현상이 존재하고 존재하지 않는가를 대조해 볼 필요가 있는 것이다. 이를 통하여 이미 존재하는 문법 현상과 아울러 존재하지 않기 때문에 눈에 보이지 않던 것까지 포착해낼 수 있을 것이다.

이러한 연구가 국내에서 전무한 것은 아니다. 1980년대 중반부터 본격적으로 시작된 한국 중국어학계의 연구들이 많든 적든 중국어와 한국어 문법의 대조 분석을 담고 있다.2) 다만 이 논문들은 제각기 특정 주제를 중심으로 한 것이어서 중국어 문법 전반을 다룬 것은 아니라는 한계를 지니고 있다. 그러므로 본고에서 해야 할

---

2) 이제까지 '대조 분석'이란 이름 아래 쓰여진 논문은 허성도(1992a)가 최초인 동시에 유일한 것으로 보인다. 그렇지만 한국에서 쓰여진 많은 중국어학 관련 논문들도 '대조 분석'이란 말을 공공연하게 드러내지 않았을 뿐이지 그 내용에 있어서는 중·한 두 나라 말의 대조 분석을 담고 있다.

일은, 한국어의 특성에 비추어 중국어 문법이 어떠한 양상을 보이는지를 전체적인 시각에서 보여주는 것이다. 한국어와 중국어는 여러 가지 면에서 상이한 문법적 특성들을 가지고 있다. 문장의 기본 구조에서부터 통사 절차에 이르기까지 그 차이는 꽤 광범위하다. 그러나 차이점 못지 않게 유사한 부분도 적지 않다. 본고에서는 우선 어순과 주제(topic), 중국어의 전치사와 한국어의 격조사, 중국어의 보어와 같이 좁은 의미의 문법 현상에 해당하는 문제를 서로 대조 검토해 보고, 이어서 경어법, 대명사의 쓰임, 생략과 같이 담화 맥락과 관련되는 문제에 있어서의 유사점과 차이점을 살펴보려 한다.

## 2. 문법 관계

### 2.1 어순

한국어와 중국어의 문장 구조에서 가장 명백히 차이를 보이는 것은 주요 성분의 배열 순서, 즉 어순(word order)이다.3) 한국어는 타동사문의 구조로 보아 동사 서술어(verb)가 주어(subject) 및 목적어(object)의 뒤에 나타나는 SOV 언어 유형에 속한다. 반면에 중국어는 동사 서술어가 주어의 뒤, 목적어의 앞에 나타나는 SVO 언어 유형에 속한다.

    (1)   a. 그 사람-이 너-를 사랑한다.

---

3) 한국어의 어순 유형에 대한 설명은 이익섭·임홍빈(1984:19-23)과 이익섭·이상억·채완(1997)을 참조함.

　　　　　b. 他爱你.
　(2)　a. 내-가 술-을 마신다.
　　　　　b. 我喝酒.

한국어는 기본 어순이 SOV이지만 격조사가 다양하게 발달되어 있어서 어순에 비교적 융통성이 있다.

　(3)　너-를 그 사람-이 사랑한다.
　(4)　술-을 내-가 마신다.

이와 같이 어순이 바뀌어도 기본적인 의미는 변하지 않는다. 주어와 목적어의 상대적 위치가 바뀌더라도 명사구의 문법적 역할이 격조사에 의해 명시적으로 표시됨으로써 본래의 기능이 그대로 유지되기 때문이다.

반면에 SVO 유형의 언어는 동사와 명사구 사이의 문법 관계가 어순에 의해 표현되기 때문에 어순의 변화가 용이하지 않다.[4] 예를 들어 명사구가 동사의 앞에 위치하면 주어, 동사의 뒤에 있으면 목적어로 인식되므로 함부로 그 자리를 바꿀 수 없는 것이다. 이런 점에서 중국어는 전형적인 SVO 언어 유형의 특성을 보인다.

　(5)　a. 他爱你. 그 사람-이 너-를 사랑한다.
　　　　　b. 你爱他. 네-가 그 사람-을 사랑한다.
　(6)　a. 我喝酒. 그-가 술-을 마신다.
　　　　　b. ?酒喝我. ?술-이 나-를 마신다.

(5)에서 어순이 바뀐 a와 b는 전혀 다른 의미를 나타낸다. (6b)는, 말장난이 아

---

[4] 이러한 문법 관계는 어순 이외에 전치사에 의해 표현되기도 한다. 이에 대해서는 본고 2장 3절을 볼 것.

닌 이상, 논리적으로 성립할 수 없다. 무생물인 "酒"가 마시는 행위를 할 수 없기 때문이다. 여기에서 중국어는 어순이 바뀌면 의미가 달라지거나 아니면 비문법적인 문장이 된다는 것을 알 수 있다.

그러나 한국어가 무조건적인 자유 어순 언어인 것은 아니다. 최소한 서술어는 반드시 문장 끝에 놓여야 하며[5] 그 밖의 성분들도 나름대로 있어야 할 자리를 크게 벗어나서는 안 된다.

(7) a. 정치가는 우선적으로 주변이 깨끗해야 한다.
　　b. ?우선적으로 주변이 깨끗해야 한다 정치가는.
　　c. *주변이 우선적으로 정치가는 깨끗해야 한다.

(7b)는 종결된 문장 뒤에 또 다시 다른 성분이 부가됨으로써 비정상적인 문장이 되었고, (7c)는 '주변이 깨끗하다'라는 주술 구조 안에 다른 성분이 끼어듦으로써 기이한 문장으로 되었다.

마찬가지로 중국어라고 해서 항상 어순이 고정 불변인 것은 아니다. 직접목적어 같은 주요 성분이 동사의 앞쪽으로 이동할 수 있다.

(8) a. 小李送给我那件礼物了.
　　b. 이 군이 나에게 그 선물을 주었다.
(9) a. 小李把那件礼物送给我了.
　　b. 이 군이 그 선물을 나에게 주었다.
(10) a. 那件礼物, 小李送给我了.
　　 b. 그 선물은 이 군이 나에게 주었다.

---

5) 한국어는 늘 동사가 문장 끝에 놓이는, 말하자면 동사 문말 언어(verb-final language)이다. (이익섭·이상억·채완 1997:20)

(8)은 정상적인 어순으로서 어떤 상황을 중립적으로 전달하려 할 때 사용하는 문장이다. (9)는 전치사 "把"의 도움을 받아 직접목적어를 동사의 앞으로 이동시킨 것이다. 이 문장은 '도대체 그 선물을 어떻게 처리했지?'라는 질문에 대한 응답으로 사용될 수 있다. (10)은 직접목적어를 아예 주어의 앞으로 이동시켰다. 이때 직접목적어 "那件礼物"는 문장 전체의 주제가 되어, '그 선물이 어떤 것인지 궁금하지? 그것으로 말하면⋯⋯'이란 의미를 나타낸다.(이에 대해서는 바로 아래 절에서 다시 논의하기로 한다.)

물론 어느 경우에나 직접목적어를 동사 앞으로 이동시킬 수 있는 것은 아니다. 몇 가지 제약이 있는데 그 중에서 하나만 든다면, 직접목적어 명사구는 의미상으로 화자와 청자가 모두 알고 있는 한정적(definite)인 대상이어야 한다는 것이다.6) (7-9)에서 "那件礼物"는 중심명사인 "礼物"가 지시대명사 "那"의 수식을 받는 한정 명사구이므로 위와 같이 위치 이동이 가능한 것이다. 이러한 요건을 충족시키지 못한다면 어순 변동이 불가능함을 다음 예가 보여 준다.

(11) a. <u>어떤 선물을</u> 이 군이 나에게 선물했어.
　　　b.*<u>一件礼物</u>, 小李送给我了.

중국어에서 화자만 알고 청자가 모르는 대상은 대개 중심명사가 수사와 양사의 수식을 받는 수량 명사구로 표현된다. 이것은 (11b)와 같이 기본적으로 문두로 이동할 수 없다. 상대방이 모르는 내용을 화제로 하여 이야기를 이끌어 갈 수는 없는 노릇이기 때문이다.7)

---

6) 중국어에서 주제화 변형에 관한 상세한 설명은 汤廷池(1982:[1990:138-151])와 본고 2장 2절을 볼 것.
7) 그렇지만 꼭 (11a)와 같이 표현해야 할 필요가 있을 때에는 "一件礼物"의 앞에 동사 "有"

이제까지의 내용을 요약하면 다음과 같다. 한국어는 SOV 어순 유형에 속하는 언어인데, 이 언어의 특징은 구성 성분의 위치 변동이 비교적 자유로워서 어순이 바뀌어도 기본 의미가 크게 달라지지 않는다. 이와는 대조적으로 중국어는 정해진 어순에 의해 의미를 나타내는 SVO 언어 유형에 속하므로 어순 변화에 제약이 많다. 그러나 적절한 요건을 충족시킬 경우 어순의 변화가 가능하다.8)

## 2.2 주제

위의 (8-10)에서 언급했듯이, 직접목적어는 적절한 조건만 갖추면 주어의 앞쪽으로 이동할 수 있다. 이와 같이 주어의 앞쪽에 위치하면서 담화 상에서 화자와 청자가 모두 알고 있는 성분을 일반언어학에서는 주제(topic)라고 한다.9) 이것은 인구어 계통의 언어에서는 잘 보이지 않는 것으로서 한국어와 중국어에서 특히 활발하게 쓰인다.

---

를 써서 다음과 같이 말한다. "有一件礼物, 小李送给我了."(선물이 하나 있는데, 이 군이 나에게 주었어.)
8) 주요 성분의 어순에는 차이가 있지만 다음과 같이 보충 성분의 어순에 있어서는 공통점이 많다. 우선 수식어의 어순이 동일하다. 즉 한국어와 중국어의 수식 구성은 예외 없이 '관형사(혹은 관형사형)+명사', '속격+명사', '부사(혹은 부사형)+용언' 등과 같이 수식어가 피수식어 앞에 온다. 예) '큰 키':'高个子', '내 친구':'我的朋友', '빨리 가!':'快 走!'
그러나 중국어에는 "我有书[看]."(나는 볼 책이 있다), "他有一个妹妹[很喜欢看电影]." (그에게는 영화 구경을 좋아하는 여동생이 하나 있다)과 같은 문형이 있어서, 우리말 번역을 볼 때 "看"과 "很喜欢看电影"이 마치 각각 뒤에서 앞의 명사구를 수식하는 것처럼 보이는 것이 있다. 이들은 문장에 도입된 새로운 성분, 즉 앞쪽의 명사구에 대해 그 정보를 보충해 주는 구실을 한다. 이에 대해서는 Li & Thompson(1981[1989:516])을 참조할 것.
9) 중국어에서 주제로 쓰일 수 있는 것으로 지시대명사의 수식을 받는 명사구나 고유명사와 같은 한정 명사구와 어느 부류의 전체를 나타내는 총칭(generic) 명사구가 있다.

우선 언급해야 할 것은, 중국어나 우리말이나, 직접목적어 이외의 성분들도 주제의 자리로 이동할 수 있다는 것이다.

(12) a. 张三昨天在会议上跟李四讨论过这一个问题.
　　　장싼이 어제 회의 중에 리쓰와 이 문제를 논의한 적이 있어.
　　b. 张三, 昨天在会议上跟李四讨论过这一个问题.
　　　장싼 말이지, 어제 회의 중에 리쓰와 이 문제를 논의한 적이 있어.
　　c. 昨天, 张三在会议上跟李四讨论过这一个问题.
　　　어제 말이야, 장싼이 회의 중에 리쓰와 이 문제를 논의한 적이 있어.
　　d. 在会议上, 张三昨天跟李四讨论过这一个问题.
　　　어제 회의 중에 말이야, 장싼이 리쓰와 이 문제를 논의한 적이 있어.
　　e. 李四, 张三昨天在会议上跟他讨论过这一个问题.
　　　리쓰 말이야, 장싼이 어제 회의 중에 그와 이 문제를 논의한 적이 있어.
　　f. 这一个问题, 张三昨天在会议上跟李四讨论过.
　　　이 문제 말이야, 장싼은 어제 회의 중에 리쓰와 논의한 적이 있어.

(12)에서 a는 가장 중립적인 문형이다. b에서는 주어를 주제화하였고, c에서는 시간 어구를, d에서는 장소 어구를, e에서는 전치사의 목적어를, f에서는 직접목적어를 주제화하였다. 우리말 번역문에서 알 수 있듯이 어느 경우에나 우리에게는 이미 친숙한 문형임에 틀림없다. 주제라는 부분에 있어서는 한국어와 중국어가 대단히 유사한 성질을 보인다는 것을 알 수 있다.

그런데 중국어의 주제 구문을 살펴보면 위와 같이 원래 문장 내부에 있던 성분이 이동한 것으로 볼 수 없는 것들이 있다.[10]

(13) a. 象鼻子长.
 코끼리는 코가 길다.
 b. 这个女孩儿眼睛很大.
 이 여자아이는 눈이 크다.
(14) a. 五个苹果两个坏了.
 그 사과 다섯 개 가운데 두 개가 상했다.
 b. 这班学生他最聪明.
 이 반 학생들 중에서는 그 애가 제일 똑똑하다.
(15) a. 婚姻的事我自己做主.
 혼사는 제가 알아서 하겠어요.
 b. 这件事, 你不能光麻烦一个人.
 이 일과 관련하여 그 사람만 귀찮게 하지는 말게.11)

(13)은 전형적인 주제 구문으로서 주제와 주어가 전체-부분의 관계에 있으며, "象的鼻子长"(코끼리의 코가 길다)과 같이 속격 조사 "的"를 사용하여 단순한 주어 구문으로 만들 수 있다. (14)는 전체-부분이 아니라 집합-구성 요소의 관계에 있다. 이때에는 (13)과 달리 "的"를 써서 하나의 명사구로 줄일 수 없다. (15)의 경우에는 주제와 주어 사이에 눈에 보이는 관련성을 찾기 어렵다. 게다가 이 주제들은 술어의 목적어도 아니다. 그렇다고 하여 이 주제들이 그 뒤의 평언 부분과 전혀 상관이 없는 것은 아니다. '혼사'는 바로 나의 결혼에 관한 일이고, '이 일'은 주어인 너("你")의 일인 것이다. 이와 같은 관련성은 통사적으로가 아니라 앞뒤 문맥을 통하여 파

---

10) 예문은 Li & Thompson(1981[1989:110-114])에서 재인용하였으며, 주제의 개념에 대한 관점도 이들을 따랐다. 여기에서는 세 가지만 제시했는데 실제로는 더 많은 분류가 가능할 것으로 생각된다. 한국어의 주제 구문 또는 이중주어문에 대한 분류와 치밀한 분석은 임동훈(1997)을 참조할 것.
11) 이 문장에서 "一个人"은 화자와 청자 모두가 알고 있는 특정의 인물을 가리키므로 '그 사람'으로 옮겼다. 이 뒤에 이어서 "你去找一下小王."(샤오 왕을 찾아가 보게.)라는 말이 올 수 있다.

악되는 것이다. 중국어에서는 이런 식의 주제 구문이 아주 흔하게 사용된다. 이와 같은 주제 구문은 우리에게도 아주 친숙한 것이어서 우리가 그것을 익히는 데에 그다지 어려울 것이 없다. 이와 같이 중국어와 한국어가 주제 구문이 대단히 활발하게 쓰이는 언어라고 하여 일반언어학에서는 주제 부각형 언어(topic-prominent language)라고 한다.12) 앞서 말했듯이 이러한 공통점이 있기 때문에 우리가 중국어를 배울 때 심리적으로 친근감을 느끼게 되는 것이다.

## 2.3 전치사와 후치사

SOV 유형의 언어로서 한국어가 가지는 또 하나의 특성은, 문법적 관계나 상황 맥락의 의미를 나타내는 부속 형식들을 체언이나 용언의 어간 뒤에 연결시키는 후치적 언어(postpositional language)라는 점이다. 이러한 특성은 전치사 언어인 중국어와 반대가 된다.13) 예를 들어 다음을 보자.

   (16) a. 너-는 책-을 탁자 위-에 놓아라.
     b. 你 把-书 放 在-桌子 上.
   (17) a. 나-는 왕 선생님-께 태극권-을 배운다.
     b. 我 向-王 老师 学 太极拳.
   (18) a. 이 일-은 저 사람-과 상의해야 해.
     b. 这 件 事, 应该 跟-他 商量.

중국어에는 이와 같이 문법 관계를 나타내는 전치사가 대단히 많으며,14) 그 중

---

12) 반면에 영어나 불어같은 언어는 주제는 거의 쓰이지 않고 대신 주어가 의무적으로 쓰이므로 주어 부각형 언어(subject-prominent language)라고 한다.
13) 한국어에 대한 설명은 이익섭·임홍빈(1984:20)을 참조함.

에는 반드시 특정의 동사와만 결합하는 것도 있다. 이것은 개별적으로 학습해야 하는 부분으로서 한국의 중국어 학습자가 주의해야 할 부분 중의 하나이다. 반면에 한국어에는 중국어에 없는 격조사라는 것이 존재한다. '이/가, 의, 을/를, (으)로' 등과 같은 격조사를 비롯하여 '은/는, 도, 만, 조차, 까지, (이)나, (이)야말로, 은/는커녕' 등과 같은 다양한 특수 조사들이 일상 구어에서 쓰이고 있다. 이것 때문에 한국어를 배우는 중국인 학생들이 어려움을 겪고 있는 것이 현실이다.

그런데 이러한 조사의 쓰임이 중국인에게만 어려운 것은 아니다. 특히 주격 조사 '이/가'와 주제 조사 '은/는'은 한국인 중에도 정확하게 사용하지 못하는 사람이 적지 않다. 김정우(1995:100-101)에 의하면 한국어의 조사 가운데서 그 용법이 가장 애매한 것이 주어를 나타내는 말 다음에 붙는 주격 조사 '이/가'와 주제를 나타내는 말 다음에 붙는 주제 조사 '은/는'이다. 이 현상은 특히 주제가 나타나는 자리가 문장의 주어 자리와 흔히 일치하기 때문에 빚어지는 혼란으로 보인다. 그러나 양자는 분명한 용법상의 차이를 가진다. 아래의 두 예를 비교해 보면 그 중의 하나는 어딘가 모르게 부자연스럽다는 느낌이 들 것이다.

(19) a. 옛날 옛적에 아주 마음씨 고운 도깨비가 살고 있었답니다.
b.*옛날 옛적에 아주 마음씨 고운 도깨비는 살고 있었답니다.
(20) a.*사람이 누구나 죽는다.
b. 사람은 누구나 죽는다.

한국어에서 '이/가'는 주어 표시라는 문법적인 기능 이외에 담화에 처음으로 도입되는 새로운 정보를 표시하며, 또한 '다른 것이 아니라 X가'라는 배타적인 의미를 나

---

14) 위에 제시한 "把", "向", "跟" 이외에 비교적 자주 쓰이는 것들로서 시간이나 장소를 나타내는 "在", 기점을 나타내는 "从", 종점을 나타내는 "到", 도구를 나타내는 "用", 관심 대상을 나타내는 "对", 수혜자를 나타내는 "给" 등이 있다.

타내기도 한다. '영희 얼굴(이) 참 예쁘구나'와 같이 중립적인 기술에서는 조사 '이/가'가 생략될 수 있으나, 새로운 정보나 배타적인 의미의 '이/가'는 생략되지 않는다.15)

(21) A: 흥부와 놀부 중에 누가 재산이 많으냐?
    B: a. 놀부가 재산이 많다.
       b.*놀부∅ 재산이 많다.
(22) A: 교수, 목사, 정치가 중에서 제일 오래 사는 사람이 누구지?
    B: a. 정치가가 제일 오래 산다.
       b.*정치가∅ 제일 오래 산다.

'은/는'은 일차적으로 대조(contrast)의 의미를 나타낸다.16)

(23) a. 민호가 사과는 좋아한다.
    b. 영희가 눈은 예쁘다.
(24) a. 한국에서는 쌀이 주식이다.
    b. 다행히 오후에는 날씨가 개었다.

문장 첫머리의 주격 자리에 '은/는'이 쓰이면 대조의 의미가 잘 드러나지 않는다. 이때는 일반 주제(topic)인 것으로 본다.17)

(25) a. 민호는 사과를 좋아한다.
    b. 베이징은 중국의 수도다.

---

15) 이익섭·이상억·채완(1997:164) 참조.
16) '-는'에 대한 이하의 논의는 이익섭·이상억·채완(1997:178ff)을 참조함.
17) 이밖에 '-는'은 'A는 B다'처럼 무엇을 규정하고 정의를 내리는 자리에 쓰이면 아주 적절해 보인다. 이익섭·이상억·채완(1997:180)에서 재인용.
   a. 할아버지는 아버지의 아버지다.
   b. 한국은 삼면이 바다로 둘러싸인 반도다.

중국어를 한국어로 번역한 글을 보면 '이/가'와 '은/는'을 제대로 사용하지 못하는 경우를 적지 않게 발견할 수 있다. 다음은 중국의 대문호 라오서(老舍)의 ≪骆驼祥子≫를 옮긴 어느 번역서의 예이다.

(26) a. 祥子, 在与"骆驼"这个外号发生关系以前, 是个较比有自由的洋车夫.
   b. 시앙쯔가 "루어투어"라는 별명과 관계를 맺기 전에는 비교적 자유로운 인력거꾼이었다.

(26a)는 "祥子"(시앙쯔)에 관하여 서술하는 문장이지 시앙쯔와 다른 누구를 비교하여 서술하는 문장이 아니다. 게다가 원문의 "祥子" 뒤에는 엄연히 쉼표가 있다. 이것은 이 명사구가 담화상의 화제, 즉 주제라는 것이다. 그러므로 당연히 "시앙쯔는"이라고 해야 한다. 다음은 다른 책에서 발췌한 예이다.

(27) a. "我想这地方可真不坏."
   b. "난 C시는 참으로 인심 좋은 곳이구나 하고 생각했어."

(27a)의 "这地方"은 소설 속에서 C시를 지칭한다. 원문에서 "这地方"은 내포절의 주어인데 번역문에서는 주제를 표시하는 조사 '는'을 사용하였다. 이 문장은 다음과 같은 상황에서 발화된 것이다: [화자는 전부터 이 도시의 인심이 좋지 않은 것으로 생각했었다. 그런데 자기가 처음 왔을 때 사람들이 자기를 도와주었다. 그래서 '처음 생각과 달리 인심이 좋은 곳이구나'라는 생각이 들었다.] 그렇다면 지금 문제가 되고 있는 것은 C시의 인심이 좋으냐 나쁘냐지 C시가 다른 도시에 비해 어떠냐가 아니다. 그렇다면 대조의 의미를 나타내는 '는'이 아니라 다음과 같이 일반적인 주어를 나타내는 '가'로 옮겨야 했다.

(27) c. "난 C시가 그렇게 인심 사나운 곳은 아니란 생각이 들었어."18)


## 2.4 보어

보어(complement)는 중국어다운 중국어를 구사하고자 할 때 반드시 알아야 할 것 가운데 하나이다. 영어의 보어는 be 동사나 사역 동사의 목적어인 명사의 뒤에 쓰이는 명사 및 형용사구를 말하지만 중국어의 보어는 동사의 바로 뒤에 쓰여서 동사의 의미를 보완해 주는 술어성 성분을 말한다.

(28) a. 他说话说累了.
    그는 말하다가 지쳤다.
  b. 他哭湿了手帕.
    그는 울어서 (나온 눈물로) 손수건을 적셨다.
(29) a. 小红走得很快.
    샤오홍은 걸음이 빠르다.
  b. 我吃得太多了.
    나는 너무 많이 먹었다.

위의 예는 처음에 언급했던 SVO라는 어순틀만으로는 분석이 불가능하다. (28a)는 "他说话"(그가 말을 하다)라는 SVO 구성 뒤에 다시 동사 "说"와 보어 "累"가 나왔고, (28b)의 "哭"(울다)는 자동사인데 그 뒤에 보어가 온 다음에 또 다시 목적어가 출현했다. (29a,b)는 동사 뒤에 조사 "得"와 함께 보충 성분이 출현하였다. 게다가 의미까지 따져 보면 우리말의 표현 방식과는 상당히 다르다는 것을 알 수 있다.

---

18) "不坏"도 '좋은'이 아니라 원래의 의미대로 '나쁘지 않은'으로 옮겨야 한다.

(28a)는 무슨 말인가를 열심히 하다가 피곤해졌다는 것을 이렇게 표현한 것이다. (28b)는 그 사람이 울었고, 그때 흘러나온 눈물을 닦느라 손수건이 젖었다는 것이다. (29a)는 샤오홍이 평상시 걷는 속도가 빠르다는 뜻이다. (29b)는 내가 밥을 먹었는데 먹다 보니 너무 많이 먹었다는 뜻이다. (28a,b)와 (29a)는 중국어의 보어가 우리말에서는 술어로 번역되는데, (29b)에서는 부사어로 번역되기 때문에 두 언어의 표현 방식의 차이에 대해 일반적인 규칙을 도출하기도 쉽지 않다. 이러한 보어를 중국어에서는 대단히 자주 사용한다.19)

중국어에서 동사와 보어가 결합하는 데는 특별한 규칙이 있는 것 같지 않다. 어떤 경우든 의미만 통한다면 서로 결합하여 문장을 구성할 수 있다. 예를 들어 "我吃饱了"(나 배불러)는 밥을 먹어서 배가 부른 경우를 말하고, "看小说能看饱吗? 快来吃饭吧!"(소설책 본다고 배가 부르겠니? 빨리 와서 밥 먹어!)에서 "看饱"는 '책을 봐서 배가 부르게 되는 것'을 의미한다. 후자의 경우 논리적으로 성립하지 않는다고 할지라도 중국인들이 자기네 인지 세계에서 실현 가능한 것으로 여긴다면 곧 이와 같이 보어를 써서 그 내용을 표현할 수 있는 것이다. 실제 세계에서든 가상 세계에서든 의미만 통하면 된다는 말은 결국 제약이 거의 없다는 것이나 다름없다. 그만큼 중국어에서는 보어가 대단히 활발하게 사용되고 있는 것이다.20) 몇 가지 예를 들어 보자. 다음은 동사 "吃" 뒤에 다양한 보어가 쓰이는 예이다.

(30) a. 吃饱(배불리 먹다), 吃多(많이 먹다), 吃慢(천천히 먹다), 吃遍(두루 먹다), 吃错(잘못 먹다), 吃乾净(깨끗이 먹다)

---

19) 중국어 문법에서는 여러 가지 보어를 설정하고 있다. 여기서는 다 들지 않고 가장 전형적인 형태라고 생각되는 결과 보어(resultative complement)와 정도 보어(degree complement)만을 예시하였다.
20) 잠에 푹 빠져들었을 때 "他睡着了"라고 하고 잠에서 깨어났을 때 "他睡醒了"라고 한다. 이런 표현을 자연스럽게 구사할 수 있어야 중국어를 제법 잘 한다고 할 수 있다.

　　　　b. 吃坏(먹어서 탈나다), 吃渴(먹어서 목마르다), 吃惯(먹는 데 익숙해지다)

(31) a. 有了病就应该去医院, 你这样乱吃药, 吃错了可不得了.
　　　　병이 났으면 병원에 가야지, 너처럼 함부로 약을 먹다가 <u>잘못 먹으면</u> 큰일난단 말야.
　　b. 饭碗里还有很多米粒, 你怎么没吃乾浄了?
　　　　밥그릇에 밥알이 아직 많이 남았잖니. 너는 왜 <u>깨끗이 먹지 않았니?</u>
　　c. 你是因为咸菜吃多了吃渴的吧!
　　　　너는 짠지를 <u>너무 많이 먹어서 목이 마른 것이겠지?</u>
　　d. 你吃慢一点儿, 这样吃会把胃吃坏的!
　　　　좀 <u>천천히 먹어라</u>. 그렇게 <u>먹다간</u> 위장에 <u>탈 나겠다</u>.

　위에서는 몇 개의 예만 제시했지만, 무슨 일이든 먹는 일과 관련된 것이라면 중국인은 동사 "吃"(먹다)의 뒤에 적절한 보어를 선택하여 표현할 수 있다. 어느 경우든 우리말 번역어보다 훨씬 압축적으로 표현됨으로, 중국어 작문을 할 때 바로 이런 점에 신경을 써야 자연스런 중국어 문장이 될 수 있다.
　다음에는 형용사 "累"(피곤하다, 지치다)가 보어로 쓰이는 예를 보자. 우선 각종 육체적 동작 때문에 피곤해질 수 있다. 그래서 "干(일하다), 跑(달리다), 搬(옮기다)" 등과 같은 동사의 보어로 쓰일 수 있다.[21]

(32) a. 大家要是干累了, 就坐下来休息一会儿吧!
　　　　여러분, 피곤하시면 잠시 앉아서 쉬세요!
　　b. 四百米的跑道, 我只跑了两圈儿就跑累了.
　　　　나는 400미터 트랙을 겨우 두 바퀴 돌았는데 벌써 지쳤다.

---

21) 이 밖에 举(들다), 拿(쥐다), 念(읽다), 翻(뒤집다), 飞(날다), 洗(씻다), 提(들다), 走(걷다), 擦(닦다), 站(서다), 踢(차다), 吹(불다), 打(치다), 抱(안다)와 같은 동사들이 "累"를 보어로 취할 수 있다.

c. 因为搬家搬累了, 昨晚他早早儿就睡了.
이사 때문에 피곤해서 그는 어제 저녁 일찌감치 잠자리에 들었다.

노래를 부르거나 너무 울다가 지칠 수도 있다. 이러한 상황도 보어를 써서 아주 압축적으로 깔끔하게 표현할 수 있다.


(33) a. 那孩子哭累了就不哭了, 过一会儿自己又玩儿起玩具来了.
그 아이는 <u>울다가 지치면</u> 그치고, 조금 있다가 또 저 혼자서 장난감 가지고 놀았다.
b. 一天连演三场, 她真唱累了.
하루에 연달아 세 번 노래 공연을 해서 그녀는 정말 <u>지쳤다</u>.

심지어 놀다가 지칠 수도 있고 너무 오래 앉아 있어도 피곤해질 수 있다. 다음은 이것을 보어로 적절히 표현한 것이다.


(34) a. 孩子<u>玩累</u>了, 才想起来回家.
애들은 지치도록 놀고 나서야 집에 돌아갈 생각을 한다.
b. 你如果<u>坐累</u>了, 就站起来活动活动.
너무 오래 앉아 피곤하면 일어나서 몸을 좀 움직이렴.


이와 같이 상식적으로 이해가 되는 상황이라면 얼마든지 보어를 사용하여 표현할 수 있음을 알 수 있다. 이러한 보어는 중국인들이 일상 생활에서 그야말로 다반사로 사용하는 것임에 반해 우리말에서는 잘 쓰지 않는 표현법이다. 중국어다운 중국어를 구사하기 위해서 특별히 주의하여 익혀야 할 것이다.

# 3. 문장 관계

## 3.1 경어법과 대명사의 쓰임

한국어는 경어법이 정교하게 발달한 언어에 속한다. 경어법을 모르고는 결코 한국어를 안다고 할 수 없을 정도로 경어법이 한국어에서 차지하는 비중은 크다. 반면 중국어의 경어법 체계는 상대적으로 대단히 단순하다.[22]

우선 우리말에는 화자 자신을 가리키는 말로 '나'와 '저, 저희'가 있다. 사회적 지위가 자신보다 높거나 나이가 많은 상대에게 자신을 지칭할 때는 '저'를 쓰고 그렇지 않을 때는 '나'를 쓴다. 그런데 현대 중국어에서는 '나'든 '저'든 모두 "我"를 쓴다.[23]

(35) a. 나는 시인이야.
　　　b. 저는 시인입니다.
　　　c. 我是诗人.

한국인끼리 대화할 때에도 상대방과 자신의 관계를 어떻게 설정해야 할지 몰라 '나'라고 해야 할지 '저'라고 해야 할지 망설여지는 경우가 있는데, 중국어에서는 그러한 경우가 있을 수 없다.

---

[22] 중국이 사회주의국가가 된 이후 과거에 사용하던 봉건적 호칭들이 사라지면서 경어법 체계가 보다 더 단순해졌다.
[23] 물론 자기를 낮추어 지칭하는 표현이 없는 것은 아니다. 자기 회사를 낮추어 "敝社"라고 하고 자기 나라를 낮추어 "敝国"라고 하는 것이다. 이것은 상대방을 지칭할 때 쓰는 "贵社", "贵国"의 상대적인 표현이다. 다만 이때의 "敝"는 단독으로 사용될 수는 없고 오직 소유격으로만 사용된다.

이인칭 대명사의 경우를 보면, 한국어에서는 상대에 따라 다양한 대명사를 사용한다. 그리고 그 표현에 따라 서술어의 어미도 바뀌게 된다.24)

(36) a. 이거(←이것) 너-의 책-이니?
 b. 이거 자네 책-인가?
 c. 이거 당신 책-이오?
 d. 이거 댁-의 책입니까?
 e. 이거 어르신-의 책-입니까?

그런데 중국어의 이인칭 대명사는 단지 평칭 "你"와 경칭 "您" 두 개로 나뉘어 있다. 상대방에 따라 둘 중의 하나만 선택하여 쓰면 된다.25) 게다가 이인칭 복수의 경우에는 더 단순하여 상대방이 자기보다 신분 지위가 높은 사람이건 낮은 사람이건 "你们"으로 지칭하지 "*您们"이라고는 하지 않는다.26)

(37) a. 这是你的书吗?
  이거 너의 책이니?
 b. 这是您的书吗?
  이거 선생님/어르신 책입니까?27)

---

24) 이익섭·이상억·채완(1997:232)을 참조하였음.
25) 자기 또는 타인의 나이가 많은 할아버지나 할아버지뻘 되는 분의 경우에는 인칭대명사 뒤에 "老人家"를 붙여서 존경을 나타낸다. "您老人家", "他老人家"라고 하는 것이 그 예이다.
26) 교육 수준이 낮은 사람들은 아예 "你"와 "您"을 구별하지 않고 "你"로 통일하여 사용하는 것을 볼 수 있다. 또한 상대방을 높이고 싶지 않을 때도 그러하다. 최근에 나온 소설 ≪人啊, 人≫(국내에서 ≪사람아, 아, 사람아≫로 번역됨)을 보면 문화대혁명을 겪는 과정에서 아버지 "奚流"의 기회주의적인 삶의 방식을 싫어하는 아들 "奚望"이 자기 아버지를 시종일관 "你"로 지칭하고 있는데, 정상적인 상황에서라면 도저히 용납될 수 없는 일이다.
27) 높임의 정도가 상당히 큰 중국어의 "您"을 '당신'이라고 옮겨서는 안 된다. 우리말에서 '당신'은 부부 사이에서 상호적으로 쓰이는 대표적 대명사인데, 남들과의 일상 대화에서 사용할 경우에는 무척 조심해야 하는 것이다. '당신'이 '너'나 '자네'보다 상위 등급의 대명사인

(38) a. 这是你们的书吗?
　　　이거 너희들 책이니?
　　　이거 선생님들/어르신들 책입니까?
　　b. ?这是您们的书吗?

여기서 한 가지 명확하게 알아두어야 할 것이 있다. 위에서 보았듯이 한국어의 이인칭 대명사는 그 종류가 무척 많은 편이지만 쓰임은 그다지 활발하지 않다는 것이다.28) 특히 존대해야 할 사람은 아예 그 사람을 가리킬 대명사가 없어 해당되는 명사를 쓸 수밖에 없는 경우가 많다. 다음 예문에서 '아빠'와 '선생님'이 대명사로 바뀌어 쓰일 가능성은 없다. 그러나 중국어에서는 오히려 대명사를 쓰는 것이 자연스럽지, "爸爸"(아빠)나 "老师"(선생님)와 같이 해당 명사를 사용하면 대단히 어색하다.

(39) a. 아빠, 저는 집에 가는데, {아빠는, *당신은} 어디에 가세요?
　　b. 爸爸, 我回家, {??爸爸, 您}上哪儿去?
(40) a. 선생님, {선생님께서, *당신이} 어렸을 때 꿈은 무엇이었죠?
　　b. 老师, {??老师, 您}小时候的理想是什么?

3인칭의 경우에도 앞 문장의 명사를 대명사로 받아야 하는 규칙이 한국어에는 없다. 아버지나 선생님은 아예 대명사로 지칭하지 못하게 되어 있다. 그러나 중국어에서는 대명사를 사용하여 손윗사람을 지칭할 수 있다. 다음의 중국어와 그것을

---

것은 분명하지만 그 높임의 정도가 그리 큰 것은 아니어서 그 호칭을 듣는 사람으로서는 충분한 대우를 받았다는 느낌을 받지 못하는 것이 일반적이다. 그래서 '당신'이라는 호칭이 오히려 불쾌감을 일으켜 시비가 일어날 수도 있다.
　a. 누구더러 '당신'이라는 거야?
　b. 당신이 뭔데 이래라 저래라 하는 거야? [이상 이익섭·이상억·채완(1997:234) 참조]
28) 이익섭·이상억·채완(1997:115)을 참조하였음.

우리말로 옮긴 예를 보자.

(41) a. 上次加工资, 评上妈妈了, 她又让给了别人.
b. 지난 번 임금 인상 때 엄마가 물망에 올랐는데, 엄마는 또 다른 사람에게 양보했다.
(42) a. 何叔叔病了, 住在医院里. 我正要到他房间里去替他拿几样东西.
b. 허 아저씨가 병으로 입원하셨어. 아저씨한테 필요한 물건 좀 가지러 아저씨 방에 가는 길이야.

우리말에서는 문장의 주어에 존대해야 할 대상이 나타나면 서술어의 어미에 존대를 표시하는 형태소 '-시-'를 사용하여 주체에 대한 존경을 표시한다. 그러나 중국어는 고립어이기 때문에 근본적으로 그러한 어미가 첨가될 수 없으며, 별도의 장치도 되어 있지 않다.

(43) a. 동생-이 오-았-다.
b. 선생님-께서 오-시-었-다.
(44) a. 弟弟来了.
b. 老师来了.

우리말에서는 대화 참여자의 사회적 신분에 따라 서술어의 어미를 다양하게 변화시킨다.29) 그러나 중국어에서는 어느 경우든 동일하다.

(45) a. 기차가 오-ㄴ다. (아버지가 친한 친구나 아들에게)
b. 기차가 오-네. (교수가 대학원생에게)
c. 기차가 오-아요. (남편이 아내에게)

---

29) 이익섭·이상억·채완(1997:23)을 참조하였음.

    d. 기차가 오-ㅂ니다. (학생이 선생님께)
(46) 火车来了.

이제까지의 논의를 통하여, 한국어는 중국어에 비해 경어법 체계가 세밀하게 발달한 언어라는 것, 그리고 대명사의 쓰임은 중국어보다 활발하지 않다는 것을 알 수 있었다.30) 이 때문에 한국 학생들이 중국어로 상대방과 대화할 때에는 호칭이나 존대법 등에 대해 별로 신경을 쓸 필요가 없으므로 훨씬 홀가분한 마음으로 임할 수 있다. 반면에 우리말을 배우는 중국인들은 경어법 문제 때문에 적지 않은 고통을 겪을 것이 예상된다.

## 3.2 문장의 접속

한국어와 중국어는 접속 표현을 담당하고 있는 문법 요소가 다르다. 한국어에서는 별도의 품사가 없이 주로 활용 어미가 그 기능을 맡고31) 중국어에서는 접속사라는 별도의 독립된 품사가 그 기능을 맡고 있다. 아래의 예를 통해 비교해 보자.

(47) a. 他<u>不但</u>会说中国话, <u>而且</u>说得很好.
    b. 그는 그저 중국어를 하는 정도가 아니고 아주 잘 해.

---

30) 우리말에서 어떤 사람을 가리킬 때에 그를 높여 이르는 말로 '분'이 있는데 이에 대응하는 말로 중국어에는 "位"라는 분류사(classifier)를 사용한다.
   a. 이 분이 우리 선생님이십니다. 这位是我们的老师.
   b. 저 선생님은 산둥 사람입니다. 那位老师是山东人.
31) 한국어에서 접속 기능은 대개 수많은 접속 어미에 의해 이루어진다. '그리고, 그러나, 그런데, 그러면'이나 '또, 오히려, 더구나' 등과 같이 접속의 기능을 하는 단어가 있지만, 그 수효가 한정되어 있어서 부사에 포함시키고 따로 접속사를 설정하지 않는다.

(48) a. <u>因为</u>他有经验, <u>所以</u>我们要向他学习.
b. 그는 (이 업무에 관해) 경험이 있<u>으니</u> 우리는 그에게 배워야 한다.
(49) a. <u>要是</u>你遇到困难, 就来找我.
b. 어려움에 봉착하<u>거</u>든 나를 찾아오렴.

(47)은 병렬 접속에서 역접을 나타내고 (48)과 (49)는 각각 종속 접속에서 원인과 가정을 나타낸다. 복문 속의 두 절의 관계를 한국어에서는 어미로 표현하는 데 반해 중국어에서는 별도로 접속사를 사용하여 표현함을 알 수 있다. 이와 같은 접속 관계를 나타내기 위해 우리말에서는 어미가 발달한 만큼 중국어에서는 접속사가 다양하게 존재한다. 그러므로 우리가 중국어를 할 때 두 개 이상의 문장을 연결하여 말하고자 한다면 그 문장들의 관계를 표현하는 데 적절한 접속사를 잘 선택하여 써야 한다.

중국어를 우리말로 옮길 때, 접속 표현을 어떻게 처리하는가도 주목해야 할 문제이다. 우선 지적해야 할 것은 접속어를 과도하게 사용하고 있다는 것이다. (47-49)의 a를 다음과 같이 옮긴다고 하자.

(47′) 그는 <u>비단</u> 그저 중국어를 하는 정도가 아니고 <u>게다가</u> 아주 잘 해.
(48′) <u>왜냐하면</u> 그는 (이 업무에 관해) 경험이 있<u>기 때문에, 그러므로</u> 우리는 그에게 배워야 한다.
(49′) <u>만약</u> 어려움에 봉착하거든 나를 찾아오렴.

여기에서 밑줄을 친 것들은 하나같이 우리말에는 없어도 되는 것들이다. (47′)에서 접속 어미 '-고'가 그 뒤에 다른 성분이 부가된다는 의미를 나타내고, (48′)에서 '-으므로'가 이유를 나타내며, (49′)에서 '-든'이 가정의 의미를 나타내고 있는데 또 여기에 다른 접속 표현을 부가한 것이기 때문이다. 이런 문장이 완전히 틀린 것은 아니지만 표현의 경제성과 명료성이라는 측면에서 바람직한 문장이라고는 할 수 없다.32) 그런데 시중에 나온 중국어 학습 교재를 보면 이런 예가 비일비재하여, 중국어를 배우는 학생들의 우리말 표현 능력을 왜곡시키고 있다. 다음은 어느 단문 독해용 교재에서 발췌한 것이다. 각 예문에서 b는 원서의 번역을 옮긴 것이고 c는 필자가 그것을 바꾸어 본 것이다.

(50) a. 如果你不爱吃面条, 我就给你包饺子.
   b. ?만약 당신이 국수 먹기를 좋아하지 않는다면, 나는 당신에게 만두를 빚어 주겠다.
   c. →너 국수 안 좋아하면 물만두 빚어 줄게.
(51) a. 不论刮风还是下雨, 我也要上学去.
   b. ?바람이 불든지 비가 오든지를 막론하고, 그래도 나는 공부하러 가겠다.
   c. →비가 오든 바람이 불든 나는 공부하러 가겠어.

(50)과 (51)의 b는 상당히 부자연스럽다. 일상 생활에서 이렇게 말하는 사람은 거의 찾을 수 없을 것이다. 번역문 전체를 볼 때 마치 한문을 번역한다면서 원래 한자말에다 우리말 토만 달아서 옮긴 것 같은 느낌을 준다. (50b)에서 '당신'을 꼬박꼬박 옮겨 준 것도 그렇고 (51b)에서 우리말의 배열 순서를 무시하고 원문 그대로 '바람이 불든지 비가 오든지'라고 번역한 것 등을 볼 때도 그러하다. 이러한 중국어투 번역 역시 우리가 기피해야 할 것에 속한다.

한 가지 더 이야기한다면, 중국어에서도 앞뒤 문맥에 의해 두 문장 사이의 관계가 이해될 수만 있다면 이와 같은 접속사를 과감히 생략해버린다. 예를 들어 일상

---

32) 정보의 전달 과정에서 굳이 나타내지 않아도 주변의 상황으로 미루어 알 수 있는 성질을 잉여성이라고 한다. 쉽게 말해서 '역전(驿前)' 하면 될 것을 '역전앞'이라고 한다든지, '낙수(落水)' 하면 될 것을 '낙숫물'이라고 할 때 우리는 여기서 밑줄 그은 부분에 잉여성이 나타났다고 말한다. 이러한 현상이 영어나 중국어 번역문에서, 특히 접속 표현을 옮길 때 흔히 나타난다. 김정우(1995:104)에서 재인용.

대화에서는 (47-51)의 모든 접속사를 생략할 수 있으며, 또 그렇게 하는 것이 오히려 더 자연스럽다. 그렇다면 더더욱 위와 같이 번역해서는 안 되는 것이다. 다만 이렇게 접속사가 생략되었을 때는 두 문장 사이의 의미 관계를 어떻게 파악할 것이냐가 우리의 몫으로 남는데, 이 문제는 '생략'에 대해 살펴보는 아래 절에서 다시 언급하기로 한다.

## 3.3 생략

어느 언어에나 '생략'이라는 문법 현상이 있기 마련인데, 그 중에서도 중국어와 한국어는 공통적으로 주요 성분인 주어나 목적어가 아주 쉽게 생략되는 특성을 가진다.33)

(52) A: ___上哪儿去?
　　　　___어디에 가십니까?
　　 B: ___上市场 买 菜 去.
　　　　___찬거리 사러 시장에 갑니다.
(53) A: 昨天你看电影了吗?
　　　　어제 너 영화 봤니?
　　 B: ___看___了.
　　　　___ ___봤어.
(54) 他有个女儿, ___在郊区工作, ___已经打电话去了, ___下午就能赶到.
　　　그에게는 딸이 하나 있는데 ___도시 외곽 지역에서 일하지. ___전화를 했으니까 ___오후에는 도착할 수 있을 거야.

---

33) 이익섭·임홍빈(1984:22-24) 참조.

(52)에서는 문장의 주어가 생략되었고 (53)의 B에서는 동사와 상(aspect) 표지 이외의 모든 성분들이 생략되었다. 게다가 (54)에서는 매 절마다 주어가 생략되었는데, 그 주어의 지시 대상이 매번 달라진다. 이렇게까지 생략하는 것은 인구어에서는 용납되지 않는 것이다. 그러나 우리의 언어 습관에서 보면 이런 것들이 대단히 자연스럽게 느껴진다. 중국어나 우리말이나 이와 같이 서로가 알고 있는 것들은 생략하는 것이 대단히 일반적이며, 이때 비어 있는 부분을 일일이 채워 넣게 되면 오히려 문장이 부자연스러워 지는 것이다.

중국어 문장에서 활발한 생략 현상을 보여 주는 예를 몇 가지 더 보기로 하자.

(55) a. 两张北京!
b. 베이징 두 장!
(56) a. 一个电话就赶来了.
b. 전화 한 통에 금방 달려 왔다.
(57) a. 这种脑袋没地方买帽子.
b. 이런 머리는 어디에 가도 모자 못 사요.
(58) a. 一个红灯, 一下子排到东大门.
b. 빨간 불에 (차들이) 삽시간에 동대문까지 늘어섰다.

위의 예를 완전한 문으로 만들면 다음과 같다.

(55') 我要两张去北京的票.
베이징행 차표 두 장 주세요.
(56') 接到一个电话他就赶来了.
그는 전화를 한 통 받자마자 금방 달려 왔다.
(57') 按这种脑袋, 一般没地方可以买到这种尺寸的帽子.
이런 머리는 어디에 가도 치수가 맞는 모자를 살 수 없어요.
(58') 碰到一个红灯, 车子一下子排到东大门.
빨간 불이 켜지자 차들이 삽시간에 동대문까지 늘어섰다.

(55′-58′)을 보면, 주어와 목적어 같은 주요 성분 이외에 동사 술어, 수식어, 부사어 등도 생략될 수 있다는 것을 알 수 있다. 이것들은 모두가 앞뒤 문맥에 의해 추론이 가능한 것들이다. 이와 같이 어떤 성분이든, 생략된 것이 무엇인지 문맥에 의해 이해되기만 하면 생략해서, 말이나 문장을 최대한 간결하게 만드는 것이 중국어 문장 구성 방식의 한 특징이다.

그래서 중국어 대화문을 읽다 보면 마치 슬라이드 필름을 보는 것 같은 느낌을 받는다. 영화와 달리 슬라이드 상영의 경우는 필름 한 장이 하나의 사건을 담고 있다. 필름이 바뀔 때는 잠시 어두워졌다가 새 필름과 함께 새로운 내용이 제시되는 것이다. 중국어의 문장 구성 방식은 이처럼 마치 중요한 장면만을 슬라이드 필름에 담아 차례대로 보여 주는 것과 유사한 것이다. 예를 들면 (57)은 한 장의 필름으로 할 말을 다 하고 있고, (56-58)은 각각 두 장의 필름으로 하나의 사건을 전달하고 있다. 그 중간에 끼어 있는 것들은, 주어진 장면에 의해 이해되는 것이라면 남김없이 빼버린다. (58′)에서 한국어 번역에서는 '빨간 불', '켜지다', '차들', '동대문까지 줄 서다'와 같이 네 장의 필름이 필요하게 된다. 영어나 불어로 옮긴다면 아마 여기에 몇 장이 더 필요하게 될 것이며, 결국은 1초에 17~20장 정도의 필름을 필요로 하는 영화 수준으로 나아갈 것이다. 그런데 중국어에서는 '빨간 불'과 '동대문까지 늘어서 있는' 두 장의 필름으로 필요한 모든 정보를 전달하고 있다.

다음의 예도 생략의 한 유형을 보여 준다. 다음 예문에서 괄호 안의 어구는 특정의 담화 상황에서 얼마든지 생략할 수 있다.[34]

(59) a. 你(的松树)要死了找我.
b. 너(의 소나무)가 죽으려 하면 나를 찾거라.

---

34) Chao(1968:71)에서 재인용.

(60) a. 你(的鞋)也破了.
　　　b. 너(의 신발)도 낡았다.
(61) a. 我(的铅笔)比你(的)尖.
　　　b. 나(의 연필이) 너(의 것)보다 뾰족하다.

　괄호 안의 어구를 생략한 채로 우리말로 옮긴다면 '??네가 죽으려 하거든 나를 찾거라', '??너도 낡았다', '??내가 너보다 뾰족하다'와 같이 상식적으로는 성립하지 않는 기이한 문장이 된다. 이 점에서 이 예문들은 (55-58)과 차이를 보이며, 따라서 중국어가 우리말보다 상황 맥락에 의존하는 생략 현상이 더 왕성하게 일어난다고 말할 수 있다.

　이제까지의 내용을 요약해 보자. 중국어와 한국어는 주요 성분이나 기타 보충 성분의 생략이 상당히 용이한 언어이며, 이런 성격은 중국어가 더 심한 것으로 보인다. 문맥상 양해가 되기만 한다면 문장의 문법성 여부와 관계없이 모조리 빼 버린다. 이것은 영화 상영이 아닌 슬라이드 상영에 비유될 수 있다. 중국인들은 몇 장의 필름 장면만 제시하고 그 장면들 사이의 관계에 대한 해석은 화자와 청자가 공유하는 관례에 맡기는 표현 방식이 습관화되어 있다.[35] 이것은 엄연히 중국어 문법의 한 특성으로 굳어져 있는 것이므로, 중국어다운 중국어를 구사하려면 이러한 표현에 익숙해지도록 해야 할 것이다.

## 3.4 복문의 구성 방식

　위 2절에서는 접속사를 이용한 중국어 복문의 구성을 살펴보았고, 3절에서는 생

---

[35] 이와 같이 통사적으로 성립하는가 여부를 따지지 않고 몇 개의 장면만을 제시하여 의미를 전달하는 방식을 중국의 언어학자들은 "意合法"이라고 부른다. 申小龙(1996:119) 참조.

략 현상을 다루는 과정에서 다양한 성분들이 생략된 채로 복문을 구성하는 예를 살펴보았다. 이와 같이 중국어에서는 접속사를 쓰지 않더라도 단문들 사이의 의미 관계가 임의적으로 해석될 여지가 거의 없다. 화자는 최소한 자신의 의도를 청자가 제대로 파악할 수 있는 범위 내에서만 생략을 하기 때문이다. 이 이야기는 결국 자신의 의사가 오해되지 않고 제대로 전달되도록 하기 위해 화자가 자기 나름대로 어떤 책략을 사용한다는 말이다. 이것은 당연히 장기간에 걸친 언중의 언어 생활에 의해 문법으로 고정되었을 것이다. 이런 과정을 거쳐 규칙화된 복문 구성 방법 중에서 가장 일반적인 것은 사건의 발생 순서대로 말해 나가는 것이다.

(62) a. 真是对不起, 那会儿临时有个会, 走不开, 你家又没安电话, 我没法通知你.
b. 정말 미안해. 그때 마침 회의가 있어서 자리를 뜰 수가 없었어. 게다가 너의 집에는 전화가 없잖니. 그래서 너에게 연락할 수가 없었어.

(62)는 모두 다섯 토막으로 구성되어 있는데, 첫 토막은 현재의 마음 상태를 표현하는 것이고 그 다음은 이미 발생한 사건을 진술하는 것이다. 사건에 대한 진술 부분만을 본다면, 사건 발생 순서와 진술 순서가 그대로 일치한다는 것을 알 수 있다. '갑자기 일이 발생함-떠날 수 없게 됨-전화를 하려고 했으나 상대방에게 전화가 없음-그래서 연락을 못함'이 그것이다. 이것은 다른 말로 하면 화자 또는 행위 주체자가 그 사건을 인지한 순서대로, 즉 머리 속에 각인된 순서대로 기술한다고 할 수 있다.36) 이러한 구성 방법은 우리말에도 존재하므로 별 문제가 안 된다.

---

36) 인지 순서와 어순의 관련성에 대해서는 Tai(1985)와 申小龙(1996)에 잘 기술되어 있다. 이 중에서 Tai(1985)는 우리말로 번역되어 한국중국언어학회에서 출간하는 번역 총서 (1998)에 실릴 예정이다.

둘째로, 중국어의 복문에서는 화자가 생각하기에 중요한 정보를 담고 있는 핵심 어구가 복문 내부에서 다른 어구 보다 앞쪽에 출현한다. 우선 단문에서 어순과 관련된 문제를 살펴보면서 이야기를 풀어 가기로 하자. 우리말은 SOV 유형의 언어로서, 시제와 부정법 및 화자의 의도나 판단을 나타내는 양상 요소(modal element)가 술어 부분에 실려 다른 성분의 뒤쪽에 나타난다.

(63) a. 오늘 나는 시내에 나가 유경이와 저녁 식사를 하{-였-, -지 않았-, -겠-}다.
b. 그 임금님은 돌머리일 {것이다, 리가 없다}.

(63a)에서 '오늘 나는 시내에 나가 유경이와 저녁 식사를'까지만 들어서는 과연 어떤 일이 벌어질 것인지 판단을 내릴 수 없다. 저녁 식사를 이미 했다고 할 수도 있고, 안 했다고 할 수도 있고, 단지 희망 사항이었다고 말할지도 모른다. 마찬가지로 (63b)에서도 하나는 긍정이고 하나는 부정인데 어느 쪽을 선택할지는 역시 마지막까지 들어 봐야 알 수 있는 것이다. 이와 같이 우리말에서는 어떤 사건에 대한 판단이 문장의 마지막 부분에 가야 나오기 때문에 우리말은 끝까지 다 들어 봐야 화자의 속셈을 알 수 있다는 우스갯소리도 있다.

반면에 중국어는 SVO 유형의 언어로서, 화자의 의도나 판단을 나타내는 양상 요소나 부정사가 모두 동사의 앞쪽에 출현한다. 그래서 문장의 앞자락만 들어도 무슨 얘길 하려고 하는지 대체로 예측할 수 있다.

(64) a. 今天我{打算, 不}进城去跟小芳吃晚饭.
오늘 나는 시내에 가서 샤오팡과 저녁 식사를 하{-려 한다, -지 않겠다}.
b. 那位国王{也许, 肯定}脑袋有点儿那个.
그 임금은 {아마, 틀림없이} 돌머리일 것이다.

(64a)에서 "打算"(~하려 한다)은 미래의 계획을 나타내고, "不"는 부정을 나타낸다. 무엇을 하겠다거나 말겠다는 것이 다른 성분보다 앞쪽에 일찌감치 출현한다. (64b)에서 "也许"(아마)는 막연한 추측을 나타내고 "肯定"(틀림없이)은 화자의 주관적 판단이 강하게 가미된 단정을 나타낸다. 이와 같이 화자의 주관적 판단을 나타내는 부사어도 다른 성분의 앞쪽에 출현하여 처음부터 화자의 태도를 분명히 보여 주고 있다. 그러므로 처음의 몇 마디만 잘 들어도 화자가 어떤 이야기를 하려고 하는지 짐작할 수 있는 것이다. 그렇다면 이제까지의 논의를 바탕으로 다음과 같이 말할 수 있을 것이다: 한국어에서는 중요한 정보가 문장의 뒷부분에 위치하는 데 반해 중국어에서는 앞부분에 위치한다.

이것을 좀더 넓혀서 복문의 구성 방식에도 적용을 시켜 보자. 그렇다면 복문에서도 화자가 말하려고 하는 핵심적인 내용이 앞쪽에 출현하고 나머지 것들이 그 뒤에 나오는 것은 아닐까 생각해 볼 수 있다. 다음의 예는 우리의 추측이 전혀 근거 없는 것은 아님을 말해 준다.

(65) a. 世界上像北京这样方方正正的城市, 不多见. …<u>全城的街道差不多都是直的</u>[1], <u>只有少数几条斜街</u>[2].
b. 북경처럼 네모 반듯하게 짜여진 도시는 세계적으로 드물다. …비스듬히 뚫린 거리 몇 개를 제외하고는[2] 도시 전체의 도로가 대부분 직선으로 나 있다[1].

전체 문맥을 볼 때, (65a)의 밑줄 친 부분에서 화자가 강조하고자 하는 것은 앞부분이다. 뒷부분은 단지 앞부분을 보충하는 말에 불과하다. 만일 이것을 "…只有少数几条斜街, 全城的街道差不多都是直的."와 같이 순서를 바꾸면, '몇 개의 거리만 비스듬하게 나 있을 뿐 도시 전체의 길은 대부분 직선으로 나 있다'로 되어 우리말 해석에서는 문제가 없으나 중국인의 언어 습관에는 맞지 않는다. 다음에 (65a)를 우리말로 옮긴 (65b)를 보자. 중국어와 달리 우리말에서는 핵심 어구가 다른 어구의 뒤쪽에 위치하기 때문에 중국어의 배열 순서와 반대로 해석해야 한다. 만약 중국어 문장의 배열 순서대로 번역한다면, 비록 우리말 자체에는 문제가 없다 하더라도 원래의 의미를 제대로 전달하지 못하게 된다.

이와 같이 중국어는 핵심 어구를 다른 성분의 앞쪽에 던져 놓고 그것을 보충하는 표현을 그 뒤에 부가하는 특징을 가지고 있다. 몇 가지 예를 더 살펴보자.

(66) a. 有事可以打電话来$^1$, 省得你来回跑$^2$.
b. 일이 있으면 전화를 하게$^1$. 오갈 것 없이$^2$.
c. 오갈 것 없이$^2$ 일이 있으면 전화를 걸게$^1$.
(67) a. 好好听着$^1$, 甭说话$^2$!
b. ?잘 듣기만 하고$^1$ 말을 하지 말아라$^2$.
c. 입벌리지 말고$^2$ 잠자코 듣기나 해라$^1$.

(66a)도 의미상 핵심-보충 구조를 보여 주는 전형적인 예이다. 우리말 번역은 (66b)나 (66c) 모두 받아들일 만하다. (66b)는 완전한 구어투이고, (66c)는 정상적인 한국어 어순을 따른 것이다. 그런데 (67)은 양상이 다르다. (67c)는 아주 자연스럽게 들리지만 (67b)는 대단히 어색하다. 역시 원문의 의도대로 우리말에서는 핵심 어구를 뒤쪽에, 보충 어구를 앞쪽에 두는 것이 더 자연스럽다는 것을 알 수 있다.

단문에서 주요 성분 사이의 어순이 복문에서의 배열 순서와 대칭적인 양상을 보인다는 것은 대단히 흥미로운 사실이다. 이것은 곧, 우리가 중국어를 말하거나 중국사람이 우리말을 할 때, 단문의 구성 성분의 어순에 주의해야 할 뿐만 아니라 복문의 구성 성분의 배열 순서에도 주의를 해야 한다는 것을 함의한다. 예를 들어 IMF의 통제를 받고 있는 우리의 경제 현실에서 누군가가 (68a)라고 말했을 때, 그것을 중국어로 옮기려면 (68b)와 같이 해야 한다는 것이다.

(68) a. 우리는 한 톨의 쌀이라도[1] 낭비하지 말아야 한다[2].
  b. 我们不能浪费[2], 哪怕是一粒粮食[1].

## 4. 맺음말

이제까지 문법적 측면을 중심으로 중국어와 한국어의 특성을 대조 검토하였다. 이 검토를 통하여 한국어와 중국어가 지니고 있는 유사점과 차이점이 어느 정도 구체적으로 밝혀진 것으로 생각한다. 그 내용을 요약하면 다음과 같다.

우선 주지하다시피 중국어와 한국어는 기본 어순이 다르다. 중국어는 SVO 언어 유형에 속하고 한국어는 SOV 언어 유형에 속한다. 이러한 유형론상의 차이로부터 고정 어순과 자유 어순, 전치사와 후치사(각종 조사 및 어말 어미) 등의 차이가 파생된다. 특히 중국어는 동사의 뒤에 여러 종류의 보어가 쓰일 수 있으며 이것은 일상 대화에서도 대단히 활발하게 사용된다. 이것은 우리말에서는 거의 쓰이지 않는 특이한 문법 현상으로서, 중국어다운 중국어를 구사하는 데 꼭 필요한 것이므로 잘 알아두어야 한다. 두 언어 사이에는 이와 같은 차이점뿐만 아니라 유사한 점도 발견된다. 그것은 이른바 주제라는 성분이 존재한다는 것이다. 이 때문에 우리가 어느 정도 중국어를 배우다 보면 중국어가 생각보다는 그렇게 낯선 언어는 아니라는 느낌을 갖게 된다.

경어법에 있어서 우리말은 중국어와 다른 점이 많다. 우리말은 경어법이 아주 치밀하게 발달되어 있지만 중국어의 경우는 비교적 단순하다. 아울러 우리말에서는 인칭대명사를 사용하는 데 제약이 많지만 중국어에서는 그렇지 않다. 이것은 곧, 우리가 중국어를 학습하는 것은 상대적으로 용이하지만 중국인들이 우리말을 배우는 데는 적지 않은 어려움이 따를 것임을 의미한다. 문장을 접속할 때 일반적으로 중국어에서는 접속사를 사용하고 우리말에서는 어미를 사용한다는 차이를 보인다. 물론 중국어의 접속사는 생략이 가능하다. 이때에는 앞뒤 문맥에 의거하여 두 문장의 의미 관계를 파악할 수 있어야 한다.

중국어와 한국어는 주요 성분을 비롯하여 기타 보충 성분에 이르기까지 생략이 용이한 언어라는 점에서 공통점이 있다. 그런데 형태 표지가 발달하지 않은 중국어에서 구성 성분을 생략하게 되면 그야말로 몇 개의 알맹이만 가지고 정보를 전달한다는 느낌을 갖게 된다. 이것은 마치 필요한 장면만 몇 개의 슬라이드 필름에 담아 상대에게 전달하는 것에 비유될 수 있다. 이때 장면과 장면 사이의 연관 관계는 앞뒤 문맥에 의해 파악되므로, 우리도 이에 익숙해지도록 많이 듣고 읽고 써 보는 노력이 필요하다.

복문을 구성할 때 접속사를 쓰지 않고 몇 개의 단문을 계속 이어 붙이는 방법이 있다. 이때 단문들 사이에 층차가 있는 경우가 있는데, 대개 핵심적인 정보를 담고 있는 문장이 앞쪽에 출현하고 그 뒤에 보충적인 문장이 배열된다. 반면에 우리말에서는 핵심 어구가 대개 복문의 뒷부분에 위치한다. 이것은 두 언어의 기본 어순의 차이와도 밀접한 관계가 있는 것으로 보인다.

본고는 중국어 문법에 대한 새로운 연구라기보다는 중국어와 한국어에 대한 각각의 연구를 정리하여 대조 관찰한 것에 불과하다. 그러나 이 연구가 우리 학생들의 중국어 학습에 실질적인 도움을 줄 것으로 믿는다. 또한 최근에 한국의 기업이 다투어 중국으로 진출함에 따라 중국인들 사이에 한국어를 배우는 붐이 일고 있는 바, 이들에게 한국어를 쉽고 정확하게 가르치는 데에도 본고의 연구가 도움이 되리라 믿는다.

# 제2장
# 어휘화 : (很)[有NP] 구성을 중심으로

## 1. 들머리

본고는 (很)[有NP] 구성의 어휘적 성격과 그것이 갖는 언어학적 의의를 밝히는 데 목적이 있다.

다음은 우리가 중국어로 대화할 때 흔히 듣고 말하는 문장이다.

(1) 王老师的课很有意思.
    왕 선생님의 강의는 아주 재미있다.
(2) 这个姑娘很有礼貌.
    이 아가씨는 아주 예의바르다.

보통 '有'는 '很'이나 '非常, 十分, 最' 등과 같은 정도부사의 수식을 받지 않는 것으로 기술되어 있다.[1] "他有很多女朋友"(그는 여자 친구가 매우 많다)는 자연스러

---

1) 贺阳(1994:22)에서도 언급되었듯이, (很)[有NP] 구성에서 '很'이 쓰일 수 있는 곳에는 '比较,

운 문장이지만 "*他很有女朋友"(*그는 여자 친구가 매우 있다)2)라고는 말하지는 않는다. 그런데 (1-2)와 같은 예가 존재하며, 아래와 같이 그러한 예가 매우 활발하게 쓰이고 있다는 것은 대단히 흥미로운 일이다.

(3)  张三很有经验.
     장싼은 아주 경험이 풍부하다.
(4)  小王很有办法.
     샤오왕은 아주 수완이 좋다.
(5)  他很有眼光.
     그는 예지력이 대단히 뛰어나다.
(6)  这个年青人很有前途.
     이 젊은이는 장래가 아주 촉망된다.

이와 같이 '很'의 수식을 받는 [有 명사구]를 (很)[有NP] 구성이라고 하자.3)

이 구성의 특징에 대한 연구는 이제까지 출판된 문법서나 논문의 이곳저곳에 보이는데, 이들에 따르면 (很)[有NP] 구성의 특성은 다음과 같다.4)

---

挺, 非常, 十分, 最와 같은 정도부사가 다 쓰일 수 있다. 따라서 따로 언급하지 않는 한 '很'으로 나머지 정도부사까지 대표하는 것으로 한다.
2) 우리말에서도 '매우'는 상태성을 지니지 않은 동사를 수식하지는 않는다. 다음은 매우 드문 예외적인 현상에 속한다.
   변사또: 그년을 매우 쳐라!
   이  방: 그년을 매우 치랍신다.
3) (很)[有NP] 구성의 어휘화를 논할 때는 당연히 '很'을 제외한 [有NP]만을 대상으로 한다. 또한 제2장에서 보게 되겠지만 [很有__]에는 수식어가 붙은 복잡한 명사구도 출현할 수 있다. 이들까지 포괄하려는 의도에서 N이 아니라 NP를 사용한다.
4) (很)[有NP] 구성의 성격에 대해 언급한 것으로 丁声树 등 저(1961[1980:82]), 饶继庭(1961), 吕叔湘(1980:234,557), Li & Thompson(1981[1997:325-6]), 詹开第(1981:30-31), 刘月华 외(1983:435), 邹韶华(1986), 许维翰 등 편(1986), 张爱民(1992:165ff), 芙崧(1992), 段永华(1993), 贺阳(1994), 彭利贞(1995), 时卫国(1999a,b) 등이 있다.

첫째, (很)[有NP] 구성 속의 NP는 '意思, 礼貌, 经验, 办法, 眼光, 前途'와 같은 추상명사이다. '电视, 明星, 电脑, 因特网'과 같은 구체명사는 이 구성에 쓰일 수 없다.

둘째, (很)[有NP] 구성 속의 [有NP]는 그 자체만으로 어떤 정도성을 지니고 있다. 다음 예에서 전자는 후자의 의미에 상당한다.

(7) a. 他(很)有经验.   → 他经验(很)多.
    b. 老师(很)有水平.  → 老师水平(很)高.
    c. 大家(很)有能力.  → 大家能力(很)强.
    d. 那本书(很)有价值. → 那本书价值(很)高.

셋째, [有NP]는 의미상 주어가 지닌 어떤 '속성'을 표시한다. 그리고 앞에서 말한 바와 같이 그 속성의 정도가 강함을 함의한다. 이 때문에 [有NP]는 정도부사 '很'의 수식을 받을 수 있는데, 이때 '很'이 수식하는 것은 '有'가 아니라 [有NP] 전체이다. 예를 들어, '很有办法'는 다음의 (8b)와 같이 분석된다는 것이다.

(8) a. [很有][办法]
    b. [很][有办法]

끝으로, 때로 '有'와 추상명사가 합쳐지면 단순히 단어가 지시하는 개념적인 의미 이상의 의미를 나타내는 경우가 있다. 즉, '有意思'는 '뜻이 있다'가 아니라 '재미있다'이며, '有办法'는 '방법이 있다'가 아니라 '복잡한 문제를 처리할 방법이나 능력을 갖추고 있다'는 것을 가리킨다.

이 중에서 (7)과 같이 (很)[有NP] 구성의 의미에 관해 기술한 부분은 중국인의 직관에 따른 것이므로 그대로 받아들여도 문제가 없을 것이다. 이것은 다음 예에서 보이듯이, '有水平'이 '水平很高'과 동일한 의미로 쓰이며, '有文化'가 곧 '文化水平高'와 같은 의미를 나타내고 있다는 점에서 간접적인 증거를 구할 수 있다.5)

(9) 咳, 说什么呢, 你是个有水平的人呢! ……你刚才电话里的几句话, 水平就很高嘛!
아니 무슨 말을 하는 거야? 수준이 높은 사람이?… 방금 전화에서 한 그 말, 수준이 아주 높던데 말야!
(10) 丽娜是个十分知情达理的人. 她自己文化水平不高, 可喜欢有文化的人了.
리나는 세상사에 아주 밝은 사람이어서, 자기는 공부를 많이 못했지만 학력이 높은 사람을 좋아한다.

본고에서 논의하려는 문제는 다음과 같다. 첫째, (很)[有NP] 구성의 NP는 추상명사라고 하는데, 모든 추상명사가 다 이 구성에 사용될 수 있는가. 추상성을 지니지 않은 것들은 절대로 이 자리에 쓰일 수 없는가. 둘째, NP 자리에는 수식어가 붙지 않은 단순한 명사(bare NP)만 쓰일 수 있는가. 복잡한 수식어를 지닌 명사구는 NP 자리에 출현할 수 없는가. 셋째, (很)[有NP] 구성이 '굳어진 단위이다', '숙어적인 의미를 지니고 있다', '형용사처럼 쓰인다'고 하는데, 이 말이 지닌 문법적 함의는 무엇인가. 넷째, 수집된 언어 자료를 보면 (很)[有NP] 구성은 그 종류도 다양하고 사용 빈도도 상당히 높은데, 이러한 현상이 지니는 언어학적 의의는 무엇인가.

이 논의에 필요한 언어 자료(corpus)는 ≪中国语会话文章资料集≫(CD)에서 수집하였으며, 아울러 중국어 모어 화자를 선정하여 필요한 예문의 검증을 의뢰하였다.6)

---

5) 邹韶华(1986)에서 재인용.
6) 어떤 단어가 [很有__]에 출현할 수 있느냐 여부는 일차적으로 ≪中国语会话文章资料集≫ (CD, 허성도 교수 제작)에 입력되어 있는 소설(64권)과 교재(38권)에서 수집한 언어 자료를 바탕으로 판단하였다.
한편 언어 자료에 보이지 않는 예에 대해 살펴보기 위해 ≪汉语水平词汇与汉字等级大纲≫(北京语言学院出版社, 1992)에서 갑급, 을급에 해당하는 명사를 뽑아서 [很有__]에 출현할 수 있는지 여부를 검증하였다. 그 결과 갑급 명사 447개 중에서 25개, 을급 명사 899개 중에서 52개가 [很有__]에 사용될 수 있음을 알게 되었다. 검증 작업에 참여해 준 박덕준, 이영희, 왕휘 교수에게 감사드린다.

## 2. (很)[有NP] 구성에 쓰이는 NP의 성격

어떤 명사(구)가 [很有__]에 쓰일 수 있는가를 살펴보는 것은 특히 우리와 같은 외국인 학습자에게 매우 필요한 일이다. 아래에서 필자가 수집한 언어 자료를 바탕으로 기존의 연구를 차례대로 검토하기로 한다.

### 2.1 [+추상] 명사는 필요 충분 조건인가

추상명사가 [很有__]에 쓰인다는 말에는 모든 학자들이 동의를 표시하고 있다. 실제 언어 자료를 조사해 보아도 거의 모두가 추상명사이다.

(11) 意思, 兴趣, 礼貌, 意义, 研究, 权威, 价值, 希望, 学问, 才能, 力量, 经验, 好处, 特色, 影响, 分寸, 帮助, 名气, 感情, 可能, 风度, 把握, 前途, 才华, 成绩, 味道, 必要, 办法, 出息, 秩序, 才干, 信心, 力气, 道理, 见地, 特点, 天才, 益处, 意见……7)

심지어 '煽动, 创造, 吸引'과 같은 동사도 그 뒤에 '-力'나 '-性'과 같은 접미사를 붙여서 추상성을 부여하면 [很有__]에 출현할 수 있다.

(12) 他还是很有煽动力的.
그 사람 역시 선동 능력이 대단해.

---

7) 이들은 언어 자료에 출현한 것 중에서 빈도수가 높은 것을 뽑아 순서에 따라 나열한 것이다. 이에 대한 모범적인 예문이 [부록]에 제시되어 있다.

(13) 男女们很有创造性, 每一对的姿势都不雷同.
  남녀 모두 아주 독창적이어서 어느 쌍이건 무턱대고 남을 따라
  하지는 않았다.
(14) 她, 你也看到了, 也不是一个对男人很有吸引力的女人, 相貌平平,
  文化不高.
  그 여자, 너도 보았지, 남자에게 매력을 느끼게 하는 그런 여자
  도 아니야. 그저 그런 외모에 학력도 별로지.

동사에 추상성을 부여하는 또 하나의 방법은 그 뒤에 접미사 '-头儿'를 붙이는 것이다. 그러면 그것은 하나의 추상명사로서 '~할 만한 가치가 있다'는 뜻을 나타내며, 모두가 [很有__]에 출현할 수 있다.8)

(15) a. 这本小说的内容非常吸引人, 很有看头.
    이 소설책은 사람 마음을 엄청 끌어당긴다니까. 아주 볼 만해.
  b. 桂林是游览的好地方, 很有玩头儿, 这次你没去桂林, 太可惜了.
    구이린은 관광지로 그만이지. 놀러갈 만 하다고. 자네 이번에
    안 갔다니 정말 아깝군.
  c. 这项工作没有搞头儿, 别继续搞下去了.
    이번 업무는 할 만한 가치가 없어. 이제 그만 두게나.

이와 같이 일반 추상명사나 추상명사화한 동사들이 [很有__]에 활발하게 쓰이는 것을 볼 때, 명사구에 요구되는 [추상성]은 (很)[有NP] 구성의 생성에 매우 필요한 조건이라고 할 수 있다.

그렇다면 [+추상] 명사라면 모두가 이 구성에 쓰일 수 있다는 것인가. 贺阳(1994)에서는 '3,000여 개나 되는 명사를 관찰한 결과 (很)[有NP] 구성에 쓰인 것은 모두

---

8) 许维翰 등 편(1986:594-607)에서 재인용. 그는 '看, 听, 说, 干, 搞, 玩, 念, 来'과 같이 단음절 동사에만 '-头儿'을 가할 수 있다고 했는데, 陈光磊(1994:45ff)에서는 '讨论, 介绍, 打扫'과 같이 이음절 동사에도 '-头儿'를 붙일 수 있다고 했다.

가 추상명사'라고 하였는데, 그렇다면 [+추상]은 (很)[有+NP] 구성을 생성시키는 데 필요하고도 충분한 조건이라고 할 수 있는가.9)

실제 언어 자료와 제보자를 통한 검증 결과를 보면 추상명사 중에는 [很有__]에 쓰이지 않는 것들도 많이 있다.

  (16) 很有*{本质, 本性, 真理, 标准, 程度, 大意, 地步, 典型, 观念, 逻辑, 目标, 目的, 品质, 特徵, 危机, 意图, 形势, 作风……}
  (17) 很有??{比例, 财富, 道德, 动机, 观点, 坏处, 幻想, 教训, 困难, 年纪, 限制, 吸引……}10)

이들이 왜 쓰이지 않는지에 대해서는 아직 더 연구를 필요로 하지만,11) 일단 명사의 [추상성]은 (很)[有NP] 구성의 생성에 관련되는 필요 충분 조건은 아니라는 것을 알 수 있다.

## 2.2 [-추상] 명사는 쓰지 못하는가

다음의 예를 보면 추상명사는 자유로이 쓰이지만 구체명사는 그렇지 못함을 알

---

9) "我们考察了三千多个名词, 发现有表具体实物意义的具体名词构成的'有+名'不能受程度副词的修饰, 而能进入'程度副词+有+名'结构的名词都是抽象名词."(贺阳, 1994:22)
10) 뒤에서 말하겠지만, (很)[有NP] 구성은 매우 생산적이어서 지속적으로 그 수량을 늘리고 있는 상황이다. 이 점에서 볼 때, 이들도 결국 사용이 가능한 쪽으로 변화되어갈 것으로 예상된다.
11) 필자가 알기로 이에 대한 유일한 언급이 彭利贞(1995:17)에 보인다. '一些'나 '几分'과 같은 어구로 양화시킬 수 있는 것들이 (很)[有NP] 구성에 쓰일 수 있다고 하였는데, 아직은 추정 단계에 불과한 것으로 보인다.
  한편, 본고의 2.3에서 NP가 지닌 긍정, 또는 부정의 의미가 (很)[有+NP] 구성의 생성에 영향을 미치는지 여부를 따지고 있다.

수 있다.

> (18) a. 他在政界很有地位.
>    그 사람은 정계에서 지위가 꽤 높다.
>   b. *他在政界很有位子.
> (19) a. 这个人很有眼光.
>    이 사람은 예지력이 아주 뛰어나다.
>   b. *这个人很有眼睛.

그런데 '钱'과 같은 구체명사가 [很有__]에 쓰이는 경우가 있다. 이것은 어떻게 설명해야 할까? 邹韶华(1986)에서는 다음의 두 문맥에 쓰인 '钱'의 의미가 다르다고 말한다.

> (20) a. 这位农民真有钱, 连飞机都买得起.
>    이 농민께서는 정말 돈이 많으셔서 비행기도 살 수 있을 정도라네.
>   b. 这位农民真有钱, 不是假有钱.
>    이 농민께서는 정말 돈이 있으시다네. 가짜가 아냐.

(20b)의 '有钱'은 단순히 수중에 현금이 있다는 말이지만, (20a)의 '有钱'은 돈을 가지고 있되 어떤 일을 하는 데 필요한 만큼 충분히 많이 가지고 있다는 말이라는 것이다. 다음에서 (21)은 모두 성립하지만 (22b-c)가 성립하지 않는 까닭이 바로 '有钱'이 한 덩어리로 묶여 있으며, 이때 '钱'의 의미가 추상화되어 있기 때문이라고 한다.

> (21) a. 他有钱用.
>    그는 쓸 돈이 있다.
>   b. 他有用的钱.

그는 쓸 돈이 있다.
(22) a. 他很有钱.
　　 b. *他很有钱用.
　　　 *그는 쓸 돈이 매우 있다.
　　 c. *他很有用的钱.

이와 마찬가지로 '一手'나 '架子'(틀, 선반), '包袱'(보자기)가 [很有__]에 쓰이면 전체적인 의미는 추상화된다.

(23) a. 那个人很有一手.
　　　 저 사람은 솜씨가 대단하다
　　 b. 他很有架子.
　　　 허세가 대단하다.
　　 c. 他很有包袱.
　　　 그는 걱정거리가 많다.

'有一手'가 '손 한 짝이 있다'는 것을 뜻하는 것이 아니라 '재주가 있다, 뛰어나다'를 의미한다. '架子'는 '뼈대, 틀, 선반'이 아니라 '허세'라는 뜻으로 쓰였고, '包袱'는 '보자기'가 아니라 '정신상의 부담'이란 뜻으로 쓰였다.

이와 같이 추상적인 의미와 구체적인 의미를 함께 지니고 있는 명사가 [很有__]의 틀에 들어가면 추상적인 의미만이 문장에 표현된다는 점을 볼 때 [+추상]성은 꽤 강력한 제약임을 알 수 있다.

하지만 필자가 주목하는 것은, 어쨌든 이들이 구체명사이며 구체명사가 바로 NP 자리에 쓰였다는 것이다. [很有__]에 쓰여서 의미가 추상화했다고 하더라도 구체명사인 것은 틀림없는 사실이 아닌가.12) 근래에 다음과 같은 예가 출현할 수 있는 것

---

12) 사전에 '架子'의 뜻풀이로서 '틀, 선반' 이외에 '허세, 거드름'이 있고, '包袱'의 뜻풀이로서

도 결국은 이전에 이러한 구체명사가 [很有_]에 쓰인 사례가 존재하여 유추(analogy)에 의한 확장 적용의 실마리를 제공하고 있기 때문이라는 것이 필자의 생각이다.13)

  (24) 这本书很有读者.
    이 책은 독자가 아주 많다.
  (25) 这个电影很有观众.
    이 영화는 관중이 아주 많이 몰린다.

이들은 현재 중국의 일상 구어에서 흔히 사용되고 있는 예로서, 어쨌든 '读者', '观众'과 같은 구체명사가 [很有_]에 쓰이고 있음을 보여 준다. 다음도 역시 '空地'라는 구체명사가 [很有_]에 쓰인 예이다.

  (26) 眼珠向鼻部集中, 一半侵入眼角, 好象鼻部很有空地作眼珠的休息室.
    눈동자가 코 쪽으로 모여져서 눈꼬리에 거의 반쯤 파묻혔다. 마치 코 부근에 눈동자가 휴게실로 쓸 수 있는 넓은 공간이 있기나 하다는 듯이.

이와 같은 예는 아직 적기는 하지만, (很)[有NP] 구성의 생성 양상을 설명하는 데 중요한 실마리를 던져주고 있다. 즉, [很有_]에는 기본적으로 추상명사만이 사

---

  '보자기' 이외에 '(정신적인) 부담' 등이 있다. 첫 번째 항목은 기본의미이고 두 번째 이하는 기본의미에서 확장된 파생의미이다. 즉, 추상성을 띠는 파생의미는 구체적인 의미를 지닌 기본의미에서 비롯된 것이다. 일단 그 시작은 구체명사에서 비롯되었다는 점에 주목해야 한다.
13) 유추란 어떤 언어 형태가 의미나 기능, 음성적으로 비슷한 언어 형태에 동화하여 변하거나 또는 그런 형태가 새로 생겨나도록 하는 심리적인 과정을 가리킨다.(이성하, 1998:227, 재인용)

용될 수 있지만, 점차적으로 구체명사도 사용되는 쪽으로 변화하고 있다는 것이다.14)

## 2.3 NP의 뉘앙스와 관련된 제약은 없는가

(16-17)에서 [很有_]에 쓰이기 어려운 예로 제시한 것 중에 '困难, 危机, 作风, 坏处'와 같이 부정적인 뉘앙스를 지닌 것들이 있기 때문에, 그리고 [有NP]만으로도 어떤 속성의 정도가 강함을 표시한다는 사실로 인하여, 부정적인 뉘앙스를 지닌 단어가 [很有_]에 쓰이는 데에 제약이 많이 따르지 않을까 생각할 수 있다.

다음은 이러한 추측에 긍정적인 답을 주는 예이다.

(27) 每个人都有优点, 也都有缺点.
　　사람이란 누구나 장점이 있는가 하면 단점도 있다.
(28) a. 很有优点.
　　　장점이 많다.
　　b. *很有缺点.

(27-28)은, 긍정적인 뉘앙스를 지닌 '优点'은 [很有_]에 쓰이지만 부정적인 뉘앙스를 지닌 '缺点'은 쓰이지 않는다는 것을 보여주고 있다.

또한 '有味儿'은 '맛있다'라는 긍정적인 의미와 '냄새가 난다'라는 부정적인 의미

---

14) 이 밖에 '她很有几个男朋友.'(그 여자는 남자 친구가 꽤 많다.)와 같은 예가 있다. 이 예는, 반드시 수량어구와 함께 쓰여야 한다는 점에서 다른 (很)[有NP] 구성과 성격이 다르다. 이 예에 대해서는 준비중인 논문 '(很)VP 구성의 어휘적 특성에 대한 실증적 연구'에서 자세히 다루기로 한다.

가 있는데, [很有_]에 쓰일 수 있는 것은 긍정적인 의미를 지닌 경우뿐이다.

  (29) 这菜很有味儿.
    이 요리 참 맛있구먼.
  (30) a. 这东西有味儿, 别吃!
     이거 냄새난다. 먹지 마라.
    b. ??这东西很有味儿, 别吃!

이와 같은 예를 보면 확실히 [很有_]에는 긍정적인 의미를 지닌 단어들이 잘 쓰인다는 것을 알 수 있다.

하지만 문제는 부정적인 의미를 지닌 단어들이라고 해서 쓰이지 못하는 것은 아니라는 데 있다.

  (31) 很有{害处, 困难, 毛病, 危险, 危害, 疑问…}

또한 '意见'(의견), '看法'(의견), '架子'(틀, 허세) 등이 [很有_]에 쓰일 때는 '有味儿'과 반대로 부정적인 의미만 문장에 드러난다.

  (32) 大家对他很有意见.
    사람들은 그에게 아주 불만이 많다.
  (33) 这件事, 张三很有看法.
    이 일에 대해 장싼은 아주 불만이 많다.
  (34) 他这个人很有架子.
    그 사람 말야 너무 잘난 체 해.

그러므로 명사가 지니고 있는 긍정, 또는 부정적 의미는 (很)[有NP] 구성의 생성에 큰 영향을 미치지 않는다고 할 수 있다.

## 2.4 [bare NP]만 되는가

'bare NP'란 중심명사의 앞에 아무런 수식어도 붙지 않은 명사구를 말한다. 여기에서는 이러한 bare NP가 [很有__]에 쓰일 수 있는가를 살펴보려 한다.

언어 자료를 관찰해 보면 대단히 다양한 유형의 어구가 NP 자리에 등장하는 사실에 놀라게 된다. 우선 중심명사의 앞쪽에 수식어가 있는 경우가 발견된다.15)

(35) 他很有演戏的经验.
그는 연극(또는 경극) 출연 경험이 아주 풍부하다.
(36) 他们很有实事求是的精神.
그들은 실사구시 정신이 대단하다.
(37) 啊啊啊, 你那个方案, 我看过了, 你很有改革的热情嘛!
아, 너의 그 방안 말이지, 훑어 봤어. 개혁에 대한 열정이 대단하더군!

다음과 같은 예도 있다.

(38) 他很有运动细胞.
그는 운동신경이 뛰어나다.
(39) 古典建筑虽然很有浪漫主义的色彩, 还可以引起人们对我们古代文化的尊敬与怀念.
고전 건축물이 낭만주의적인 색채를 강하게 띠고 있긴 하지만, 보는 사람에게 우리나라의 고대 문화를 우러러보고 그리워하는 마음이 일도록 한다.

---

15) 수식어를 가함으로써 중심명사의 외연을 줄이는 경우이다. 단 수식어의 성격에 제약이 따른다. '*很有重大的价值'에서 알 수 있듯이 정도를 강화하는 의미를 지닌 어구는 수식어로 쓰일 수 없다. 이미 '有价值'가 지니고 있는 강한 정도와 서로 충돌을 일으키기 때문이다. (贺阳, 1994:23 참조)

(38)을 보면, 원래 '*很有运动'이나 '*很有细胞'는 성립되지 않는 것인데, '运动细胞'와 같이 묶어서 '有'와 결합시키자 그 속에서 '운동 신경'이라고 하는 다소 추상적인 의미를 감지해낼 수 있게 되었다. 오히려 길이가 길어짐으로써 (很)[有NP] 구성의 생성이 가능하게 된 예이다. 마찬가지로 (39)도 역시 원래 '*很有色彩'나 '*很有浪漫主义'는 성립되지 않는 표현인데 '色彩'와 '浪漫主义'가 합쳐짐으로써 (很)[有NP] 구성이 가능하게 된 경우이다.

이들보다 길이가 더 긴 것도 보인다.

(40) 原稿写了个差不离. 心里很有一种轻快之感 : 终於完稿了.
원고를 거의 다 썼다. 후련한 느낌이 가슴에 가득 차오른다. '드디어 원고를 끝내는구나!'

(41) 这本书在语言学基本理论方面很有不妥当之处. 本是应当彻底修改, 全部改编, 才能再版的.
이 책은 언어학 기초 이론 측면에서 부적절한 곳이 아주 많다. 원래 철저하게 수정하고 깡그리 바꾸어 다시 출판했어야 했다.

이 단계에 오면 이른바 [+추상]의 의미도 그 제약이 상당히 약하게 된다. 이렇게 의미나 구조상의 제약이 약화되는 만큼 그 생산성이 더 높아질 것임이 자명하다.

이제까지의 논의를 요약하면 다음과 같다. 첫째, (很)[有NP] 구성의 NP 자리에는 대개 추상명사가 출현한다. 하지만 모든 추상명사가 다 이 자리에 출현할 수 있는 것은 아니다. 둘째, 일부 구체명사가 이 자리에 출현할 수 있다. 셋째, NP가 지닌 긍정, 또는 부정적인 뉘앙스는 (很)[有NP] 구성의 생성에 큰 영향을 미치지 않는다. 넷째, NP 자리에는 수식어가 전혀 붙지 않은 bare NP뿐만 아니라 수식어가 복잡하게 붙은 NP도 출현할 수 있다. 전체적으로 (很)[有NP] 구성의 생산력이 상당히 왕성함을 보여준다고 할 수 있다.

## 3. (很)[有NP] 구성의 어휘화

### 3.1 어휘화의 과정

중국의 문법학자들은 일반적으로 (很)[有NP] 구성이 '동사와 목적어가 상당히 긴밀하게 결합된 구(phrase)'로 본다.16) 일단 '有'와 NP가 서로 긴밀하게 묶여있다는 것은 인정하지만 아직은 단어가 아니라 구라는 것이다. 반면에 Li & Thompson (1981[1997:325-6])에서는 그것을 숙어적인 의미를 지닌 복합어(compound)로 본다. 전체가 하나의 형용사처럼 쓰인다는 것이다.

필자의 생각에 이들은 어느 쪽이든 상황의 일부분만을 기술하고 있다고 여겨진다. (很)[有NP] 구성의 집합 전체를 상정할 때, 그 안에는 '有名', '有意思'와 같이 완전히 하나의 단어로 굳어진 것들이 있는가 하면, '有秩序'나 '有特点'처럼 임시로 함께 붙여쓰는 것도 있음을 인정해야 한다. 그렇다면 위의 주장은 제각기 어느 한 쪽만을 관찰하고 기술한 것이라는 혐의에서 자유롭지 못하다.

본고에서는 이러한 다양한 양상을 모두 포괄하여 설명할 수 있는 용어로서 '어휘화'(lexicalization)라는 말을 빌어 쓰려고 한다.17) '어휘화'란 말 그대로 어휘가 아닌 것이 어휘로 되어 가는 과정을 말한다.

우선 (很)[有NP] 구성이 어휘적인 성격을 가지고 있다는 증거는 여러 가지가 있다.

---

16) 吕叔湘(1980:234,557), 刘月华 외(1983:435), 贺阳(1994), 彭利贞(1995), 时卫国(1999a,b) 등이 모두 그러하다.
17) 이 용어의 개념에 대해서는 이성하(1998), 이지양(1998b), 전상범(1995)를 참조할 것.

첫째, 중국인 학자들의 직관대로 [有NP]가 하나의 덩어리가 되어 '很'의 수식을 받는다는 것이 유력한 증거가 된다. 즉, '很有前途'(대단히 장래성이 있다)는 [很有前途]가 아니라 [很[有前途]로 분석된다는 것인데, 이것은 바로 '有前途'가 하나의 덩어리로 굳게 결합되어 있음을 단언하는 것이다.

둘째, '很'의 수식을 받을 수 있는 [有NP]는 모두가 비교구문에 출현할 수 있다는 것도 (很)[有NP] 구성의 어휘성을 입증하는 좋은 증거가 된다. 비교구문의 중심 술어 자리에는 형용사나 상태동사만이 출현할 수 있기 때문이다.18)

(42) 我比他更有办法.
내가 그보다 더 수완이 좋지.
(43) 我比你更有经验.
내가 너보다 더 경험이 많아.
(44) 我比她更有魅力.
내가 그 여자보다 더 매력이 있다고.
(45) 这篇小说比那篇更有劲儿.
이 소설이 저것보다 더 재미있어.
(46) 古典建筑比现代建筑更有浪漫主义的色彩.
고전 건축물이 현대 건축물보다 낭만적 분위기가 더 짙다.

셋째, (很)[有NP] 구성이 어휘화되고 있다고 할 때, 그 속의 '有'의 성질에도 변화가 발생할 것임을 짐작할 수 있다.19) 일반적으로 '有'의 뒤에는 '了, 着, 过'가 출

---

18) '有意思'나 '有把握'의 뒤에는 '-极了'를 붙일 수 있지만, '??有前途极了'는 좀 어색하고, '???有资格极了'라고 말하는 사람은 없다. [有NP 极了]는 논리적으로는 가능할지 몰라도 실제 일상 대화에서 이와 같이 사용하는 경우가 거의 없다. 이 때문에 이것은 검증 틀로 삼지 않았다.
19) 어느 나라 언어든지 '가지다'의 뜻을 지닌 동사가 쉽게 의미가 허화된다고 한다. '이걸 가져라'보다는 '이걸 가지고 뭐 할래?'의 '가지다'가 더 허화되었고, 'I have a daughter.'보다는 'I have my hair cut.'나 'Have you been to Korea?'의 have가 더 허화되었다고 할

현할 수 있다. 그런데 (很)[有NP] 구성 속의 '有' 뒤에는 이 중 어느 것도 출현할 수 없다.

(47) a. 他比我有勇气.
그는 나보다 용기가 있다.
b. *他比我有了勇气.
(48) a. 他比我有理想.
그는 나보다 이상(꿈)이 많이 있다.
b. *他比我有过理想.
(49) a. 这本书比那本有意思.
이 책이 저 책보다 재미있다.
b. *这本书比那本有着意思.

넷째, (很)[有NP] 구성 속의 '有'의 목적어가 주로 [+추상]의 성질을 띤 명사라는 것도, 그 선택제한이 강화되었다는 면에서, [有NP]의 어휘화 과정에서 '有'의 문법적 기능이 축소된 것이라고 말할 수 있을 것이다.[20]

이상에서 (很)[有NP] 구성은 중국인 청자・화자의 인지 세계 속에서, '有'와 NP가 물리적으로 서먹서먹하게 이웃하고 서 있는 것이 아니라, 자기의 본래의 색깔을

---

수 있다.
20) 이것을 설명하는 데는 '문법화'(grammaticalization)란 말이 더 적절할 것이다. 하지만 그렇다고 해서 '有'의 의미가 완전히 허화된 것은 아니다. '有意思'의 부정형이 '*不有意思'가 아니라 '没有意思'라는 점에서, 그리고 다음의 b에서 알 수 있듯이 환경이 달라지면 다시 당당히 주요 동사로 그 본색을 드러낸다는 점에서 그것은 여전히 고유한 문법적 기능을 속에 지니고 있음을 알 수 있다.
  a. 他当村长[很有资格].
     그는 촌장이 되기에 충분한 자격이 있다.
  b. 他有[资格]当村长.
     그는 촌장이 될 수 있는 자격이 있다.

조금씩 죽이며 하나의 덩어리로 뭉쳐서 움직이는 것, 즉 하나의 어휘로 재분석(reanalyze)되어 존재되고 있음을 알 수 있다.

하지만 문제는 앞에서 말했듯이, 이들이 모두 동일한 어휘적, 내지 문법적 특성을 보이는 것은 아니라는 점이다. [有NP] 구성은 명사구의 성격이나 사용 빈도에 따라 어휘적 성격에 차이가 있을 수밖에 없다. 우선 '有名, 有效, 有利' 등과 같은 이음절어는 더 이상 분리불가능한 하나의 단어로 굳어져 있고, 일상 생활에서 빈번하게 사용하며 또한 구성성분들이 가지고 있는 의미 이상의 뜻을 나타내는 '有意思' 같은 것도 역시 하나의 단어로 굳어버렸다고 할 수 있다. 반면에 2.4에 예시한 것과 같은 삼음절 이상의 다음절 어구나 사용 빈도가 낮은 단어가 사용된 것들은 어휘적 성질이 약하며, 동사의 성질을 띤 '主張, 启示' 같은 것들은 설사 필자나 화자에 의해 임시로 결합되어 쓰인다 할지라도 하나의 어휘로 사전에 등재되기는 거의 불가능하다고 할 수 있다. 이렇게 다양한 모습을 보이고 있기 때문에 이들을 일률적으로 단어(또는 복합어)라고 하거나 구(phrase)라고 부르는 것은 적절치 못하다. 전체를 포괄하여 그 특성을 설명할 수 있는 말이 바로 '어휘화'인 것이다.

어휘화란 말은 이미 그 안에 '변화 과정'이라는 뜻을 내포하고 있다. 어휘화의 관점에서 보면 구(phrase)는 아직 어휘화가 안된 것이고 단어(word)는 어휘화가 충분히 진행된 것이다. 그리고 구와 단어 사이에는 제각기 어휘화의 정도에 따라 다양한 어구들이 연속적으로 나열되어 있게 된다. 이것은 다음과 같이 그림으로 나타낼 수 있다.[21]

---

21) 이 그림은 李临定(1990:117)에서 '洗(个)澡', '放(不了)心'과 같은 이른바 '离合动词'들 사이의 어휘화를 논하면서 제시한 것을 빌어 쓴 것이다.

〈그림 I〉
 a. 이분법적 관점

 구(phrase)                                         단어(word)
 b. 어휘화의 관점

 구(phrase) ·················································〉 단어(word)

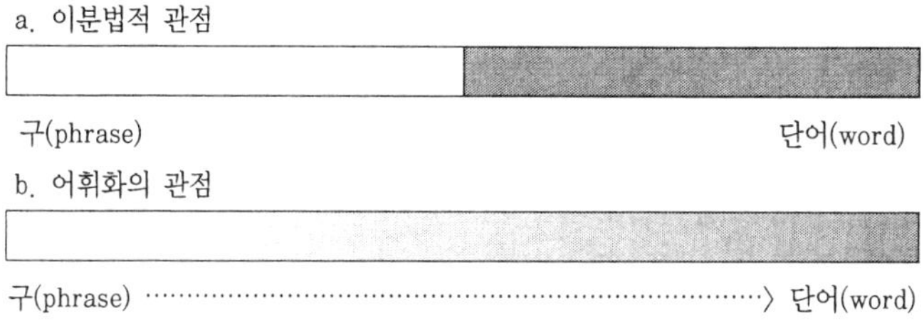

<그림 Ia>는 구(phrase)와 단어(word) 사이에 경계가 명확함을 나타낸다. 즉 어느 것이 단어이고 구인지 명확하게 나눌 수 있다는 것이다. 반면에 <그림 Ib>는 구와 단어 사이에 경계가 없으며 단지 정도상의 차이만 존재함을 나타내고 있다. 왼쪽에서 오른쪽으로 갈수록 어휘화가 충분히 진행된 것이며, 그 사이에 어휘화 면에서 정도가 다른 다양한 어구가 존재할 수 있음을 보이고 있다. 중국어의 (很)[有NP] 구성의 어휘화를 잘 보여주는 것은 바로 b라고 할 수 있다.22)

이 중에서 어휘화가 충분히 진행되어 하나의 단어로 인식되는 것들은 사전에 등재되게 된다. 다음 예들은 모두 ≪现代汉语词典≫에 올라가 있다.

(50) '有'+1음절: 有劲, 有理(=有道理), 有利, 有力, 有名, 有趣, 有数, 有限, 有效, 有益, 有种
'有'+2음절: 有意思

한국인을 위한 ≪中韩大辞典≫이라면 당연히 이보다 더 많이 싣게 된다. 종이로

---

22) 박정구 교수가 지적했듯이, 중국어의 경우에는 구에서 단어로 변화되는 어휘화 과정만 있는 것이 아니라, 때로 단어에서 구로 분리 확대되는 反 어휘화 현상도 존재한다. humour를 음역한 '幽默'를 '幽了一次默'(한 차례 유머를 하다)와 같이 쓰는 예가 그것인데, 이것은 하나의 글자가 하나의 뜻과 문법적 기능을 지닐 수 있는 중국어의 고립어적 특성에서 비롯되는 것으로 보인다.

된 사전에는 보이지 않지만 중국인들 머리 속의 사전(lexicon)에 들어 있는 단어까지 기록해 보여주어야 하기 때문이다.

(51) 有把握(자신이 있다)      有法子(방도·수완이 있다)
     有讲究(조예가 깊다)      有可能(가능성이 있다)
     有来头(까닭이 있다)      有腰子(배짱이 있다) ……

이상의 논의를 통하여, (很)[有NP] 구성의 성격은 어휘화(lexicalization)의 관점에서 설명할 때 그 내적 양상을 가장 잘 파악할 수 있다는 것을 알 수 있다.

## 3.2 어휘화론의 문법적 의의

2장에서는 자체 수집한 언어 자료를 바탕으로 이제까지 (很)[有NP] 구성에 대한 여러 학자들의 주장에 대해 타당성을 검토하였고, 3.1에서는 '어휘화'라고 하는 좀 더 보편적인 문법 용어로 그 상황을 기술하였다.

마지막으로 우리는 보다 중요한 문제를 남겨 놓고 있다. [有NP]가 하나의 단어로 어휘화된다고 할 때, 그것이 갖는 문법적 의의가 무엇인가 하는 것이다. 어떤 문법적 현상에 대한 기술(description)도 필요하지만 궁극적으로 그 현상이 나타내는 문법적 의의까지 설명할 수 있어야 그 현상에 대해 올바른 시각을 가질 수 있는 법이다. 그런데 필자가 보기에 지금까지 이러한 문제를 제기하고 그 해결 방안을 모색한 이는 아직 보이지 않는다.

첫째, (很)[有NP] 구성은 술어의 묘사 정도를 보다 강화시키는 구실을 한다. 다음의 예문을 가지고 이야기해 보자.

(52) a. "很好, 这个问题也解决了. 今天我们的谈话收获很多."
　　　좋았어. 이 문제도 해결했으니 오늘 우리의 논의는 수확이 많군.
　　 b. "很好, 这个问题也解决了. 今天我们的谈话很有收获."
　　　좋았어. 이 문제도 해결했으니 오늘 우리의 논의는 수확이 아주
　　　많군.

(52a)와 (52b)는 둘 다 성립하는 문장인데, 중국인의 언어 직관에 따르면 일반 형용사 술어문 '收获很多'가 쓰인 (52a)보다는 '很有收获'를 쓴 한 (52b)가 강조의 의미가 더 강하다고 한다.23) 이와 같은 의미상의 차이는 '经验很多'와 '很有经验', '地位很高'와 '很有地位'에서 똑같이 나타난다. 각 쌍에서 전자는 중립적(neutral)이고 무표적(unmarked)이며, 후자는 유표적(marked)이라고 할 수 있다. 유표적인 만큼 더 새로운 의미가 추가되기 마련인데 그것이 바로 강조의 의미이다. 이것으로 볼 때 〈很〉[有NP] 구성을 사용하는 이유는 일반 형용사 술어문보다 강한 정도를 표시하기 위해서라고 할 수 있다.

둘째, 〈很〉[有NP] 구성은 서술 대상을 보다 두드러지게 부각시키는 기능을 한다.

〈很〉[有NP] 구성의 문법적 의의는 어휘화와 같은 형태론적 층위뿐만 아니라 통사론적 층위 내지 화용론적 층위에서도 발견된다. 다시 (52)를 본다면, (52a)는 '今天我们的谈话', '收获', '很多'의 세 개의 그림으로 구성되어 있다. 이것이 어휘화 과정을 겪게 되면 (53b)와 같이 '今天我们的谈话', '很有收获'라는 두 장의 그림으로 줄어들게 된다. 서술 방법이 보다 단순해졌으며, 그 과정에서 진술 대상과 진술하려는 내용 부분이 명확하게 드러났다고 할 수 있다. 이것은 다음과 같이 나타낼 수 있다.(뒷쪽 예문만 보임)

---

23) 彭利贞(1995:18): '[很有NP]做谓语, 表示说话人对该句话题的态度, 带有很强的主观评价意义.'

(53) a. [今天我们的谈话] [收获] [很多].
b. [今天我们的谈话] [很有收获].

(53a)에서는 술어 앞의 서술 대상이 두 개인데 비해 (53b)에서는 서술 대상이 하나이다.24) 이것은 그만큼 화자가 무엇에 대해 서술하려 하는지가 분명해진다는 것을 의미한다. 그렇다면 (很)[有NP] 구성을 사용하는 이유는 바로 화자가 서술하려는 대상을 보다 분명하게 드러내기 위해서라고 할 수 있다.

사실 서술 대상이 분명해진다는 것은 바로 그 서술 대상의 존재가 더 강조된다는 것을 뜻한다. 이런 면에서 '很有NP'가 더 강한 의미를 나타낸다는 것과 서술 대상이 더 뚜렷하게 부각된다는 것은 서로 밀접한 관련이 있음을 알 수 있다. 결론적으로 (很)[有NP] 구성의 어휘화는 통사 구조상의 변화를 야기하며, 이것은 곧 문장 전체의 의미를 강화시키는 쪽으로 귀결된다고 할 수 있다.

## 4. 맺음말

이제까지 (很)[有NP] 구성의 생성에 관여하는 제약과 이 구성의 생성 원인에 대해 살펴보았다. 우선 언어 자료를 광범위하게 수집한 다음, 이것을 바탕으로 하여 기존의 연구 성과를 차례대로 검토하였다. 분석 결과를 요약하면 다음과 같다.

우선 (很)[有NP] 구성의 생성과 관련하여, 어떠한 성질의 NP가 '有'의 뒤에 출현

---

24) (53a)는 물론 [주제[주어-술어]], 또는 [주어[주어-술어]] 구조로서 일차적으로 [주어-술어]가 하나로 구분되고 나서 다시 그 앞의 주제(또는 주어)와 관련을 맺게 된다. 하지만 어쨌든 [술어]의 앞의 서술 대상이 두 개인 것만큼은 사실이다.

할 수 있는가를 관찰하였다. 그 결과 다음과 같은 사실을 확인할 수 있었다.

첫째, (很)[有NP] 구성에는 일반적으로 추상명사가 쓰인다. 하지만 추상명사 가운데에도 쓰일 수 있는 것과 그렇지 못한 것이 있다. 게다가 많지는 않지만 구체명사가 쓰이는 경우도 있다. 그러므로 단지 추상명사만이 [很有__]에 쓰인다고 한 기존의 기술은 수정되어야 한다. 둘째, 어떤 추상명사가 [很有__]에 쓰이는가에 대해서는 아직 뚜렷한 답이 없다. 명사가 지닌 긍정, 또는 부정의 뉘앙스도 (很)[有NP] 구성의 생성을 판가름하는 기준이 될 수 없다. 그렇다면 현재로서는 자주 사용되는 예를 중심으로 개별적으로 익힐 수밖에 없다. [부록]에 자주 쓰는 예문을 제시한 까닭이 여기에 있다. 셋째, 수식어가 붙지 않은 bare NP 이외에도 복잡한 수식어가 붙은 명사구가 [很有__]에 쓰이는 예가 많이 발견되고 있는데, 이것은 (很)[有NP] 구성이 대단한 활력을 가지고 그 영역을 확장하고 있기 때문이라고 해석할 수 있다.

다음으로 이러한 구성의 생성이 문법적으로 어떤 의의를 지니는가를 논의하였다. 본고에서는 우선 그 길이와 의미, 그리고 문법적 기능에서 다양한 양상을 보이는 (很)[有NP] 구성을 두루 포괄하여 설명하는 데 어휘화(lexicalization)라는 관점이 대단히 유용함을 보였다. 그리고 (很)[有NP] 구성이 어휘화함으로써, 첫째로 술어가 나타내는 의미가 더 강조되게 되며, 둘째로 서술 대상이 더 뚜렷하게 부각된다는 점을 밝혔다. (很)[有NP] 구성의 어휘화를 통하여 문장이 보다 간결해지며 동시에 화자가 강조하려는 의도가 훨씬 뚜렷하게 문장에 실현되게 된다는 것인데, 이러한 통사적 내지 화용론적 기능이 다시 (很)[有NP] 구성의 어휘화에 추진력을 부여하고 있는 것으로 생각된다.

# [부록]

| | |
|---|---|
| 把握 | 你似乎对赢得女孩子的心很有把握, 你究竟用的什么法子? 넌 여자의 마음을 사로잡는 데 아주 자신 있는 것 같은데, 대체 어떤 수법을 썼니? |
| 办法 | 我听你是个很有办法的人, 能搞到价格合理的电视机. 당신 수완이 대단하다고 들었는데, 그럼 좋은 가격에 텔레비전을 구할 수 있겠군요. |
| 帮助 | 这本书对了解中国很有帮助, 值得买. 이 책은 중국을 이해하는 데 큰 도움이 되지. 살만한 가치가 있어. |
| 才干 | 有人告诉他诸葛亮很有才干, 於是他决心去请诸葛亮. 어떤 사람이 그에게 제갈량이 아주 재주가 대단하다고 말하자, 그는 제갈량을 모시러 가기로 결심했다. |
| 才华 | 郑板桥是中国清代的一位进士, 他很有才华, 不但会写诗, 还会画画儿. 정 반차오는 중국 청대의 선비로서 시를 잘 쓸 뿐만 아니라 그림도 잘 그려 재주가 대단했다. |
| 才能 | 我不是说了吗, 她是一位很有才能的学生. 내가 말하지 않았소. 그녀가 아주 재주 많은 학생이라고. |
| 成绩 | 他在工作上很有成绩. 그는 작업 분야에서 큰 성과를 올렸다. |
| 出息 | 他是小红的一个朋友. 他有钱, 相貌英俊, 又有教养, 是个很有出息的人. 그는 샤오훙의 친구인데, 돈도 많고 잘생기고 교양도 만점이라서 앞날이 촉망되는 사람이다. |
| 道理 | 他的话听起来可笑, 但仔细一想还很有道理. 그의 말을 그냥 들을 때는 우스웠지만 차근차근 생각해보니 꽤 일리가 있었다. |
| 分寸 | 她说话很大方, 爽快, 却很有分寸. 그녀는 말을 거침없고 시원스레 하지만 도를 지나치지는 않는다. |
| 感情 | 那个学生读得很流利, 很有感情, 周总理点点头微笑. 그 학생이 아주 유창하고도 풍부한 감정으로 읽자 주 총리는 미소를 지은 채 고개를 끄덕였다. |
| 关系 | 据说日本经济的腾飞跟新儒家思想很有关系. 你同意这种观点吗? 일본 경제가 비약적으로 발전한 것은 신 유가사상과 관계가 아주 깊다고 들었는데, 당신은 이 관점에 동의하세요? |
| 好处 | 这种活动对伯父身体很有好处. 이런 운동은 큰아버지의 건강에 도움이 많이 된다. |
| 价值 | 我已经发现很有价值的东西了: 歌德集子! 나는 이미 아주 가치 있는 것을 발견했다. 바로 괴테 전집이지. |
| 见地 | 他在立志和修养等方面, 也是很有见地的. 그는 뜻을 세우고 수양을 쌓는 쪽에서도 대단한 식견을 지니고 있다. |
| 经验 | 您放心, 这方面我们是很有经验的, 保证不会出问题. 이 분야에서 우리는 경험이 아주 |

| | |
|---|---|
| 精神 | 풍부하니까 안심하세요. 아무런 문제도 일어나지 않을 거라고 장담할 수 있어요.<br>他几乎一夜没睡觉, 早起还很有精神. 그는 밤새 한 숨도 못 잔데다 일찍 일어났는데도 아주 생기 있었다. |
| 可能 | "我看很有可能!" 她又是神秘地一笑. '가능성이 아주 많다고 생각해.' 그녀는 또 싱긋 신비로운 미소를 지었다. |
| 礼貌 | 听说韩国的学生都很有礼貌, 是吗? 한국 학생들은 모두가 아주 예의 바르다던데, 그러니? |
| 力量 | 沉默使人琢磨不透, 沉默最有力量. 침묵은 속내를 꿰뚫어보지 못하게 하지. 침묵이 제일 힘이 세다고. |
| 力气 | 他的手很有力气, 小明忽然有了一种被绑架的感觉. 그의 손은 힘이 대단해서 샤오밍은 일순간 그에게 납치된 것 같은 느낌이 들었다. |
| 魅力 | 她很美, 很有魅力, 我有必要告诉你吗? 그녀가 예쁘고 아주 매력적이라는 것을 너에게 알려줘야 할 필요가 있니? |
| 名 | 香山很有名, 因为它的红叶. 샹산이 아주 유명한 것은 단풍 때문이다. |
| 名气 | 茅台是中国很有名气的酒, 您认为怎么样? 마오타이주는 중국에서 아주 유명한 술이죠. 당신 생각은 어떻죠? |
| 耐心 | 他喜欢跟我聊天, 因为我很有耐心, 能够听他滔滔不绝地说下去, 能够找到共同的话题. 그는 나와 이야기 나누는 것을 좋아한다. 끊임없이 주절주절 쏟아내는 그의 말을 들어주면서, 그 속에서 공통의 화제를 끄집어 낼 정도로 나의 인내심이 강하기 때문이다. |
| 钱 | 虽然他很有钱, 可是很节省. 비록 그는 아주 부유하지만 매우 절약하며 산다. |
| 前途 | 对, 她是个年轻演员, 很有前途. 그래, 그녀는 젊은 배우로서 앞날이 아주 촉망되지. |
| 趣 | 当我们在那个年龄时, 我们一向玩得很有趣. 우리가 그 나이 때는 늘상 신나게 놀았어. |
| 权威 | 李四在这帮人中间很有权威, 他拿得住人, 斗嘴也没人是对手. 리쓰는 이 무리 속에서 하늘같은 존재야. 그는 사람을 손에 쥐고 요리할 줄 알고, 입심으로도 대적할 만한 이가 없지. |
| 神 | 他的眼很小, 但很有神. 그의 눈은 작지만 눈빛은 살아있다. |
| 收获 | 很好, 这个问题也解决了. 今天我们的谈话很有收获. 좋았어. 이 문제도 해결됐으니 오늘 상담은 아주 수확이 많군. |
| 水平 | 我想, 你爸的信写得很有水平. 如果他不当兵, 当一名文学家或记者. 네 아빠가 쓴 편지의 글 솜씨가 정말 대단하다고 생각해. 만약 군대에 가지 않았다면 문학가나 |

| | |
|---|---|
| | 기자가 되셨을 거야. |
| 说服力 | 他的话贴切<u>很有说服力</u>. 그의 말은 상황에 딱 맞아서 대단히 설득력이 있다. |
| 特点 | 他父亲<u>很有特点</u>, 头发烫成了'方便面'. 그의 아버지는 아주 유별나서 머리도 라면처럼 볶았다. |
| 特色 | 王先生, 贵公司的广告搞得<u>很有特色</u>, 能介绍点儿经验吗? 왕 선생, 귀사의 광고는 아주 독특하게 만들었는데 그 비결을 좀 소개해주시겠어요? |
| 天才 | 鲁迅是一位很了不起的作家, 他<u>是很有天才</u>的. 루쉰은 아주 대단한 작가로 천재성이 돋보인다. |
| 信心 | 比赛以前, 我<u>很有信心</u>. 可是比赛的时候, 我太紧张了, 朗读得不太好. 대회가 시작되기 전에는 자신감이 넘쳤어. 그런데 막상 대회를 할 때엔 너무 긴장을 해서 그다지 잘 읽지 못했어. |
| 兴趣 | 小明, 你对京剧<u>非常有兴趣</u>, 你去吗? 샤오밍, 너 경극에 관심이 많다며, 갈래? |
| 希望 | 我们这一代是<u>最有希望</u>的一代. 우리 세대가 가장 희망적인 세대야. |
| 吸引力 | 这么漂亮的衣服对盗贼<u>很有吸引力</u>呀. 이렇게 예쁜 옷은 좀도둑의 손을 많이 타는 법이다. |
| 学问 | "他爱人长得很漂亮. 听说, <u>还相当有学问</u>." '그의 아내는 매우 아름다우며, 풍부한 학식까지 갖췄다더라.' |
| 研究 | 怎样教好留学生汉语, 王老师对这个问题<u>很有研究</u>. 어떻게 하면 유학생들에게 중국어를 잘 가르칠 수 있는가에 대해 왕 선생님은 연구를 아주 많이 하셨다. |
| 意见 | 张经理动不动就教训人, 大家<u>很有意见</u>. 장 지배인은 툭하면 남을 훈계하기 때문에 사람들이 아주 불만이 많다. |
| 影响 | 开头第一段的写法对文章<u>是很有影响</u>的. 첫 단락을 어떻게 쓰느냐가 글 전체에 큰 영향을 미친다. |
| 意思 | "你<u>很有意思</u>!" 小马笑起来了. '너 참 재미있구나' 샤오마가 웃음을 터뜨렸다. |
| 意义 | "你这么一说, 结业式是<u>很有意义</u>, 是很重要," 네 말 대로라면 수료식이 정말 의미가 있고 매우 중요한 일이 되는구나. |
| 用 | 什么对我们<u>最有用</u>, 我们才进口什么. 우리에게 가장 유용한 것을 수입한다. |
| 秩序 | 下雨之前, 许多蚂蚁忙忙碌碌, <u>很有秩序</u>地衔着泥土, 把洞口堵起来, 不让雨水流进洞里. 비오기 전에 많은 개미들은 분주한 가운데도 질서정연하게 흙을 물어다 물이 못 들어오게 구멍입구를 막았다. |

# 제3장
# 어휘화: (很)[VP] 구성을 중심으로

## 1. 들머리

본고는 '很'의 수식을 받을 수 있는 [VP] 구성의 어휘적 성격과 그것이 갖는 언어학적 의의를 밝히는 데 목적이 있다.

'很, 更, 非常, 十分, 最' 등과 같은 부사는 일반적으로 '大, 小, 红, 高, 长, 短, 喜欢, 了解' 등과 같이 형용사나 상태성 동사를 수식한다.[1] 그런데 조금만 더 관찰하면 '很'이 매우 다양한 동사의 앞에 출현하고 있다는 사실에 놀라게 된다.

(1) a. 这孩子很听话.
   이 아이는 말을 잘 듣는다.
   b. 你这样做很脱离群众.
   당신 그렇게 하면 대중들과 너무 괴리되는 거요.

---

[1] (很)[VP] 구성에서, 약간의 예외가 있긴 하지만, '很'이 쓰일 수 있는 곳에는 '比较, 挺, 非常, 十分, 最'와 같은 정도부사가 대개 다 쓰일 수 있다. 따라서 특별히 언급하지 않는 한 '很'으로 나머지 정도부사까지 대표하는 것으로 한다.

c. 这个年轻人很有前途.
　　이 젊은이는 전도가 양양하다.
d. 他这样做很使人生气.
　　그의 행위에 아주 화가 난다.
e. 为了找你, 他今天很跑了几趟.
　　그는 너를 찾기 위해 오늘 수 차례 뛰어다녔어.

(1a-e)에 쓰인 동사들은 원래 단독으로는 '很'의 수식을 받을 수 없는 것들이다. 즉 '*很听, *很脱离, *很有, *很使(人), *很跑'라고는 말하지 않는다.2) 그런데 (1)에서는 그것이 가능하다는 사실이 흥미롭기 그지없다. 우리가 알고 있는 '很'의 일반적인 용법에 비추어 본다면 쉽게 설명하기 어려운 예외적인 현상임에 틀림없다. 이들을 어떻게 설명할 것인가?

이에 대해서는 현재까지 적지 않은 논문이 나와 있다. (1)의 현상에 대해 전체적으로 다루거나 그 중의 일부를 중점적으로 연구한 논저로 饶絲庭(1961), 吕叔湘(1980:234,557), Li & Thompson(1981[1997:325-6]), 詹开第(1981:30-31), 刘月华 외 저(1983:435), 邹韶华(1986), 许维翰 등 편(1986), 张爱民(1992:165ff), 芙崧(1992), 段永华(1993), 贺阳(1994), 彭利贞(1995), 时卫国(1999a,b) 등이 있다. 그 내용을 간략히 정리하면 다음과 같다.

(2)　a. (1)에서 '很'이 수식하는 것은 바로 뒤의 동사가 아니라 그 뒤의 동사구 전체이다.
　　　b. '很'이 그 뒤의 동사구를 수식할 수 있는 이유는 동사구에서 상태성이 감지되기 때문이다.

---

2) 우리말에서도 '매우'는 상태성을 지니지 않은 동사를 수식하지는 않는다. 다음은 매우 드문 예외적인 현상에 속한다.
　변사또: 그년을 <u>매우</u> 쳐라!
　이　방: 그년을 <u>매우</u> 치랍신다.

(2)는 (1)에 대한 중국인의 직관을 보여준다는 점에서 중요성을 지닌다. 그런데 그들에게는 중국어가 모국어이기 때문에 이 정도의 기술로 만족해도 될지 모른다. 하지만 중국어를 외국어로 배우는 우리에게 있어서는 좀더 많은 설명이 필요하다.

첫째, (1a)와 같은 예로 '吃力, 动人, 开心, 懂事, 伤心' 등이 있고, (1b)와 같은 예로 '很受欢迎, 很是时候, 很伤我的心, 很讲道理, 很掌握政策, 很说明问题, 很感兴趣, 很占地方' 등이 있다. (1a)는 이미 단어(word)로 인정받아 대부분이 사전에 등재되어 있지만 (1b)는 그렇지 못하다. 이들은 어떻게 만들어지며 그 특성은 어떠한가. 둘째, (1c)는 (1b)와 같이 [동사+목적어]의 형태로 되어 있지만 '有'의 뒤에 다양한 종류의 명사들이 출현할 수 있다는 면에서 차이를 보인다. 이때 어떤 명사들이 '有'의 뒤에 출현할 수 있으며, 또한 그 앞에 '很'이 쓰일 수 있는 까닭은 무엇인가. 셋째, (1d)는 '他这样做使人很生气'와 같이 '很'을 뒤쪽에 둘 수 있으며 통사적으로는 오히려 이것이 더 일반적인데, 어느 경우에나 두 가지 구문이 병존할 수 있는가, 병존한다면 양자는 의미상 어떤 차이가 있는가. 넷째, (1e)와 같은 특이한 구성이 일반적으로 사용될 수 있는 이유는 어디에 있으며, 또한 이 구문은 '为了找你 他今天跑了很多次'라고도 할 수 있는데 양자는 의미상 어떤 차이가 있는가. 끝으로, (1a-e)와 같은 현상이 언어학적으로, 그리고 외국어 학습 및 교육 차원에서 어떠한 의의를 지니는가.

(1)과 같은 환경에 출현하여 '很'의 수식을 받을 수 있는 [동사+목적어] 구성을 '(很)[VP] 구성'이라고 하자.

본고의 제2장에서는 (很)[VP] 구성의 하위 부류에 대하여 그 존재 양상과 생성 조건, 그리고 문법상의 제약을 관찰하고 기술할 것이다. 제3장에서는 외견상 상이하게 보이는 (很)[VP] 구성들이 지닌 특성을 '어휘화'라는 이름으로 묶어서 일관된 흐름을 설명할 것이며, 아울러 (很)[VP] 구성이 통사적인 관점에서 보이는 문법적 의의를 밝힐 것이다.[3]

이 논의에 필요한 언어 자료(corpus)는 ≪中国语会话文章资料集≫(CD)에서 수집하였으며, 아울러 중국어 모어 화자를 선정하여 필요한 예문의 검증을 의뢰하였다.4)

## 2. (很)[VP] 구성의 존재 양상

이 장에서는 '很'의 수식을 받는 동사구들에 대하여 각각의 존재 양상과 생성 조건, 그리고 통사적 제약을 살펴보기로 한다. 2.2의 (很)[有NP] 구성은 원래 2.1에서 논의할 (很)[V NP] 구성의 한 부류에 속하지만, 그 자체가 생산성이 아주 높기 때문에 따로 다루기로 한다.

### 2.1 (很)[V NP]

다음과 같이 상태성 동사 앞에 '很'이 쓰이는 것은 아주 자연스러운 일이다.

(3)  a. 小明很喜欢吃鲜鱼片.
        샤오밍은 생선회를 아주 좋아한다.

---

3) (很)[VP] 구성의 어휘화를 논할 때는 당연히 '很'을 제외한 [VP]만을 대상으로 한다. 이 점은 (很)[VP] 구성 전체에 해당된다.
4) 어떤 단어가 (很)[VP] 구성에 쓰일 수 있느냐 여부는 일차적으로 ≪中国语会话文章资料集≫ (CD, 허성도 교수 제작)에 입력되어 있는 소설(64권)과 교재(38권)에서 수집한 언어 자료를 바탕으로 판단하였다. 그리고 이러한 언어 자료에 보이지 않는 예에 대해 살펴보기 위해 필요한 경우 ≪汉语水平词汇与汉字等级大纲≫(北京语言学院出版社, 1992)에 따라 단어를 선정하여 (很)[VP] 구성에 쓰일 수 있는지 여부를 검증하였다. 검증 작업에 참여해 준 박덕준, 이영희, 秘燕生, 王晖 교수에게 감사드린다.

b. 大家很关心我们.
   사람들은 우리들에게 관심을 많이 쏟았다.

그런데 상태성을 지니지 않은 일반 동사 앞에 '很'이 쓰이는 일이 있다. (4a)는 이음절 동사구의 예이고 (4b)는 삼음절 이상의 다음절 동사구의 예이다.

(4) a. 很{听话, 吃力, 动人, 开心, 懂事, 伤心…}
    b. 很{受欢迎, 是时候, 解决问题, 脱离群众…}

(4a)는 구어에서 흔히 사용되는 말로서 이미 하나의 단어로 인정을 받아 사전에 등록되어 있는 상태이다. (4b)는 비록 사전에 등재되지는 않았지만 역시 중국인들이 일상 생활에서 아주 자연스럽게 사용하고 있는 것들이다. 다음 예를 보자.

(5) a. 这个商品最近在北京很受欢迎.
    이 상품은 요즘 베이징에서 아주 인기가 좋다.
    b. 你来得很是时候.
    너 마침 때맞춰 잘 왔다.
    c. 他很解决问题.
    그는 문제를 잘 해결 한다.
    d. 你这样做很脱离群众.
    당신 그렇게 하면 대중으로부터 너무 이탈하는 거요.

《动词用法词典》에 의하면 이러한 예는 아주 많이 보인다.5) 몇 개의 예를 더 들면 다음과 같다.

---

5) 이러한 예가 《动词用法词典》에 약 110개 보인다. 하지만 《中国语会话文章资料集》(CD)에는 그다지 많이 보이지 않는데, 그 이유는 이러한 구성이 주로 구어에서 많이 쓰이며, 아직 문어에는 하나의 단어로서 확실히 정착되지 않았기 때문인 것으로 생각된다.

(6) a. 炒鸡蛋很吃油.
　　　계란 볶는 데 기름이 많이 먹힌다
　　b. 他很赶时髦.
　　　그는 유행을 아주 잘 따른다.
　　c. 他很摆架子.
　　　그는 너무 거드름 피운다.
　　d. 这个东西很占地方.
　　　이 물건은 공간을 너무 차지한다.
　　e. 他很服从命令.
　　　그는 명령 복종을 잘 한다.

이들을 (很)[V NP] 구성이라고 하자.

(5)와 (6)의 예를 볼 때 (很)[V NP] 구성이 만들어지는 데는 어떤 규칙이 있는 것으로 보이지 않는다. 동사도 제각기 다르고 그 뒤의 목적어도 그러하다. 다만 한 가지 공통점은 동사와 목적어가 상당히 긴밀히 결합되어 있어서 중간에 다른 성분의 삽입을 거의 허용하지 않는다는 것이다.

첫째, 일반 동사술어문과 달리 이 경우에는 동사의 뒤에 '了, 着, 过'와 같은 상 표지(aspect marker)가 출현할 수 없다.

(7) a. 他解决了这个问题.
　　　그는 이 문제를 해결했다.
　　b. *他很解决了这个问题.
(8) a. 这个商品在北京受过欢迎.
　　　이 상품은 베이징에서 인기를 누린 적이 있다.
　　b. *这个商品在北京很受过欢迎.

둘째, 동사의 뒤에는 '完'이나 '上'과 같은 결과보어도 출현할 수 없다.

(9) a. 他很摆架子.

그는 너무 거드름 피운다.
b. *他很摆完架子.
c. *他很摆上架子.

그래서 饶繐庭(1961)과 呂叔湘(1980)에서는 '很受欢迎'을 '[很受][欢迎]'이 아니라 '很[受欢迎]'으로 분석하며, '很解决问题'를 마찬가지로 '很[解决问题]'로 분석해야 한다고 주장했다.6) '很'이 그 뒤의 동사를 수식하는 것이 아니라 [동사+목적어] 전체를 수식한다는 것이다. 그리고 그 속에서 어떤 정도성을 감지할 수 있기 때문에 중국인들은 '很'을 사용하여 그 정도성을 강조한다는 것이 이들의 생각이다.

이와 같이 '很'이 수식하는 것은 동사가 아니라 동사와 목적어 전체라고 하는 중국인들의 직관과 아울러 이 어구가 통사적으로 결함이 있다는 사실을 놓고 볼 때, (1a)뿐만 아니라 (1b)도 [동사+목적어]라는 통사적 구(phrase)의 특성보다는 오히려 복합어(complex word)의 특성을 더 많이 보인다고 할 수 있다.7)

## 2.2 (很)[有NP]

'有'는 '很'이나 '非常, 十分, 最' 등과 같은 정도부사의 수식을 받지 않는 것으로 알고 있다. '他有很多女朋友'(그는 여자 친구가 매우 많다)는 자연스러운 문장이지만 '*他很有女朋友'(*그는 여자 친구가 매우 있다)라고는 말하지 않는 것이다. 그런데

---

6) 예컨대 呂叔湘(1980:234)에서는 "某些动词不能单独受'很'修饰, 但带宾语後, 整个动宾短语可受'很'修饰."라고 말하고 있다.
7) *很{吃饭, 收拾行李, 宣读论文} 등과 같이 '很'의 수식을 받을 수 없는 '동사+목적어' 구성이 많이 있다. 그런데 어느 것이 가능하고 어느 것이 불가능한지에 대한 설명은 좀더 연구를 기다려야 한다.

(10-11)과 같은 예가 존재하며, 그러한 예가 매우 활발하게 쓰이고 있다는 것은 대단히 흥미로운 일이다.


  (10) 张三<u>很有经验</u>.
     장싼은 아주 경험이 풍부하다.
  (11) 小王<u>很有办法</u>.
     샤오왕은 아주 수완이 좋다.

이와 같이 '很'의 수식을 받는 [有NP]를 (很)[有NP] 구성이라고 하자.8) 贺阳(1994)에서 '3,000여 개나 되는 명사를 관찰한 결과 (很)[有NP] 구성에 쓰인 것은 모두가 추상명사'라고 했듯이,9) 이 구성에 출현할 수 있는 것은 일반적으로 추상명사이다.


  (12) a. 他在政界<u>很有地位</u>.
      그 사람은 정계에서 지위가 꽤 높다.
    b. *他在政界<u>很有位子</u>.
  (13) a. 这个人<u>很有眼光</u>.
      이 사람은 제법 보는 눈이 있다.
    b. *这个人<u>很有眼睛</u>.

이 예들은 '地位, 眼光'과 같은 추상명사는 이 구성에 쓰일 수 있지만 '位子, 眼睛'과 같은 구체명사는 그것이 불가능함을 보여준다.

---

8) (很)[有NP] 구성에 대한 최근의 국내 논문으로 박종한(1999)가 있다. 이 글은 (很)[VP] 구성에 대하여 총체적인 설명을 하기 위한 전초적인 작업으로 진행된 것이다. (很)[有NP] 구성에 대한 보다 자세한 설명을 이 논문을 볼 것.
9) "我们考察了三千多个名词, 发现有表具体实物意义的具体名词构成的有+名'不能受程度副词的修饰, 而能进入'程度副词+有+名'结构的名词都是抽象名词."(贺阳, 1994:22)

물론 때로 일부 구체명사가 (很)[有NP] 구성에 쓰이는 경우도 있다.

 (14) a. 他很有钱.
    그는 매우 부유하다.
   b. 那个人很有一手.
    저 사람은 솜씨가 대단하다
   c. 他很有架子.
    그는 허세가 대단하다.
   d. 他很有包袱.
    그는 걱정거리가 많다.

하지만 이때의 '钱'이나 '一手', '架子'(틀, 선반), '包袱'(보자기)는 구체적인 의미를 상실하고 추상적인 의미를 나타내게 된다. 즉 '有钱'은 '돈을 가지고 있다'라는 동사구가 아니라 하나의 단어로서 '부유하다'라는 뜻을 나타내고, '有一手'는 '손 한 짝이 있다'가 아니라 '재주가 있다, 뛰어나다'를 의미한다. '架子'는 '뼈대, 틀, 선반'이 아니라 '허세'라는 뜻으로 쓰였고, '包袱'는 '보자기'가 아니라 '정신상의 부담'이란 뜻으로 쓰였다.

이와 같이 추상적인 의미와 구체적인 의미를 함께 지니고 있는 명사가 [很有__]의 틀에 들어가면 추상적인 의미만이 문장에 표현된다는 점을 볼 때 [추상성]은 꽤 강력한 제약임을 알 수 있다. 다음은 (很)[有__]에 쓰일 수 있는 추상명사들의 예이다.10)

---

10) 하지만 추상명사 모두가 여기에 쓰일 수 있는 것은 아니다. 실제 언어 자료와 제보자를 통한 검증 결과를 보면 추상명사 중에도 [很有__]에 쓰이지 않는 것들이 적지 않다.
 i) 很有*{本质, 本性, 真理, 标准, 程度, 大意, 地步, 典型, 观念, 逻辑, 目标, 目的, 品质, 特徵, 危机, 意图, 形势, 作风……}
 그렇다면 명사의 [추상성]은 (很)[有NP] 구성에 출현하는 데 필요조건은 되지만 충분조건은 되지 않는다고 할 수 있다.

(15) 意思, 兴趣, 礼貌, 意义, 研究, 权威, 价值, 希望, 学问, 才能, 力量, 经验, 好处, 特色, 影响, 分寸, 帮助, 名气, 感情, 可能, 风度, 把握, 前途, 才华, 成绩, 味道, 必要, 办法, 出息, 秩序, 才干, 信心, 力气, 道理, 见地, 特点, 天才, 益处, 意见…11)

이제까지 (很)[有NP] 구성의 생성 조건에 대해 살펴보았다. 다음에는 (很)[有NP] 구성의 문법적 성격에 대해 알아보자.

먼저 지적해 둘 것은 [有NP] 구성의 결합력이 상당히 강해서 마치 하나의 단어처럼 움직이는 경향이 있다는 것이다.12) 예를 들어 비교구문의 중심 술어 자리에는 형용사나 상태동사만이 출현할 수 있다. 그런데 마침 (15)에 나열한 명사들로 구성된 [有NP] 구성은 모두 비교구문에 출현할 수 있다.

(16) 我比他更有办法.
    내가 그보다 더 수완이 좋지.
(17) 我比你更有经验.
    내가 너보다 더 경험이 많아.
(18) 我比她更有魅力.
    내가 그 여자보다 더 매력이 있어.

'有'와 NP가 긴밀히 결합되어 있음을 보여주는 또 하나의 사례는 '有'의 뒤에 '了, 过'와 같은 상 표지(aspect marker)가 출현할 수 없다는 것이다.

---

11) 이들은 언어 자료에 출현한 것 중에서 일부 빈도수가 높은 것을 뽑아 순서에 따라 나열한 것이다. (很)[有NP] 구성에 출현하는 명사는 종류도 다양하고 그 수도 매우 많다. 이에 대한 자세한 기술과 위에 제시한 예에 대한 예문은 박종한(1999)를 참조할 것.
12) [有NP] 구성 중에는 '有名, 有趣, 有力, 有利, 有效, 有劲儿' 등과 같이 이미 하나의 단어로 공인을 받아 사전에 등재된 것도 있다. 이들에 대해서는 논의를 생략하기로 한다.

(19) a. 他有了勇气.
　　　그에게 용기가 생겼다.
　　b. *他很有了勇气.
(20) a. 他有过勇气.
　　　그는 용기가 있었다.
　　b. *他很有过勇气.

이것은 마치 한국어에서 '재미가 있다'가 '재미있다', '재밌다'와 같이 하나의 단어로 융합되어 가는 것과 유사한 양상을 보인다고 할 수 있다.13)


## 2.3 (很)[使 NP AP]

또 하나 상당히 흥미로운 사례가 있다. '很'이 사역동사 '使, 叫, 让, 令'의 앞에 출현하는 경우가 있다는 것이다. (21)과 같은 구문을 (很)[使NP AP] 구성이라고 하자.14)

(21) a. 他的话很使人生气.
　　　그 사람 말은 아주 사람을 화나게 한다.
　　b. 他这样做很叫人满意.
　　　그의 일 처리는 아주 사람을 만족시킨다.

---

13) 한국어의 융합(fusion) 현상에 대해서는 이지양(1998a)을 참조했다. 어느 나라 언어든지 '가지다'의 의미를 지닌 동사가 쉽게 허화된다고 한다. '이걸 가져라'보다는 '이걸 가지고 뭐 할래?'의 '가지다'가 더 허화되었고, 'I have a daughter.'보다는 'I have my hair cut.'나 'Have you been to Korea?'의 have가 더 허화되었다고 할 수 있다.
14) '使, 叫, 让, 令'은 서로 동의 관계에 있는 것들로서 용법 면에서 약간의 차이가 있다. 글말에서는 '使'를 많이 쓰고 입말에서는 나머지 셋을 많이 쓴다. 특히 그 뒤에 긍정적인 의미를 지닌 어구가 술어로 쓰일 때에는 '使'보다는 '叫' 등을 선호한다는 것이 이영희 교수의 의견이다.

일반적으로 '很'은 '叫, 使, 让, 令'과 같은 사역동사를 수식하지 못한다. 그런데 여기서는 어떻게 가능한가?

이 질문에 답하기에 앞서 우선 일반 사역 구문의 성질에 대해 알아보자. 사역 구문의 두 번째 술어 자리에는 대개 동작이나 행위를 나타내는 동사가 출현한다.

(22) a. 叫他进来.
  그 사람더러 들어오라고 해.
  b. 让他早点回去.
  그 사람더러 좀 일찍 돌아가라고 해.

상태동사나 형용사 중에서 이 구성에 쓰일 수 있는 것은 많지 않다.15) 国家对外汉语教学领导小组办公室汉语水平考试部(1992)에 수록된 갑급(甲级) 형용사 단어 129개를 가지고 원어민에게 검증을 의뢰한 결과 다음과 같이 28개의 형용사들이 사역 구문에 쓰일 수 있는 것으로 확인되었다.16)

(23) 安静, 饿, 方便, 乾净, 高兴, 急, 健康, 紧张, 渴, 苦, 困难, 累,
  冷, 凉快, 乱, 麻烦, 满意, 努力, 暖和, 漂亮, 清楚, 热情, 认真,
  容易, 舒服, 辛苦, 有名, 着急 …

그렇다면 이들은 모두가 (很)[使NP AP] 구성에 쓰일 수 있을까? 필자의 조사에 따르면 (24)와 같이 일부 형용사만 그것이 가능했다.

---

15) 그러나 만일 사역동사의 뒤쪽에 '变得'나 '感到'와 같은 것을 써서 적절한 환경을 조성해주면 훨씬 많은 형용사들이 사역 구문에 쓰일 수 있다는 것이 피검자들의 의견이었다.
16) 이 결과는 피검자의 학력이나 지역에 따라 다소 달라질 수 있을 것이다. 여기에는 피검자들 사이에 서로 일치하는 것만 제시하였다.

(24) a. 很使人{满意, 高兴, 紧张, 累, 麻烦, 愉快, 着急, 清楚}
   b. ??很使人{安静, 饿, 乾净, 健康, 渴, 冷, 凉快, 乱, 努力, 漂亮, 热情, 认真, 容易, 舒服, 有名…}

(24a)에 나열된 형용사의 공통점은 심리활동을 나타내는 형용사 또는 상태동사라는 것이다.

아울러 사역동사의 목적어에 제약이 따른다. 그래서 '人'이나 '我', '他'가 쓰인 (25a)는 자연스럽지만 한정 대명사가 붙은 '这个人'이 쓰인 (25b)는 자연스럽지 못하다.

(25) a. 儿子考上大学的消息很叫人高兴.
       아들이 대학에 붙었다는 소식에 마음이 아주 기쁘다.
   b. *儿子考上大学的消息很叫这个人高兴.

제일 자연스러운 것은 '我'나 '人'과 같이 단음절 대명사를 쓰는 것이다. 이와 같이 제약이 심하다는 것은 이 구성의 통사적 활동 능력이 상당히 저하되어 있음을 뜻한다.

이와 같은 (很)[使NP AP] 구성은 비록 길이가 약간 길기는 하지만 입으로 자주 쓰다보니 속담이나 성어처럼 하나의 관용적 표현으로 고정되어 가고 있다고 할 수 있다. 그래서 이 경우도 [有NP]나 일반 [V NP] 구성과 마찬가지로, 중국인들은 [使NP AP] 전체를 하나의 덩어리로 인식하고 그 앞에 정도부사 '很'을 썼다고 추정할 수 있다.

마지막으로 남은 문제가 하나 있다. (24a)의 형용사들이 쓰인 사역 구문은 '很'이 사역 동사의 앞에 출현할 수도 있고 뒤쪽에 출현할 수도 있다. 이와 같이 두 종류의 문장이 병존할 수 있는데, 이 때 두 문장의 뜻에 어떤 차이가 있는가. 이에 대해서는 3.2에서 논의하기로 한다.

## 2.4 (很)[V 了 QP]

2.3보다 훨씬 더 흥미로운 경우가 바로 다음의 예이다.17)

(26) a. 他昨晚很喝了几杯酒.
　　　 그는 어젯밤에 술을 꽤 여러 잔 마셨다.
　　 b. 他为了我们很花了些钱.
　　　 그는 우리 때문에 돈을 꽤 썼다.
(27) a. 我在司法界很有几个朋友, 不要欺负我.
　　　 나는 법조계에 친구가 제법 있다고 함부로 괴롭히지 말란 말야.
　　 b. 你们那里很有几个女老师, 让她们来办吧.
　　　 당신 쪽에 여 선생이 많으니 그 분들께 하라고 하세요.

(26)은 동작동사 '喝, 花'의 앞에 '很'이 쓰인 예이고 (27)은 '有' 앞에 '很'이 쓰인 예이다. 이들을 (很)[V 了 QP] 구성이라고 부르기로 하자. 이러한 예는 글말에서는 그다지 많이 보이지 않으나 일상 구어에서 흔히 쓰이고 있다. 이들도 역시 일반적인 '很'의 용법에 비추어 볼 때 대단히 특이한 형태임에 틀림없다.

이들이 일반 문장과 다르다는 것은 몇 가지 사항을 통해 알 수 있다.

첫째, 반드시 수량사가 쓰이는데, 그것도 '一些'나 '几'와 같은 비한정의 양을 나타내는 것에 한정된다. 예를 들어 '很念了些书'는 가능하지만 '*很念了这些书'는 불가능하다. 이것은 성분 중의 일부가 한정적일 수 없다는 면에서 마치 하나의 단어와 같은 성질을 나타낸다.

둘째, 동사의 뒤에는 '了'나 '过'가 쓰일 수 있는데, 이들이 쓰였다고 해서 그 동사의 동작성이 강조되는 것은 아니다. 동작의 지속을 나타내는 '着'가 쓰일 수 없으

---

17) 吕叔湘(1980:234)에서 재인용.

며, 게다가 (28)에서처럼 동사의 뒤에 '完, 好'와 같은 결과보어를 쓸 수 없다는 것은 이 구문이 거의 융통성 없이 굳어져 있는 하나의 구성체라는 생각을 갖게 한다.

(28) 他很买{*完, *好}几本书.

게다가 이 구성에는 오로지 '很'만 쓸 수 있을 뿐 '非常'이나 '十分'과 같은 것을 쓸 수 없다.

(29) 小明{很, *非常, *十分}买了几本书.
(30) 张先生{很, *非常, *十分}有几个朋友.

결론적으로 이것을 하나의 복합어라고 단언하기에는 어려움이 있지만, 여하튼 통사적 움직임이 상당히 둔화되어 있음을 부인할 수 없다. 이 구성이 '很'의 수식을 받을 수 있는 까닭도 여기에서 그 실마리를 찾을 수 있을 것이다.

마지막으로 남은 문제가 하나 있다. 이 경우에도 '很'이 동사 앞에 쓰인 경우와 동사의 뒤쪽에 쓰인 경우의 두 가지 문장이 병존할 수 있는데, 이 때 두 문장의 뜻에는 어떤 차이가 있는가. 이에 대해서도 3.2에서 논의하기로 한다.

# 3. 어휘화와 그 문법적 의의

## 3.1 어휘화와 그 정도성

이제까지 (很)[VP] 구성의 존재 양상에 대해 살펴보았다. 그 과정에서 (很)[VP] 구성 속의 VP가 통사 단위로서의 기능이 약화되어 있으며, 때로는 완전히 하나의 단어로 고정된 경우도 있다는 것을 알 수 있었다.

우선 동작동사일지라도 일반 동작동사와 달리 상 표지나 결과보어의 선택이 자유롭지 못하다. 게다가 동사의 목적어 선택에도 강한 제약을 보인다. 즉 전체적으로 동사의 통사적 성격이 상당히 약화되어 있다는 것이다. 이것은 '통사적으로 결함이 있다'(defective)는 것을 의미하며 그만큼 어휘 쪽으로 가까워졌다는 것을 의미한다.

하지만 (很)[VP] 구성이 모두 동일한 어휘적, 내지 문법적 특성을 보이는 것은 아니다. 예컨대 [有NP] 구성만 보더라도 명사구의 성격이나 사용 빈도에 따라 어휘적 성격에 차이가 있다. 우선 '有名, 有效, 有利' 등과 같은 이음절어는 더 이상 분리 불가능한 하나의 단어로 굳어져 있고, 일상 생활에서 빈번하게 사용하며 또한 구성성분들이 가지고 있는 의미 이상의 뜻을 나타내는 '有意思' 같은 것도 역시 하나의 단어로 굳어져 있다고 할 수 있다. 반면에 '很解决问题', '很叫人高兴', '很跑了几趟'과 같은 삼음절 이상의 다음절 어구는 어휘적 성질이 낮으며, 설사 화자에 의해 임시로 결합되어 쓰인다 할지라도 하나의 어휘로 사전에 등재되기는 불가능하다고 할 수 있다. 게다가 Dressler(1985)에서 말한 단어의 최적의 길이를 생각할 때18) [V了 QP]를 하나의 단어로 본다고 하는 데는 여전히 적지 않은 무리가 따른다.

이렇게 다양한 모습을 보이고 있기 때문에 (很)[VP] 구성의 성격을 한 마디로 규정하는 데 어려움이 따르는 것이 사실이다.

본고에서는 이렇듯 다양한 양상을 모두 포괄하여 설명할 수 있는 말로 '어휘화'(lexicalization)라는 용어를 쓰려고 한다.19) '어휘화'란 말 그대로 어휘가 아닌 것

---

18) 전상범(1995:605)에서 재인용. Dressler는 42개 언어에 대한 조사를 근거로 한 조사에서, 최적의 접사 길이는 1음절, 그리고 어휘적 어기(lexical base)의 최적의 길이는 2음절이며, 최적의 단어 길이는 2-3음절이라는 결론을 도출해 내었다.

19) 이 용어의 개념에 대해서는 이성하(1998), 이지양(1998a), 전상범(1995)을 참조하였음.

이 어휘로 되어 가는 과정을 말한다. 어휘화란 말은 이미 그 안에 '변화 과정 중'이라는 뜻을 내포하고 있다. 어휘화의 관점에서 보면 구(phrase)는 아직 어휘화가 안 된 것이고 단어(word)는 어휘화가 충분히 진행된 것이다. 그리고 구와 단어 사이에는 제각기 어휘화의 정도에 따라 다양한 어구들이 연속적으로 나열되어 있다. 이것은 다음과 같이 그림으로 나타낼 수 있다.20)

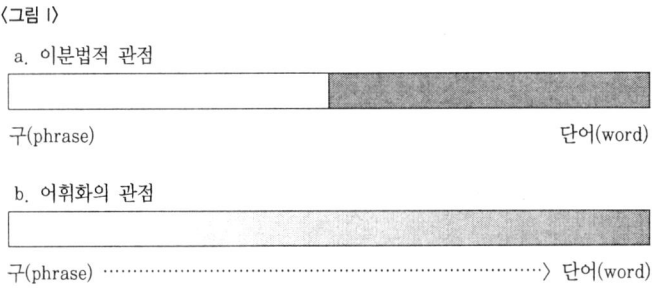

&lt;그림a&gt;는 구(phrase)와 단어(word) 사이에 경계가 명확함을 나타낸다. 즉 어느 것이 단어이고 구인지 명확하게 나눌 수 있다는 것이다. 반면에 &lt;그림b&gt;는 구와 단어 사이에 경계가 없으며 단지 정도상의 차이만 존재함을 나타내고 있다. 왼쪽에서 오른쪽으로 갈수록 어휘화가 충분히 진행된 것이며, 그 사이에 어휘화 면에서 정도가 다른 다양한 어구가 존재할 수 있음을 보여준다. 이러한 어휘화의 관점을 취하게 되면 중국어의 (很)[VP] 구성의 성격이 자연스럽게 모습을 드러내게 된다.

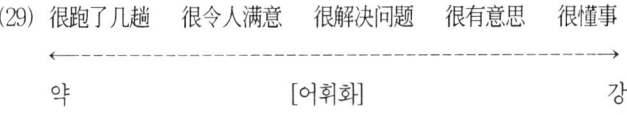

(29) 很跑了几趟    很令人满意    很解决问题    很有意思    很懂事

---

20) 이 그림은 李临定(1990:117)에서 '洗(个)澡', '放(不了)心'과 같은 이른바 '离合动词'들 사이의 어휘화를 논하면서 제시한 것을 빌어 쓴 것이다.

이때 주의해야 할 것은, 전체적으로는 어휘화의 정도가 (29)의 배열 순서로 강하게 나타난다고 할 수 있겠지만, 각각의 내부로 들어가면 그 구성원들 역시 어휘화의 정도에 차이를 보인다는 것이다. 이에 대해서는 이미 제2장에서 언급하였다.

## 3.2 어휘화론의 문법적 의의

2장에서는 자체 수집한 언어 자료를 바탕으로 (很)[VP] 구성의 다양한 모습을 관찰하였고, 3.1에서는 '어휘화'라고 하는 좀더 보편적인 문법 용어로 그 상황을 기술하였다. 마지막으로 우리는 보다 중요한 문제를 남겨 놓고 있다.

(很)[VP] 구성의 어휘화는 새로운 단어를 만들어 낸다는 점에서 어휘론의 한 부분과 관련을 맺을 수도 있고, 동시에 문장의 구조를 변화시킨다는 면에서 통사론과도 관련을 맺고 있다. 예컨대 2장에서 이야기하였듯이 (很)[使NP AP] 구성, (很)[V了 QP] 구성의 경우에는 '很'이 동사의 뒤쪽에 출현하는 구문과 병존하게 된다. (很)[有NP] 구성 중의 일부도 역시 그러하다.

여기에서 다음과 같은 질문이 가능하다. 그렇다면 (很)[VP] 구성에서 일어나는 형태론적 과정이 문법에 미치는 영향은 무엇인가?

문법적 현상에 대한 기술(description)도 필요하지만 궁극적으로 그 현상이 나타내는 문법적 의의까지 설명(explanation)할 수 있어야 그 현상에 대해 올바른 시각을 가질 수 있는 법이다. 그런데 필자가 보기에 지금까지 이러한 문제를 제기하고 그 해결 방안을 모색한 이는 아직 보이지 않는다.

우선 눈에 띄는 것은 문장의 구조가 단순하게 바뀐다는 것이다.

(30a)는 '今天我們的談話', '收获', '很多'라는 세 개의 그림으로 구성되어 있다. 이것이 어휘화 과정을 겪게 되면 (30b)와 같이 '今天我們的談話', '很有收获'라는 두 장

의 그림으로 줄어들게 된다.

(30) a. '很好, 这个问题也解决了. [今天我们的谈话] [[收获] [很多]].'
    좋았어. 이 문제도 해결했으니 오늘 우리의 논의는 수확이 많군.
b. '很好, 这个问题也解决了. [今天我们的谈话] [很有收获].'
    좋았어. 이 문제도 해결했으니 오늘 우리의 논의는 수확이 아주 많군.

이것은 그만큼 화자가 무엇에 대해 서술하려 하는지가 분명해진다는 것을 의미한다. (30a)에서는 술어 앞의 서술 대상이 두 개인데 비해 (30b)에서는 서술 대상이 하나이기 때문이다.

이와 동시에 술어의 묘사 능력이 보다 강화된다. 중국어 모어 화자의 언어 직관에 따르면 '收获很多'가 쓰인 (30a)보다는 '很有收获'를 쓴 한 (30b)가 강조의 의미가 더 강하다고 한다.21) 이와 같은 의미상의 차이는 '经验很多'와 '很有经验', '地位很高'와 '很有地位'에서 똑같이 나타난다. 각 쌍에서 전자는 중립적(neutral)이고 무표적(unmarked)이며, 후자는 유표적(marked)이다. 유표적인 만큼 더 새로운 의미가 추가되기 마련인데 그것이 바로 강조의 의미이다. 이것으로 볼 때 (很)[有NP] 구성을 사용하는 이유는 일반 형용사 술어문보다 강한 정도를 표시하기 위해서라고 할 수 있다.

이 설명은 (很)[使 NP AP] 구성에도 동일하게 적용될 수 있다.

(31) a. 这个孩子 [让人 [很头疼]].
    이 애가 사람을 골치 아프게 하네!
b. 这个孩子 [很让人头疼].
    이 애가 사람을 아주 골치 아프게 하네!

---

21) 彭利贞(1995:18): '[很有NP]做谓语, 表示说话人对该句话题的态度, 带有很强的主观评价意义.'

(31a)에서 '很'은 '头疼'만을 수식하지만 (31b)의 '很'은 '让人头疼' 전체를 수식하며 구조적으로 문장 전체를 양분하고 있다. 의미상 (31a)는 무표적인 사역 구문으로서 화자의 감정 상태를 중립적인 관점에서 묘사하고 있다. 이에 비해 (31b)에서는 화자의 불쾌한 감정을 매우 강하게 표현하고 있다. 그러므로 부정적인 심리 상태를 강하게 드러내고자 할 때에는 (31a)가 아니라 (31b)를 써야 한다는 것이 중국어 모어화자의 말이다.

(很[V了 QP]의 경우에도 동일한 방식으로 설명할 수 있다.

(32) a. 他 [吃了 [很多橘子]].
   그는 귤을 많이 먹었다.
   b. 他 [很吃了几个橘子].
   그는 귤을 꽤 많이 먹었다.

(32a)가 [주어-동사-목적어]의 구조를 보이고 있다면 (32b)는 [주제-평언]적인 성격을 보이고 있다고 할 수 있다. 이 경우에도 귤을 많이 먹었다는 사실을 중립적인 관점에서 전달하는 경우라면 (32a)를 쓰겠지만 '이 귤이 특별히 맛이 있었기 때문'이라든가, 아니면 '자기를 좋아하는 여자 친구가 주었기 때문'이라는 등의 특수한 화용론적 상황이 전제되는 경우라면 (32b)가 더 적절하다.

결국 (很[VP] 구성의 어휘화를 통하여 통사 구조가 간결하게 바뀌며, 그 결과 진술 대상과 진술 부분이 모두 명확하게 부각된다. 이것은 곧 문장 전체의 의미를 강화하는 쪽으로 귀결된다고 할 수 있다.[22]

이와같이 (很[VP] 구성의 어휘화는 형태론적 과정이면서도 통사 의미론과 밀접

---

[22] (很[V了 QP] 구성의 경우에는 형태론적인 합성어 생성보다는 통사구조를 보다 간명하게 조정하기 위한 필요에 의해 생성되었을 가능성이 더 크다고 생각된다. 3.1에서 이 구성을 형태론이 아니라 문법(syntax)에서 기술해야 할 것이라고 말한 까닭은 바로 이 때문이다.

한 관련을 맺게 되는데, 세 층위가 서로 상승 작용을 하면서 [VP] 구성의 어휘화를 촉진하고 있다는 것이 필자의 생각이다.

마지막으로 '很'에 대한 이야기를 빼놓을 수 없다. [VP] 구성의 어휘화에 따라 통사 구조가 변하면서 '很'의 통사적 기능에도 변화가 생기고 있음을 발견할 수 있다. 지금까지는 '很'이 상태성을 띠고 있는 형용사나 상태동사만을 수식하는 것으로 알려져 왔다. 그런데 이제는 동작동사 앞에도 출현할 수 있다는 것을 인정할 수밖에 없는 상황에 와 있다. 내용상으로는 동사구의 상태성을 수식한다고 말하더라도 통사적으로는 동작동사 앞에 출현하고 있다는 것이 명백한 사실이기 때문이다. 이러한 문장이 일상 회화에서 흔히 쓰이고 있다고 할 때, 이제는 그러한 사실이 외국인을 위한 중국어 문법 기술에도 적절히 반영되어야 할 것이다.[23]

## 4. 맺음말

이제까지 어휘화의 관점에서 (很)[VP] 구성에 대해 살펴보았다. 그 내용을 요약하면 다음과 같다.

---

[23] 양적 변화는 질적 변화를 유발한다는 말이 있다. '很'이 그 뒤에 있는 어구가 지닌 상태성을 강조하든, 아니면 饒繼庭(1961)에서 말했듯 수량이 많다는 것을 강조한다고 하든, 동작동사의 앞에 출현할 수 있으며 또한 그것이 대단히 빈번하게 일어난다는 사실은 필연적으로 '很'의 통사 의미론적 성격에 변화를 야기하게 되어 있다. 이러한 사실을 학교 문법에서도 인정해야 하고 가르쳐야 한다는 것이 필자의 생각이다.
이 글을 탈고하는 시점에서 이영희 교수로부터 '很'의 용법에 대한 최근의 논문을 제공받았다. 儲澤祥,肖揚,曾慶香(1999)가 그것인데, '很'뿐만 아니라 그 뒤의 동사구에 대한 기본 관점이 필자의 견해와 대체로 일치한다는 점에서 많은 격려가 되었다.

첫째, (很)[VP] 구성의 하위 부류들의 존재 양상과 문법적 특성에 대해 관찰하였다. 그리하여 각각의 [VP] 구성이 많건 적건 통사적 기능이 약화되고 상대적으로 어휘적 기능이 강화되고 있다는 공통적 특성을 확인할 수 있었다.

둘째, 어휘화(lexicalization)라는 관점에서 (很)[VP] 구성에 대한 통합 설명을 모색하였다. 이들이 그 길이와 의미, 그리고 문법적 기능에서 다양한 양상을 보이면서도 모두가 '很'의 수식을 받을 수 있는 까닭은 바로 어휘화의 관점에서 가장 잘 설명할 수 있다는 것이다.

셋째, 다음에 이러한 구성의 생성이 문법적으로 어떤 의의를 지니는가를 논의하였다. 어휘화는 새로운 단어를 만들어 낸다는 점에서 어휘론의 한 부분과 관련을 맺고 있으며, 동시에 문장의 구조를 변화시킨다는 면에서 통사론과도 관련을 맺고 있다.

그리고 (很)[VP] 구성이 어휘화함으로써, 첫째로 술어가 나타내는 의미가 더 강조되며, 둘째로 서술 대상이 더 뚜렷하게 부각된다는 점을 밝혔다. (很)[VP] 구성의 어휘화를 통하여 문장이 보다 간결해지며 동시에 화자가 강조하려는 의도가 훨씬 뚜렷하게 문장에 실현된다는 것인데, 이러한 통사적 내지 화용론적 기능이 다시 (很)[VP] 구성의 어휘화에 추진력을 부여하고 있다는 것이 필자의 생각이다.

이와 같은 연구는 중국어문법 연구라는 이론적인 측면과 중국어 학습이라는 실용적인 측면 모두에서 일정한 기여를 할 것으로 생각한다.

먼저 이론적인 측면에서 본 연구는 중국어 문법 연구에 기여할 것이다. 일찍이 王力(1941), Chao(1968), Li & Thompson(1981) 등에서는 중국어 속의 어휘화 또는 문법화 현상에 대해 언급해 왔다. 하지만 (很)[VP] 구성에 대해서는 그다지 관심을 가지지 않았던 것이 사실이다. 본 연구를 통하여 어휘화에 대한 논의가 더 많은 일반성을 획득하게 될 것이다. 또한 본 연구에서 사용한 연구 방법은 다른 어휘를 연구하는 데에도 도움을 줄 것으로 생각한다.

본 연구는 중국어 교학에 직접적인 도움을 줄 것이다. '这个工作很赚钱'과 같이 일상 생활에서 흔히 들을 수 있는 문장에 대하여 가질 수 있는 궁금증을 이 글이 풀어줄 수 있을 것이다. 또한 박종한(1999)의 [부록]에 실려 있는 (很)[有NP] 구성에 대한 목록과 모범 예문은 이 구성을 자신 있게 사용하는 데 도움을 줄 것이다.

끝으로 본 연구가 지니고 있는 한계를 지적하고자 한다. 언어의 변화를 다루는 이 연구의 성격상 현대 이전의 역사적인 자료에 대한 통시적 연구가 수반되어야 할 것이다. 이 점은 필자의 능력을 넘어서는 부분으로서 훗날의 연구를 기대하기로 한다.

# 제2부 의미와 화용

- **제4장** 명사구의 한정성과 중국어의 주제
- **제5장** 현대 중국어에서의 전제
- **제6장** 현대 중국어에서의 통제와 의미 해석
- **제7장** 동사 '来'와 '去'의 의미
- **제8장** 인지의미론에 의한 '过'의 의미 분석

제4장
# 명사구의 한정성과 중국어의 주제

## 1. 들머리

Li & Thompson(1976)이 중국어를 언어 유형론적으로 주제 부각형 언어(topic prominent language)로 규정한 이래 중국어의 주제에 대해 많은 연구가 진행되어 왔다. 그 중에서 중국어의 주제 명사구가 한정적이라는 것은 일반적으로 받아들여지고 있는 대전제이다. 예를 들면,

   (1)   那两个人, 我认识.
          그 두 사람은 내가 안다.
   (2)   *两个人, 我认识.

(1)의 '那两个人'은 한정적이므로 문두의 위치로 이동하여 주제화될 수 있지만 (2)의 '两个人'은 비한정적이므로 주제화될 수 없다는 것이다. 그런데 여기에서 몇 가지 문제에 부딪친다. 우선 비문법적인 문장 (2)에 부사 '都'를 가하면 그것은 문법적인 것이 된다. 다음을 보자.

(3) 两个人, 我都认识.
　　두 사람은 내가 모두 안다.

또한 비한정적인 수량 명사구가 주제 위치에 출현한 다음 예문도 문법적인 문장이다.

(4) 一个人(啊), 不应该太自私.
　　사람이란 너무 이기적이어서는 안 된다.

이러한 관찰은 주제 명사구가 반드시 한정적이어야 한다는 견해에 정면으로 배치된다. 또한 Li & Thompson(1981:134)은 총칭 명사구(generic NP)가 한정성과는 무관한 비지시적(nonreferential)인 것이라고 규정하면서도 그것이 문두에 위치하여 주제화될 수 있다고 말하고 있다. 그들에 의하면 다음의 (5)는 두 가지 해석이 가능하다.

(5) 狗, 我已经看过了.
　　a. 그 개는 내가 이미 본 적이 있다. [한정적]
　　b. 개는 내가 이미 본 적이 있다. [총칭적]
　　c.*어떤 개를 내가 이미 본 적이 있다.[1]

그들에 의하면 (5)가 (a)로 해석될 때에는 '狗'가 한정적이고 (b)로 해석될 때에는 '狗'가 비지시적이라는 것이다. 이러한 분석에는 문제가 있는 것으로 보인다. 우선 비지시적인 명사구가 주제 위치에 출현 가능하다고 보는 것은 주제의 한정성 조건에 어긋난다. 또한 동일한 통사구조에 출현한 명사구에 대해 한정성과 비지시성이라는 전혀 다른 해석을 가한다는 것은 논리적으로 모순이다.

---

1) 본고에서 참고하고 있는 번역본에는 (b)와 (c)의 해석이 나와 있지 않다. 이 부분은 원문을 참조할 것.

본고는 비한정 명사구와 총칭 명사구가 문두에 출현하여 주제화되었을 경우 그것의 의미 해석을 어떻게 해야 하는가에 초점을 맞추어 진행된다.

첫째, 중국어에서 비한정 명사구가 문두에 출현하기 위해서는 반드시 어떤 통사 의미론적 장치에 의해 한정적 해석을 부여받아야 한다는 원리를 제시하고 이 원리가 구체적으로 어떻게 실현되는가를 밝힐 것이다. 그리고 중국어에서 '都'와 같은 범위부사(scope adverb)와 '应该', '可能'과 같은 양상 요소(modal element)가 이러한 장치로 기능한다는 사실을 보여줄 것이다. 둘째, 총칭 명사구는 그것의 통사 의미론적인 특성에 비추어 볼 때 비지시적인 것이 아니라 한정적인 것으로 해석되어야 한다는 것을 밝힐 것이다.

본고는 다음과 같이 구성되어 있다. 1장에서는 지시성과 한정성의 개념을 알아보고 그것이 중국어 문장에서 구체적으로 어떻게 실현되는가를 살펴볼 것이다. 여기에서 지시성 문제를 다루는 까닭은 그것이 한정성의 개념을 정립하는 데 우선적으로 필요하기 때문이다. 2장에서는 총칭 명사구의 한정성 문제에 관해 살펴볼 것이다. 3장에서는 비한정적인 수량 명사구가 한정적 해석을 부여받게 되는 경로에 대해 살펴볼 것이다. 4장은 본고의 결론이다.

## 2. 지시성과 한정성

### 2.1 지시성

한정성의 개념을 알아보기 전에 그것의 상위 개념인 지시성(referentiality)에 대해 알아보자.

문장의 단어 또는 표현은 지시적(referential)인 경우와 비지시적(nonreferential)인 경우로 나눌 수 있다. 화자가 어떤 표현을 발화했을 때, 그 표현이 외부세계에 존재하며 화자가 알고 있는 어떤 대상 또는 사태(state-of-affairs)를 지칭할 경우 그 표현을 지시적 표현이라 하고, 반대로 그 표현이 어떠한 대상도 지칭하지 않는 경우 비지시적 표현이라 한다. 이때 그 지시물은 구체적인 실체일 수도 있지만 추상적인 관념일 수도 있으며 때로는 가상세계에서나 존재하는 것일 수도 있다.2) 지시란 개념은 발화 의존적인 개념(an utterence-dependent notion)으로서 어떤 단어나 표현이 지시적인가 아닌가에 대한 판단은 발화상황에 의존해야 되는 경우가 많다. 다음 예를 보자.3)

(6) Giscard d'Estaing is <u>the President of France</u>.

(6)에서 밑줄 친 명사구는 의미상 주어를 지시하는 것일 수도 있고 주어의 속성을 서술하는 것일 수도 있다. 전자의 경우 명사구는 지시적인 기능을 하고 있는데 이러한 경우 주어와 보어의 위치를 바꾸어도 문장이 전달하는 의미는 크게 변하지 않는다. 후자의 경우 명사구는 어떠한 지시물을 지시하는 것이 아니라 주어의 여러 가지 속성 중의 일부를 서술하는 기능을 하고 있다. 이때에는 주어와 보어의 위치를 바꾸면 원래 문장의 의미와 전혀 다른 것이 된다.

우리말의 예를 살펴보자.

(7) 저 책의 소유자는 공부를 열심히 한다.

이익환(1983:21)에 의하면 (7)은 두 가지 해석이 가능하다. 즉 화자가 '저 책의

---

2) Li & Thompson(1981:131)을 참조.
3) 좀더 상세한 논의는 Lyons(1977:183)를 참조할 것.

소유자'가 누구인지 알고 있는 경우와 누구인지 모르고 있는 경우이다. 전자의 경우 이 명사구는 특정의 인물을 지시하고 있지만 후자에서는 그렇지 않다. 후자의 경우에 비추어 위 문장을 해석한다면, '저 책의 소유자'는 어떤 사람이든 '공부를 열심히 한다'는 속성을 지니고 있다고 할 수 있을 것이다.

중국어의 경우 다음 문장에서 밑줄 친 명사구는 모두 지시적이다(Li & Thompson, 1981:131-2). 왜냐하면 그것들은 특정의 어떤 실체를 가리키고 있기 때문이다.

(8) 张三是我的朋友.
    장싼은 나의 친구이다
(9) 这条香蕉我吃不下.
    이 바나나를 나는 배가 불러서 먹지 못하겠다
(10) 门口坐着一个女孩子.
    문 앞에 여자아이 하나가 앉아 있다
(11) 他有一个方法赚钱.
    그는 돈을 벌 방도를 가지고 있다
(12) 拿被给他盖上.
    이불을 갖다가 그에게 덮어주거라

(8)의 밑줄 친 명사구는 고유명사이고 (9)의 명사구는 지시사 '这'를 포함하고 있으며 (10-11)은 수량 명사구인데 그 지시물의 존재를 화자가 이미 알고 있으므로 지시적인 것으로 해석된다. (12)에서는 수식어가 전혀 붙지 않은 명사구(bare NP)가 동사 '拿'의 목적어로 쓰이고 있는데 역시 화자가 그것의 구체적인 존재를 알고 있으므로 지시적이다. 즉 이들은 모두 화자가 이미 알고 있는 특정의 지시물을 지시하고 있으므로 지시적인 것으로 해석된다. 그리고 위의 예문에서 알 수 있듯이 이들은 문장에서 동사의 앞에 출현할 수도 있고 동사 뒤에 출현할 수도 있다.

물론 중국어에서도 화자가 지시대상을 명확히 알고 있지 못하면서 위와 같은 지시적 표현을 사용하는 경우가 있다. 다음을 보자.

(13) a: 我有一个弟弟到台湾去了.
　　　　나에게 동생 하나가 있는데 타이완에 갔다
　　 b: 你那个弟弟到台湾去做什么?
　　　　너의 그 남동생은 타이완에 무얼 하러 갔니?

　Teng(1975)은 (13b)의 밑줄 친 명사구를 비지시적인 것으로 보고 있는데 우리는 이것도 지시적인 것으로 보아야 한다고 생각한다. 왜냐하면 비록 화자가 상대방의 동생을 전혀 본 적이 없다고 해도 상대방의 말을 통하여 그가 존재한다는 사실이 이미 화자의 인식 세계에 입력되어 있으며 따라서 화자 B가 '那个弟弟'라고 발화했을 때는 이 세상에 존재하는 특정의 대상을 지시하고 있는 것이기 때문이다.
　명사구의 지시성은 술어에 나타난 시제를 통해 포착될 수도 있다. 다음 예문에서 밑줄 친 명사구는 지시적이다.

(14) 我昨天买了一本书.
　　 나는 어제 책 한 권을 샀다

　왜냐하면 구매하는 행위가 이미 어제 완료되었으므로 화자는 '一本书'의 지시물이 무엇인지 이미 알고 있을 것이기 때문이다.
　그렇지만 상황이 완료되지 않은 경우에는 역시 발화 문맥에 의존해서 파악해야 할 것이다. 즉 다음 예문에서 밑줄 친 명사구는 지시적일 수도 있고 비지시적일 수도 있다.

(15) 我在找一本书.
　　 나는 책 한 권을 찾고 있어

화자가 자신이 이미 알고 있는 특정의 책을 찾고 있는 경우라면 그것은 지시적이다. 그러나 단지 쉬는 시간에 읽기에 적당한 책을 찾고 있는 경우라면 그것은 비지시적이다.

지시적인 명사구는 앞에서 말한 바와 같이 그 지시대상의 존재가 전제되어야 한다(Li 1985:111, Teng 1975:123). 다시 말하면 화자가 특정 실체를 지시할 수 있기 위해서는 먼저 반드시 그것의 존재를 그의 마음속에 그리고 있어야 한다. 그러나 그 존재물이 반드시 실제 세계에 존재해야 한다는 것은 아니다. 그것은 단지 상상의 세계에서만 존재하는 것일 수도 있다. 다음 예를 보자.

(16) 我昨天晚上梦见了一个仙女.
 나는 어제 밤 꿈에 선녀를 보았다
(17) 我明天想写一本书.
 나는 내일 책 한 권을 쓰려 한다

'仙女'란 실제 세계에서는 존재하지 않는 가공의 것이다. 그러나 화자의 상상의 세계에서는 엄연히 존재하는 것이다. 그러므로 (16)의 '一个仙女'는 지시적이다. 마찬가지로 (17)에서 '一本书'는 실재 세계에서는 존재하지 않지만 화자의 마음속에 그 책에 관한 예정된 계획이 있을 경우에는 지시적인 것이다.

Li & Thompson(1981:123-3)은 명사구가 비지시적으로 해석되는 예를 다음과 같이 제시하고 있다.

첫째, 주어의 속성을 서술하는 명사구는 비지시적이다.

(18) 信美是工程师.
 신메이는 기사이다

명사구 '工程师'는 어떤 특정한 사람을 가리키는 것이 아니라 '信美'라는 사람이

지닌 속성을 서술하고 있다.4)

둘째, 동사-목적어가 하나의 복합어로 기능하는 경우 그 안의 목적어 명사구는 비지시적이다.

(19) 我不会唱歌.
　　　나는 노래할 줄 모른다

(19)에서 '歌'는 어떤 특정의 노래를 지칭하는 것이 아니라 사람이 부르는 일반적인 노래, 즉 노래라는 속성을 지닌 어떤 것을 의미할 뿐이다.5)

---

4) 중국어에서 명사구가 비지시적인 것으로 해석되는 예를 몇 가지 더 들어보자.
　ⅰ) 岳飞是(一个)民主英雄.
　　　위에페이는 민주영웅이다.
　ⅱ) 我要当(一个)家庭老师.
　　　나는 가정교사가 되려 한다.
　ⅲ) 他是(一个)医生.
　　　그는 의사이다.
　이 명사구들의 공통된 특징은 문장에서 모두 술어로 쓰이고 있다는 것이다. 이들은 어떤 특정 지시물을 지시하지 않으며, 단지 주어가 가지고 있는 (또는 가지고자 하는) 여러 가지 속성 중의 일부를 서술하고 있다.
5) 그것은 독립적으로 동사 '唱'의 목적어로 기능한다기보다는 '唱歌'라는 하나의 복합어의 성분으로 파악된다. 다시 말하면 그것은 독립적으로 문장성분으로 될 수 있는 자유형태소(free morpheme)가 아니라 의존형태소(bound morpheme)라는 것이다. 이와 같이 단독으로 지시적인 의미를 갖지 못하고 단지 동사와 결합하여 함께 하나의 복합어로 사용되는 단어는 중국어에 무수히 존재한다. 이와 같은 내용을 명확히 보여주는 예를 몇 가지 들어보자.
　ⅰ) 大夫给他开刀.
　　　의사가 그를 수술한다 [开-刀:열다-칼=수술하다]
　ⅱ) 你吃她的醋.
　　　너는 그녀를 질투한다 [吃-醋:먹다-초=질투하다]
　ⅲ) 我很关心他.
　　　나는 그에게 매우 관심이 있다. [关-心:관계하다-마음=관심을 갖다]
　중국어에서 동사-목적어 복합어에 관한 더 상세한 기술은 백은희(1988), Chi(1984), Li &

셋째, 명사-명사 복합어의 첫 번째 명사는 비지시적이다.

    (20)  羊毛裤子: 양털바지     雨衣: 비옷
           狐狸皮: 여우가죽     风车: 풍차

이들은 어떤 특정한 실체를 가리키기보다는 복합어에서 두 번째 명사의 속성을 서술하는 기능을 하고 있다.

넷째, 수식어가 붙지 않은 명사구가 목적어 위치에 출현했을 경우 종종 비지시적으로 쓰인다.

    (21)  那个商人卖水果.
           저 상인은 과일을 판다
    (22)  我们种花生.
           우리는 땅콩을 심는다

다섯째, 부정사의 범위(scope of negation) 안에 있는 명사구는 비지시적으로 쓰일 수 있다.

    (23)  我没见过鲸鱼.
           나는 고래를 본 적이 없다
    (24)  我不喜欢鸭子.
           나는 오리를 싫어한다

이에 대해 Tang(1988:223ff)은 몇 가지 반론을 제기하고 있다. 첫째, 위에서 네 번째 부류의 명사구는 반드시 총칭 시제(generic tense)의 문장에 출현한 것으로

---

Thompson(1981:91ff)을 참조할 것.

보아야 한다. 다섯 번째 부류의 명사구는 네 번째 부류의 명사구와 실제적으로 동일한 부류에 속한다. 왜냐하면 부정사의 유무는 명사구의 지시성 판단에 어떠한 영향도 미치지 않기 때문이다. 예를 들면 (23-24)은 다음과 같이 부정사를 제거하여 긍정 서술문으로 만들어도 역시 문법적으로 총칭 시제문으로 이해된다는 것이다.

(23′) 我见过鲸鱼.
　　　나는 고래를 본 적이 있다
(24′) 我喜欢鸭子.
　　　나는 오리를 좋아한다

둘째, 한정성과는 무관한 비지시적인 명사구가 한정 명사구와 동일하게 주제나 주어로 될 수 있다고 보는 데는 문제가 있다.

우리는 기본적으로 Tang의 관찰에 동의한다. 그러나 그 자신도 총칭 명사구를 어떻게 보아야 하는가에 대해서는 명확히 밝히고 있지 않다. 우리는 총칭 명사구와 관련된 지시성 및 한정성 문제를 제2장에서 다룰 것이다.

## 2.2 한정성

지시적 표현은 한정적(definite)인 경우와 비한정적(indefinite)인 경우로 나눌 수 있다. 화자가 자신이 생각하고 있는 특정의 지시물을 청자도 알고 있으리라고 가정하고 있는 경우 그 표현을 한정적 표현이라고 한다. 반면에 청자의 앎까지 가정하지는 않는 경우 그 표현을 비한정적 표현이라고 한다.(Chafe 1976:38-43, Li & Thompson 1976:461, 1981:134) 지시성을 화자 지향적인 개념(a speaker-oriented notion)이라고 한다면 한정성은 근본적으로 청자 지향적인 개념(a hearer-oriented notion)이라고 할 수 있다.(Li 1985:112)

영어의 경우 한정적 표현은 정관사 'the'나 지시사 'this, that' 등으로 나타낸다. 중국어의 경우 한정적인 표현으로서 전형적인 예는 지시사가 포함된 명사구일 것이다.

(26) <u>那封信</u>写完了没有?
그 편지 다 썼어요?

(26)에서 밑줄 친 명사구는 한정적이다. 화자는 자신이 말하고 있는 특정의 편지를 청자도 알고 있다고 가정하고 있으므로 지시사 '那'를 사용한 것이다.[6]

또한 고유명사와 인칭대명사가 포함된 명사구도 한정적 표현으로 이해된다.

(27) <u>张三</u>是我的朋友.
장싼은 내 친구이다

그러나 명사구의 한정성이 항상 이와 같이 어휘상의 형태에 의해 결정되는 것은 아니다. 중국어에서는 오히려 우리말에서처럼 하나의 명사가 지시사나 다른 성분의 수식을 받지 않고 단독으로 문장의 성분으로 기능하는 경우가 매우 많다. 이 경우에는 전적으로 문맥에 의존하여 그것의 지시성 또는 한정성을 판단해야 한다.

중국어에서 수식을 받지 않는 명사가 단독으로 명사구를 구성하여 문두에 출현할 경우 그것은 일반적으로 한정적인 것으로 이해된다. 다음 예를 보자.

(28) a. 我看完了书了.

---

[6] 만약 그 가정이 잘못되었다면, 즉 청자가 그 지시물이 무엇인지 모르고 있다면 그 대화는 파괴된다. 그리고 청자는 '那封信'의 지시물이 무엇인지 "哪封信?"(무슨 편지요?)이라고 되물을 것이다.

나는 (내가 보던 어떤) 책을 다 보았어
b. 书, 我看完了.
(네가 빌려준) 그 책 다 보았어
(29) a. 来客人了.
(예상치 않은) 어떤 손님이 오셨어요
b. 客人来了.
그 손님이 오셨어요

 (28a)는 동작이 이미 완료되었으므로 화자는 당연히 '书'의 지시물을 알고 있다고 볼 수 있다. 그러므로 이 명사구는 지시적이다. 그러나 이 문장은 청자의 지식까지 가정하지는 않는다. 그러므로 비한정적이다. 만약 청자의 지식까지 가정했다면 (28a)보다는 (28b)를 사용했을 것이다. 마찬가지로 (29)도 동일한 방식으로 설명할 수 있다. 즉 (29a)의 경우 화자는 이미 어떤 사람의 존재를 확인한 것이므로 명사구 '客人'은 지시적이다. 그러나 청자가 예상하고 있지 않던 사람이므로 비한정적이다. 만약 청자가 예상하고 있던 사람이었다면 (29a) 보다는 (29b)로 말했을 것이다.
 이상의 내용을 요약하면 다음과 같다. 첫째, 중국어에서 명사구의 한정성은 고유명사나 지시사 등을 포함한 명사구처럼 어휘적, 형태적으로 확인되는 경우도 있고, 둘째, 어순에 의해 확인되는 경우도 있다. 즉 일반적으로 문두의 주제 명사구는 한정적인 것으로 해석된다.
 Li & Thompson(1981:135)은 지시사를 포함하고 있지 않은 수량 명사구가 비한정적이라고 단언하고 있다. 그러나 이것은 지나치게 성급한 일반화라고 생각한다. 왜냐하면 수량 명사구는 Tang(1988:223)이 지적한 바와 같이 비지시적으로 쓰일 수도 있기 때문이다. 다음 예를 보자.(Tang 1988:223).

(30) 两个人一起做事比一个人单独做事强得多.

두 사람이 함께 일하는 편이 한 사람이 혼자 하는 것보다 훨씬 낫다

(31) 一个孩子太少, 三个孩子太多, 两个孩子恰恰好.
한 아이는 너무 적고 세 아이는 너무 많고 두 아이가 꼭 맞다.

또한 수량 명사구가 한정적인 것으로 이해되는 경우도 있다.

(32) 两本书都在桌子上.
책 두 권이 모두 책상 위에 있다.

이상의 논의를 통하여 수량 명사구가 반드시 비한정적으로 해석된다고 보는 Li & Thompson의 견해는 설득력이 없음을 알 수 있다.

그런데 Tang의 견해에도 문제가 있는 것으로 보인다. 즉 (32)에서 범위부사 '都'를 제거한 다음 문장은 비문법적인 것으로 되는데,

(32′) *两本书在桌子上.

그렇다면 문두의 수량 명사구를 한정적인 것으로 보는 것은 잘못된 것이다. 또한 다음 문장을 보면,

(33) 一个人(啊), 不应该太自私.
사람이란 너무 이기적이어서는 안 된다.

(33)에서는 수량 명사구가 단독으로 주제화되었는데도 문법적이다. 이러한 현상을 어떻게 설명해야 할 것인가. 우리는 이 문제의 해결을 3장에서 모색할 것이다.

## 3. 총칭 명사구의 한정성

중국어에서 총칭 명사구에 대해서는 일차적으로 그것을 지시적인 것으로 보는 견해와 비지시적인 것으로 보는 견해로 나눌 수 있다. 전자에 해당하는 것으로 Chen(1986), I. Li(1985)가 있고 후자에 해당하는 것으로 Li & Thompson (1981)이 있다.7)

우리는 중국어의 총칭 명사구를 지시적이며 나아가 한정적으로 보아야 한다고 생각한다. 본 장에서는 총칭 명사구를 비지시적인 것으로 보는 Li & Thompson의 견해를 제시한 다음 그것에 대해 비판적인 견해와 증거를 제시함으로써 우리의 견해가 옳다는 것을 증명하고자 한다.8)

### 3.1 이전의 견해

Li & Thompson(1981:134)은 명사구가 특정의 개체를 의미하기보다는 그 종류의 실체 전체를 의미할 경우 그것을 총칭 명사구라고 하였으며, 총칭 명사구는 비

---

7) Chen(1986:33)과 Li(1985:121)가 모두 'generic reference'라는 용어를 쓰고 있다.
8) 총칭명사구가 과연 지시적/한정적인가 하는 것은 일반언어학에서도 아직 명확한 결론이 나지 않은 문제이다. 이것은 총칭성에 대한 Givón의 다음과 같은 기술에서도 충분히 엿볼 수 있다.(Chen 1986:77에서 재인용)
"On the one hand, [generic nominals] clearly do not refer to specific individuals within the universe of tokens, and thus share some of the properties of non-referentials. On the other hand, they may be---particularly when used as subjects---highly topical and continuous, and thus likely to have been entered into the active discourse file. And in this sense they share many properties of definites[identifiables]."

지시적이라고 하였다. 그러나 그들은 총칭 명사구를 비지시적인 것으로 보아야 하는 까닭을 구체적으로 밝히지 않았다. 그렇다면 우리는 그들이 총칭 명사구에 대해 내린 정의를 재검토함으로써 그 원인과 근거를 추정해 들어갈 수밖에 없다.

그들의 정의를 세분해보면 다음과 같다. 첫째, 총칭 명사구는 특정의 개체를 지시하지 않는다. 둘째, 총칭 명사구는 그 표현이 의미하는 종류의 전체를 지칭한다. 셋째, 총칭 명사구는 지시하는 대상을 가지고 있지 않다.

첫 번째 문제는 잠시 뒤로 미루고 우선 두 번째 문제부터 검토해보자. 과연 총칭 명사구가 그 표현이 의미하는 종류의 '전체'를 지칭하는가. 그들이 총칭적인 명사구가 포함된 것으로 보고 있는 다음 예를 가지고 이 문제를 검토해 보자.

(34) 狗, 我已经看过了. (=(5))
 a. 그 개는 이미 내가 본 적이 있다. [한정적]
 b. 개는 내가 이미 본 적이 있다. [총칭적]
 c. 어떤 개를 내가 이미 본 적이 있다.

(34)의 '狗'가 그 표현이 의미하는 종류 전체를 의미한다면 이 문장은 다음 문장과 동일한 의미를 가져야 할 것이다.

(35) a. #狗, 我都已经看过了.
   개는 내가 모두 본 적이 있다.
  b. #所有的狗, 我都已经看过了.9)
   모든 개를 내가 본 적이 있다.

그러나 (34)가 (35)와 동일한 의미를 가지고 있는 것으로 보이지 않는다. 사실

---

9) '#'는 문장이 의미상 수용 불가능함을 나타낸다.

(35)에서 '모든 개를 본 적이 있다' 라는 말은 실재 세계에서 도저히 실현 불가능한 표현이다. (34)가 의미하는 것은 이러한 것이 아니라 오히려 '개의 속성을 지닌 어떤 대상을 보았다' 라는 것일 것이다.

총칭 명제의 양화가능 여부에 관한 논의로 Lyons(1977: 193ff)가 있다. 그에 의하면 '총칭' 이란 용어의 의미는 우선 다음과 같은 총칭적 명제(generic proposition)를 통해 파악된다.

    (36) a. The lion is a friendly beast.
          b. A lion is a friendly beast.
          c. Lions are friendly beast.

그에 의하면 위의 문장들은 사자 무리 중에서 어떤 특정의 사자나 특정의 사자 집단에 대해서가 아니라 사자라는 속성을 지닌 것들에 대해 무엇인가를 말하고 있는 것이다. 그러나 '모든' 사자를 대상으로 하여 단언하고 있는 것은 아니다. 위의 (36)는 진리 조건(truth-conditions)에 있어서 다음의 (37)과 차이를 보인다는 것이다.

    (37) All lions (as it happens) are friendly beast.

(37)은 일반 양화사를 이용하여 형식화 할 수 있지만 (36)는 형식화가 불가능하다는 것이 Lyons의 입장이다. 다시 말하면 (36)에 가능한 부사어를 첨가한다면 'necessarily'나 'essentially'가 아니라 'generally, characteristically, normally'로서 이들이 포함된 문장은 일반양화든 존재양화든 어느 쪽으로도 형식화할 수 없다는 것이다.[10]

이상의 논의가 옳다면 총칭 명사구가 그것이 표현하는 대상의 종류 전체를 의미한다고 보는 견해는 설득력이 없다고 할 수 있다.

## 3.2 문제와 대안

다음으로 위에서 제기된 첫 번째 문제와 세 번째 문제를 함께 검토해 보자. Li & Thompson이 총칭 명사구를 비지시적인 것으로 본 가장 큰 이유는 그것이 특정 사물을 지시하지 않는다는 데 있는 것 같다. 총칭 명사구가 특정의 사물을 지시하지 않는다는 것에 대해서는 우리도 동의한다. 그러나 그렇다고 하여 총칭 명사구가 지시하는 바가 전혀 없다고 볼 수 있을 것인가. 우리는 '총칭적 지시'(generic reference) 란 말이 논리적으로나 의미론적으로 전혀 문제가 없다고 생각한다. 우리의 직관에 의하면 총칭 명사구가 마치 하나의 고유명사처럼 인식된다. 예를 들어 '개'라는 단어를 놓고 보면, 우리는 그것이 진돗개이든 셰퍼드이든 상관없이 '개'라고 부른다 —— 즉 이름짓는다. 또한 '개'라는 말을 들었을 때 이 말의 의미를 아는 사람이라면 누구나 나름대로 '개'의 형상을 떠올릴 수 있다. 다시 말하면 '개'라는 말이 총칭적으로 사용될 경우 비록 동일한 '개'는 아니지만 화자와 청자 모두의 인식세계 속에서 명확히 '개'라는 지시대상이 존재한다는 것이다. 그렇다면 한정성의 개념에 의거할 경우 당연히 한정적인 것으로 해석해야 할 것이다. Li & Thompson(1981:400)의 다음 예문에 대한 설명은 우리의 견해가 옳다는 것을 지지해준다.

---

10) 총칭명사구가 실체의 '전체'를 나타낸다는 입장은 Lee(1986:87)의 경우도 동일하다. 그는 총칭적인 의미를 지닌 문장이 다음과 같이 형식화될 수 있다고 하였다.
   i) For all x, if x has the property denoted by the noun, then it is necessarily the case that the predicate holds of x.
  이것은 총칭적 명사구가 일반 양화(universal quantifying)될 수 있다는 입장을 단적으로 보여준다. 그러나 우리는 총칭명제는 형식적으로 양화시킬 수 없다는 Lyons의 입장을 지지한다.

(38) 他有的时候把盐当糖吃.
그는 어떤 때에는 소금을 설탕 삼아 먹는다.

그들에 의하면 위 문장에서 '盐'의 지시물은 총칭적이다. 다시 말하면 그것은 청자와 화자가 알고 있는 어떤 특정한 소금을 지시하는 것이 아니라 '소금'이라고 불리는 실체의 유형을 지시하고 있으며, 화자는 청자가 '소금'이란 속성을 지닌 실체의 존재를 이미 알고 있으리라고 가정할 수 있다. 화자와 청자가 이미 알고 있는 것이라면 당연히 한정적인 것으로 보아야 한다는 것이 아닌가.

사실 총칭 명사구를 한정적인 것으로 보아야 한다는 견해는 이미 Li & Thompson(1976:461)에서 언급된 바 있다. 그들의 말을 옮기면 다음과 같다.

(39) A generic noun phrase is definite because its referent is the class of items named by the noun phrase, which the hearer can be assumed to know about if he knows the meaning of that noun phrase.

이상의 논의를 종합해 볼 때, 총칭 명사구는 지시적이며 한정적인 것으로 보는 것이 타당하다고 생각한다.

# 4. 수량 명사구의 한정성

수량 명사구란 '수사+양사+중심명사'의 꼴로 되어있는 명사구를 말한다. 본 장에서는 2.2.2에서 제기된 문제의 해결을 모색하고자 한다. 본 장의 논의는 다음과 같은 원리를 기본 전제로 하여 진행된다.

(40) 비한정 명사구가 문두에 출현하기 위해서는 반드시 어떤 통사/의미론적 장치에 의해 한정적 해석을 부여받아야 한다.11)

중국어에서 문두의 비한정 명사구에 한정적 해석을 부여하는 통사/의미론적 장치로는 첫째, '都'와 같은 범위부사(scope adverbs)가 있고 둘째, '应该', '可能'과 같은 양상요소(modal elements)가 있다. 아래에서 이들에 대해 각각 살펴보고자 한다.

## 4.1 범위부사와 수량명사구의 한정성

이 문제에 관하여 본고 2.2.2에서 제기된 내용을 간단히 요약하면 다음과 같다.

Li & Thompson(1981:135)은 지시사를 포함하고 있지 않은 수량명사구가 반드시 비한정적이라고 했는데, 이에 대해 Tang(1988:223)은 그것이 비지시적으로 해석되는 경우도 있으며 또한 한정적으로 해석되는 경우도 있음을 밝혔다. 그런데 Tang의 견해 중에서 문두의 수량명사구가 한정적이라는 것에 대해 강한 회의가 생긴다. 다음 예를 살펴보자.

(41) <u>两本书</u>都在桌子上.
책 두 권이 모두 책상 위에 있다

'两本书'가 한정적이라면 부사 '都'를 제거한 다음 예문이 비문법적으로 되는 까

---

11) 이러한 견해는 최초로 Chu(1979)에서 암시를 받았으며 Lee(1986)와 Li(1987)의 기술을 통하여 확신을 가지게 되었다.

닭을 설명하지 못하기 때문이다.

  (41′) *两本书在桌子上.

 위의 예문의 문법성을 근거로 할 때 문두의 수량 명사구 '两本书'는 한정적으로 해석되기에는 불완전한(defective) 명사구로서 오히려 비한정적인 명사구로 해석하는 것이 옳다고 본다. 그런데 비한정 명사구가 문두에 출현한 (41)이 문법적인 이유는 무엇인가. 우리는 바로 부사 '都'가 비한정 명사구에 한정적 해석을 부여하는 기능을 하고 있기 때문이라고 생각한다.

 '都'에 대한 이전의 연구 상황을 간략히 정리하면 다음과 같다. Chao(1968:780)는 '都'를 범위 부사(scope adverb)로 보고 동사 앞의 표현을 지시 범위로 갖는다고 했다. Hou(1979)는 '都'가 보편 양화사와 유사하게 기능하는 논리적 연산자(logical operator)로서 선행하는 명사구가 지시하는 개체들의 총화를 나타낸다고 했다. Li & Thompson(1981:297,451)은 '都'가 선행하는 명사구가 지시하는 개체들의 총화를 나타낸다고 했다. '都'의 양화사적인 기능에 초점을 맞추어 본격적인 연구를 진행한 것은 Lee(1986)일 것이다. 그는 특히 Hou의 의견과는 달리 '都'의 분산적 지시 (distributive reference) 기능에 주로 초점을 맞추어 논의를 전개하고 있다. 이에 비해 Chu(1979:fn.10)는 '都'가 대용어적 대명사(anaphoric pronoun)로서 선행하는 명사구를 지시하는 기능을 가지고 있다고 말하고 있다.

 우리는 특히 Chu의 제안에 입각하여 다음과 같은 안을 조심스럽게 제시하고자 한다. 즉 대용어로 기능하는 '都'는 자체적으로 고유한 의미를 지니고 있지 않으며 그 의미는 선행사에 의해 채워진다. 이때 '都'에 채워진 의미는 선행사를 지시하며 그것은 명확히 한정적이다. 왜냐하면 이미 선행하고 있는, 즉 이미 존재하고 있는 대상을 지시하고 있기 때문이다. 이때 '都'가 지닌 한정적 해석이 다시 선행사에 전

달되면서 선행사에 한정적 해석을 부여하게 된다.12)

부사 '都'가 선행하는 비한정적 명사구에 해석을 부여한다는 사실은 Li(1987)의 다음과 같은 논의에 의해서도 지지받을 수 있다. 다음 예문을 보자.

(42) a. 他三年都来了.
    He has been coming these three years.
  b. *他三年来了.
(43) 他来了三年了.
    He has been here for three years.

그녀의 직관에 의하면 (42a)가 문법적인 문장이 되기 위해서는 '都'가 반드시 필요하며 이때 '三年'은 한정적인 것으로 해석된다. 그러나 (43)의 동사 뒤에 위치한 '三年'은 비한정적인 것으로 해석된다. 이에 대한 그녀의 설명은 다음과 같다. 즉 동사 앞에 위치한 비한정적 명사구는 동사에 의해서 선택되는 것이 아니라 '都'가 있음으로 해서 출현이 가능한 것이다. 그런데 문장에 '都'가 출현하게 되면 지속을 나타내는 비한정 명사구는 더 이상 비한정으로 해석되지 않는다. 왜냐하면 선행 성분을 총괄하는 역할을 하는 부사 '都'가 수량 명사구에 한정적 해석을 부여하는 기능을 하기 때문이다. 그러므로 '都'에 의해 출현이 가능해진 지속을 나타내는 수량 명사구는 한정적 해석을 획득하게 된다는 것이다.

이상의 논의는 문두의 수량 명사구뿐만 아니라 의문사명사구, 명사/양사 중첩 명사구, '把-명사구와 관련된 몇 가지 문제를 설명하는 데에도 도움을 준다. 예를 들어 다음 예문을 보자.

---

12) 이와 같은 설명 방법에는 아직 문제가 있으며 좀더 객관적인 자료의 수집이 필요하다고 생각한다. 이와 관련된 좀더 자세한 논의는 본문에 제시된 참고문헌들을 볼 것.

(44) a. 他们什么都吃.
    그들은 무엇이든 먹는다
    b. *他们什么吃.
(45) a. 这个人谁都不信.
    이 사람은 누구도 믿지 않는다
    b. *这个人谁不相信.
(46) a. 他管人人都叫老朋友.
    그는 사람마다 모두 오랜 친구라고 부른다
    b. *他管人人叫老朋友.
(47) a. 我把十本书都看完了.
    나는 책 열 권을 다 보았다
    b. *我把十本书看完了.

이상의 예문의 문법성 판단으로 미루어 볼 때, '都'는 동사 앞에 출현한 지시대명사 '什么', '谁'와, 역시 동사 앞에 출현한 중첩 명사구 '人人', '把-명사구 '十本书'에 일관되게 한정적 해석을 부여하는 것을 볼 수 있다.

또한 다음의 제시문(presentative sentence)에서 비한정 명사구 '一个人'이 동사의 앞에 출현할 수 없는 이유를 설명할 수 있다.

(48) a. *一个人来了.
    b. *一个人都来了.

왜냐하면 비한정 명사구 '一个人'이 단수이므로 복수의 의미를 지니고 있는 '都'와는 공기할 수 없기 때문이다.13) (48b)의 단수 명사구를 복수 명사구로 고친 다음

---

13) 중국어에서 비한정 명사구를 동사의 앞에 출현시키는 통사적 장치는 '有'이다.
   有一个人来了.
   어떤 사람이 왔다.
   하지만 다음 절에서 '一个'의 수식을 받는 수량 명사구가 양상 요소의 도움을 받아 문두에

문장은 당연히 문법적이다.


(49) 两个人都来了.
두 사람이 모두 왔다

이상에서 우리는 '都'가 비한정 명사구에 한정적 해석을 부여하며 그리하여 비한정 명사구가 문두에 출현 가능하도록 하는 기능을 한다는 사실을 살펴보았다.


## 4.2 양상요소와 수량명사구의 한정성

본 절에서는 양상 요소가 비한정 수량 명사구의 한정성 판단에 어떻게 작용하는가를 살펴보자. Tzao(1977:198)의 관찰에 의하면, 중국어에서 수량명사구는 비한정적이므로 문두의 위치에 출현하여 주제화될 수 없지만 그것이 총칭적인 의미를 지닐 경우에는 주제화가 가능하다고 한다. 다음 예문을 보자.

(50) *一个人很自私.
(51) 一个人(啊), 不应该太自私.
사람이란 너무 이기적이어서는 안 돼

그러나 그는 단지 사실만을 제시했을 뿐 비한정 명사구가 총칭적 해석을 받게 되는 경로에 대해서는 설명하지 않고 있다.

Chu(1979:fn.6)는 수량 명사구가 종속절의 주어 위치에 출현했을 때 총칭적으로 해석되는 경향이 있다고 하였다.

---

출현할 수 있음을 살펴볼 것이다.

(52) *一只狗喜欢吃骨头.
(53) 一只狗生气的时候, 最会咬人.
　　　개는 화가 났을 때 사람을 가장 잘 문다

그러나 그는 이러한 현상이 왜 일어나는지에 대해서는 아직 설명할 수 없다고 했다.

수량 명사구의 총칭적 해석에 대해 해결의 실마리를 제공하고 있는 것은 Lee(1986:230)이다. 그는 단칭 수량 명사구가 총칭적인 것으로 해석되기 위해서는 문장에 양상 해석(modal interpretation)이 부여될 수 있어야 한다고 하였다. 다음 예문을 보자.14)

(54) a. 一个女人结了婚, 可能会想生孩子.
　　　　여자가 결혼하게 되면 (그녀는) 아마 아이를 낳고 싶어할 것이다
　　 b. 如果一个人中了彩票, 他会变得很富裕.
　　　　누구나 복권에 당첨되면 그는 매우 부자가 될 것이다.
(55) 一个中医能治好所有的风湿病.
　　　한의사라면 모든 류머티즘을 고칠 수 있다

(54a)에서 수량 명사구가 주절에 있지 않고 종속절에 있다는 것은 문제가 되지 않는다. 왜냐하면 심층구조에서 주절의 주어가 양상 조동사 '可能'의 지배를 받고 있으며, 그것이 종속절의 주어와 동지표되어(coindexed) 동일한 의미해석을 받고

---

14) 이에 대해 Aoun & Li(1989:fn.1)도 동일한 내용을 기술하고 있다.
　　"In fact, Chinese generally does not allow an indefinite NP in subject position unless a modal occurs in the sentence, or the subject is preceded by you('有')(see Hudson(1986) and Lee(1986)), or the clause containing such a subject is an if-clause."

있기 때문이다. (54b)도 양상조동사 '会'의 지배를 받는 '他'와 '一个人'이 동일한 의미해석을 받고 있으므로 역시 문제가 되지 않는다.

이러한 논의가 옳다면 위의 (51), (52)도 동일한 방식으로 설명할 수 있다. 즉 이들 문장의 공통점은 모두가 문장 속에 양상요소를 지니고 있다는 것이다. 그리하여 문두의 비한정적 수량명사구가 양상요소로부터 총칭적 해석을 부여받아 문두에 출현할 수 있는 것이다.

이상에서 우리는 원리(40)이 중국어의 비한정 명사구의 한정성을 설명하는데 상당히 설득력이 있음을 확인하였다.

## 5. 맺음말

이상에서 우리는 지시성과 한정성의 개념을 알아보고, 그것을 바탕으로 중국어 명사구의 주제화와 관련된 몇 가지 현상을 고찰해 보았다. 본고에서 확인된 사항은 다음과 같다.

첫째, 중국어에서 한정 명사구만이 주제화되는 것은 아니다. 비한정 명사구인 수량 명사구도 주제화될 수 있다. 그러나 이때에는 반드시 문장 내에서 다른 통사의미론적 장치에 의해 한정적 해석을 부여받아야 한다. 중국어에서 이러한 통사의미론적 장치에 해당되는 것이 '都'와 같은 범위부사와 '应该', '可能'과 같은 양상요소이다.

둘째, 중국어의 총칭 명사구는 통사적 기능이나 개념상의 의미로 미루어 볼 때 한정 명사구로 해석되어야 한다.

# 제5장
# 현대 중국어에서의 전제

## 1. 들머리

본고는 일반 의미론에서 말하는 전제(presupposition)에 대하여 그 개념을 이해하고 이를 바탕으로 중국어에서 전제 현상의 양상을 관찰하고 기술하는 데 목적이 있다. 즉 본고는 전제 현상에 대하여 새로운 문제를 제기하고 그것을 해결하기 위하여 쓰여지는 것이 아니라, 이미 연구된 것을 중국어에 적용함으로써 중국어의 이해와 학습에 도움을 주기 위하여 쓰여지는 것이다.

의미론에서 말하는 전제란 어느 문장이 발화되기 전에 이미 그 문장에 대한 배경으로 존재하는 사실을 말한다.[1] 이러한 전제 현상은 문장 안에 있는 어구에 의해 유발되기도 하고 때로는 문장의 앞뒤에 있는 문맥에 의해 유발되기도 한다. 예를 들어 다음 문장을 보자.

---

1) 전제의 정의는 여러 가지가 있다. 본고에서는 Keenan(1971)과 Levinson(1983)의 견해를 따른다.

(1) 甲: 屋子里太热了, 把门开开, 好吗?
   방안이 너무 덥군, 문을 좀 여는 게 어때?
   乙: 收音机的声音比较大, 别开门了, 开窗户吧!
   라디오 소리가 제법 크니까 문을 열지 말고 창문을 열자.
   丙: 对, 别影响人家.
   맞아, 남에게 폐를 끼치지 말아야지.
   甲: 可也是, 那就开窗户吧.
   하긴 그렇군, 그렇다면 창문을 열자.

이 대화가 원만히 진행되기 위해서는 어느 특정의 '门'과 '窗户'가 존재하고 동시에 발화 시점에서 그것이 닫혀 있어야 한다. 즉 甲이 '把' 뒤에 '门'이라는 단어를 사용하였을 때에는 그 단어가 지시하는 사물이 대화 현장에 존재하고 있어야 하며 또한 그것은 화자와 청자가 모두 알고 있는 특정의 것이어야 한다. 그리고 甲이 '开'라는 단어를 사용한 것으로 미루어 그 문은 甲이 발화하는 시점에서 닫혀 있어야 한다. 만약 이미 열려 있는 상태라면 또 다시 '开'라는 단어를 사용할 필요가 없기 때문이다. 이와 같은 문과 창의 존재와 그 특정성, 그리고 그것이 닫혀 있는 상태라야 한다는 것은 (1)의 각 문장의 표면 의미로부터 직접 이끌어낼 수 있는 것이라고 할 수 없다. (1)에서는 문이나 창을 열어야 한다던가 또는 열지 말아야 한다는 것만을 말하고 있을 뿐이지 현재 문이나 창이 닫혀 있다는 것을 직접 언급하고 있지는 않다. 문과 창이 현재 시점에서 닫혀 있다는 것은 화자와 청자가 이미 기정 사실로 인정하고 있는 것으로서, 위의 대화가 진행되기 전에 이미 존재한다고 할 수 있다. 바로 이러한 특성 때문에 전제된 상황은 부정사에 의해 부정될 수 없다.

(2) 把门开开!
   문을 좀 열어라.
(3) 别开门了!
   문을 열지 말아라.

(2)는 긍정 명령문이고 (3)은 부정 명령문으로서 각각 다른 의미의 명령을 위해 사용되고 있지만, 이들이 지니고 있는 전제 조건, 즉 '문이 닫혀 있다'는 사실에는 차이가 없다. 이와 같이 전제란 어느 문장이 발화되기 전에 이미 사실로 존재하는 것이므로 그 문장이 전제하고 있는 내용은 부정사에 의해 부정되지 않는다는 특성을 가지고 있다.

그런데 청자가 보기에 문이 열려 있는데도 화자가 (2)나 (3)과 같이 말하는 경우가 있을 수 있다. 이 때 중국인들은 그 말이 적절치 않다고 여길 것이다. 그렇게 느끼는 이유는 (2)나 (3)이 통사적으로 문제가 있어서가 아니라 대화가 진행되고 있는 상황에 어긋나기 때문이다.2) 우리가 전제에 대하여 알아야 하는 까닭은 바로 문법에 맞게 말을 해야 할뿐만 아니라 또한 주어진 상황에 맞게 말을 할 수 있어야 하기 때문이다.

이러한 전제는 문장의 의미 안에 포함된 것이 아니라 그 문장을 발화하기 전에 존재하는 것이라는 점에서 주어진 문장으로부터 직접 도출되는 함의(entailment)와 구별된다. 다음 예에서,

(4)  我看见一个人.
     나는 어떤 한 사람을 보았다.
(5)  我看见一个小伙子.
     나는 한 젊은이를 보았다.

'人'은 의미상 '小伙子'를 포함하며, 이러한 포함 관계는 이 단어들이 사용된 문장에서도 여전히 유지된다. 즉 (4)는 의미상 (5)를 포함하며, 반대로 (5)는 (4)에 포함

---

2) 이것은 Austin(1971)의 말을 빌면 적정성 조건(felicity condition)을 어긴 것이며, Grice (1975)가 말한 바 대화의 격률(maxims of conversation)을 어긴 것이라고 할 수 있다.

되는 것이다. 그러므로 '小伙子'가 사용된 (5)가 참(true)이라면 '人'이 사용된 (4)도 참이 된다. 하지만 역은 성립하지 않는다. 왜냐하면 (4)에서 '어떤 사람을 보았다'고 할 때는 젊은이뿐만 아니라 아가씨나 꼬마일 수도 있기 때문이다. 이와 같이 한 문장 A가 의미상 다른 문장 B로부터 도출될 때 A는 B를 함의한다고 한다.[3] 이러한 함의 관계는 접속문에서도 발견된다. 접속문에서 전체 문장의 의미가 참이면 그 중의 일부도 참이다.

(6) 毛毛是一个又白又胖又结实的孩子.
마오마오는 뽀얗고 통통하고도 튼튼한 아이이다.
(7) 毛毛是一个又胖又结实的孩子.
마오마오는 통통하고도 튼튼한 아이이다.
(8) 毛毛不是一个又白又胖又结实的孩子.
마오마오는 뽀얗고 통통하고도 튼튼한 아이가 아니다.

(6)이 참이라면 (7)도 참이므로 (7)은 (6)을 함의한다고 말할 수 있다. 그런데 (6)의 부정문인 (8)에서는 (7)이 참이 아니다. 이상의 논의를 통하여, 전제와 함의의 가장 커다란 차이는 바로 부정사에 의해 그 사실이 부정되느냐 아니냐에 있음을 알 수 있다. 즉 어느 문장의 전제란 그 문장을 사용할 때에 앞서 충족되어야 하는 조건이기 때문에 원래의 문장이 부정되어도 전제된 지식은 여전히 존재하지만, 함의는 일단 문장이 주어진 다음에 그로부터 도출되는 것이므로 만약 주어진 문장을

---

3) 어휘 중에서 의미가 보다 일반적이어서 포괄하는 범위가 넓은 어휘를 上位语(superordinate)라고 하고 의미상으로 보다 특수한 어휘를 下义语(hyponym)라고 한다. 예를 들어 '반찬'과 '김치'의 관계를 보면 '반찬'은 '김치'의 상위어이고 '김치'는 '반찬'의 하의어이다. 이와 같은 단어와 단어 사이의 의미상의 포함 관계를 下义 关系(hyponymy)라고 한다. 만약 단어 A가 의미상 B를 내포하는 상위어라고 한다면 B가 사용된 문장은 A가 사용된 문장을 함의하게 된다. 이와 같이 함의란 문장 사이의 포함 관계를 나타내는 것이다. Hurford, J. R. & Brendan Heasley(1983) 참조.

부정한다면 그 문장의 함의도 부정되는 것이다.

전제의 문제는 애초에 서구의 철학계에서 제기된 것인데 언어학에서 이 문제를 본격적으로 다루면서 여러 가지 다양한 견해들이 제시된 바 있다.4) 이러한 견해들은 이미 중국의 언어학계에도 소개되어 중국어의 분석에 이용되고 있다. 汤廷池(1982:63-4)에서는 초기의 변형 생성 문법 이론의 입장에서 전제의 문제를 언급하였고, 徐烈炯(1990:169-194)에서는 후기의 변형 생성 문법의 입장에서 이전의 다양한 전제 이론들을 정리하여 소개하고 있다.5) 陈宗明(1993:370ff)에서는 논리학의 입장에서 전제 이론을 기술하고 있다. 이 밖에 적지 않은 연구가 있음에도 이 글을 쓰게 된 까닭은 이상의 연구가 일반적인 중국어 학습자를 위한 것이라기보다는 전문적인 연구자의 입장을 반영한 것으로서 대부분 특정의 문제를 해결하기 위하여 쓴 것이어서, 일반 학습자들이 이를 이해하고 중국어 학습에 적용하기가 쉽지 않기 때문이다. 따라서 전제 현상이 중국어를 이해하는 데 어떠한 의의가 있으며, 중국어를 외국어로서 학습한다고 할 때 어떠한 점에 유의해야 하는 지를 쉽게 풀어서 설명해주는 작업이 필요하게 된다. 본고는 바로 이러한 요구를 충족시키기 위해서 쓰여진 것이다.

이러한 목적을 달성하기 위하여, 제1장에 기술된 전제의 개념에 대한 이해를 바탕으로 제2장과 제3장에서는 구체적으로 중국어에서 전제를 유발하는 여러 가지 경우를 살펴볼 것이며, 이 과정에서 일반 의미론과 화용론에서 언급되지 않은 중국어에 특유한 몇 가지 전제 현상을 제시할 것이다.6)

---

4) 철학 분야에서 Rusell과 Strawson의 논쟁, 그리고 언어학계에서 Chomsky의 생성 문법 학파와 생성의미론 학파의 논쟁, 이로 부터 Gazdar(1979) 등을 거쳐 현대에 이르는 과정에 대해서는 권경원(1988), 이익환(1984, 1985), Levinson(1983)에 자세히 언급되어 있다.
5) 초기의 변형 생성 문법이란 Chomsky의 생성 문법 이론의 흐름 중에서 지배와 결속 이론(Government and Binding Theory, 1981)의 이전 단계를 지칭하고 후기의 변형 생성 문법이란 지배와 결속 이론 이후의 단계를 지칭한다.

## 2. 의미론적 전제

예문 (1)의 '开了'과 같이 어떤 특정의 어휘에 의해서 전제가 유발되는 경우가 있는데, 이것을 의미론적 전제(semantic presupposition)라고 한다. 본장에서는 현대 중국어에서 의미론적 전제 현상을 보이는 어휘의 예를 제시하면서 그것이 전제를 유발하는 과정을 설명하기로 한다.

### 2.1 한정 명사구와 존재의 전제

한정 명사구(definite NP)는 특정 지시 대상의 존재를 전제로 한다. 다음은 지시 대명사가 포함된 한정 명사구가 문장의 주어로 쓰인 예이다.

(9)  a. 那条两头蛇是从白头山抓来的.
        저 쌍두사는 백두산에서 잡아 온 거야.
     b. 存在着一条两头蛇.
        쌍두사 한 마리가 존재한다.

(9a)는 현실 세계에서 실제로 '머리 둘 달린 뱀'이 존재하고 있을 때 비로소 의

---

6) 徐烈炯(1990)은 단지 일반 언어학에서 연구되어온 다양한 이론들을 중국의 언어학계에 소개하는 데 목적이 있기 때문에 실제적으로 중국어에서의 전제 현상을 깊이 있게 다루지는 못하였다. 陈宗明(1993:377-378)에서는 중국어에서 전제를 유발하는 요소를 3가지로 요약하고 있는데, 이것만으로는 중국어의 전제 현상을 두루 포괄할 수 없는 것으로 보인다. Levinson(1983:203-215)에는 영어에서 전제 현상을 유발하는 경우를 13가지로 요약하여 나열하고 있는데, 본고에서는 이 부분을 많이 참고하였으며 여기에 기술되지 않은 몇 가지를 추가 기술하였다.

미를 갖는 말이 된다. 그렇지 않으면 '那条两头蛇'라는 한정 명사구를 사용하지 않고 다음과 같이 비한정 명사구를 사용하였을 것이다.

(10) 如果有一条两头蛇, 我一定把它抓来.

이와 같이 (9a)가 (9b)를 전제로 하고 있을 뿐만 아니라 (9a)의 부정문인 (11)도 (9b)를 전제로 한다.

(11) 那条两头蛇不是从白头山抓来的.
저 쌍두사는 백두산에서 잡아 온 것이 아니다.

다음은 고유 명사가 포함된 한정 명사구가 사용된 예이다.

(12) a. 小明正在跟小华的妹妹谈恋爱.
샤오밍은 샤오화의 여동생과 연애 중이다.
b. 小华有妹妹.
샤오화는 여동생이 있다.

(12a)도 역시 (12b)를 전제로 한다. 또한 (12a)의 부정문인 (13)도 역시 (12b)를 전제로 한다.

(13) 小明不是正在跟小华的妹妹谈恋爱.
샤오밍은 샤오화의 여동생과 연애하고 있는 중이 아니다.

만약 화자만이 그 존재를 알고 있고 청자는 모르는 대상이라면 위와 같이 한정적 표현을 사용하지 않고 다음과 같이 비한정적 표현을 사용한다. 다음은 <벌거벗은 임금님>의 도입 부분이다.

(14) 许多年前, 有一位皇帝, 为了要穿得漂亮, 他不惜把他所有的钱都花掉…
아주 옛날에, 어느 임금이 있었는데, (그는) 맵시 있게 입으려고 자신이 지니고 있는 돈을 모두 아끼지 않고 썼다. …

'一位皇帝'는 존재의 주체이다. 그런데도 주어 위치에 있지 않고 목적어의 위치에 있다. 그 까닭은 중국어에서는 상대방이 잘 모르는 어떤 대상을 처음으로 소개할 경우에 그것이 비한정적 명사구로 표현되는데, 이러한 비한정적 명사구는 동사의 앞에 출현하지 못하기 때문이다. 일단 이렇게 제시하여 청자가 그 존재를 알게 된 다음에는 그것을 한정 명사구로 표현하게 되므로 이 때에는 주어의 위치에 출현할 수 있다. (14)의 뒷부분에 출현한 '他'가 그 예이다. 이것은 그 다음에 등장하는 사기꾼을 소개하는 경우에도 마찬가지이다.

(15) 有一天, 他居住的那个大城市里, 来了两个骗子. 他们自称是织工, ….
어느 날 그 임금이 살고 있는 큰 도시에 사기꾼 두 명이 나타났다. 그들은 스스로를 옷감 짜는 사람이라고 하면서, ….

'两个骗子'는 이동의 주체이지만 청자가 잘 모르는 대상으로서 비한정 명사구로 표현되었기 때문에 동사의 뒤에 제시하는 것이다. 이 경우에도 일단 제시된 다음에는 청자도 그것의 존재를 알게 되었으므로 이제는 그 대상을 주어의 위치에 둔다. 뒤에 이어지는 문장에서 그 사기꾼들을 '他们'이라는 지시 대명사로 지칭하여 주어 위치에 둔 까닭은 바로 이 때문이다. 여기에서 전제된 지식은 화자만의 것이 아니라 청자와도 공유하고 있어야 하는 것임을 알 수 있다.

만약 청자와 공유되지 않는 지식을 나타내는 어구가 주어 위치에 출현한다면 어떻게 될까?

(16) a. 长生不老丹是唐朝人炼出来的. (陈宗明, 1993:390)
    불로장생 약은 당나라 때 사람이 제조한 것이다.
    b. 存在着长生不老丹.
    불로장생 약이 존재한다.
(17) 长生不老丹不是唐朝人炼出来的.
    불로장생 약은 당나라 때 사람이 제조한 것이 아니다.

문맥상 (16a)는 (16b)를 전제로 하며, 또한 (17)도 (16b)를 전제로 한다. 화자가 (16a)나 (17)을 말할 때는 불로장생의 약이 실제로 존재한다는 것을 전제로 하고 있는 것이다. 그러나 현실 세계에서 그러한 약은 존재하지 않는다. 그렇다면 (16a)와 (17)은 참이나 거짓을 떠나서 애초부터 부적절한 표현이라고 해야 하는 것이다.[7]

## 2.2 상의 의미를 지닌 동사와 전제

相(aspects)이란 어떤 상황의 내부 구조를 관찰하는 다양한 관점들을 일컫는다.[8] 어떤 상황의 내부 구조는 여러 가지로 나누어 관찰할 수 있는데, 예를 들어 동작의 경우에는 처음에 동작이 시작되는 부분, 동작이 지속되는 중간 부분, 그리고 동작이 종료되는 끝 부분으로 나눌 수 있다. 이것을 각각 起动相(inchoative aspect), 持续相(durative aspect), 完成相(performative aspect)이라고 한다.[9] 동사 중에는 자

---

[7] 이 문장들은 통사적으로는 어떤 문제도 없다. 단지 화자와 청자 사이에 기본적으로 요구되는 담화 원칙을 어긴 것일 뿐이다. 그러므로 비문법적이라고 하지 않고 '부적절'하다고 하는 것이다.

[8] "Aspects are differrent ways of viewing the internal temporal constituency of a situation."(Comrie, 1976:3)

[9] 중국어에서는 보통 기동상 표지로 '起来'를 사용하고, 지속상 표지로 '在, 着'를, 완성상 표지로 '了'를 사용한다.

체의 어휘 의미 안에 이러한 상적 의미를 지니고 있는 것들이 있다.10) 이 동사들이 문장에 사용될 경우에는 특정한 의미를 전제하게 된다. 다음 예를 보자.

(18) a. Susan stopped beating her husband.
    수잔은 남편에 대한 구타를 그쳤다.
  b. Susan didn't stop beating her husband.
    수잔은 남편에 대한 구타를 그치지 않았다.

(18a)는 이전에 Susan이 남편을 구타했었음을 전제로 하고 있으며 현재 그 행위를 그쳤음을 함의하고 있다. 이러한 전제는 부정문 (18b)에서도 사라지지 않고 남아 있다. 다시 말하면, 이 문장이 적절하게 발화되고 이해되기 위해서는 Susan이 남편을 구타하고 있었다는 것이 기정 사실로서 존재하고 있어야 한다. 이것은 [완성]이라는 상적 의미를 지닌 동사 'stop'이 이 문장이 발화되기 전까지 어떤 행동이 진행되고 있었다는 사실을 전제하고 있기 때문에 발생하는 것이다.

중국어의 '戒(끊다)는 영어의 stop과 마찬가지로 상황의 종료 부분에 초점이 주어지는 동사이다.

(19) 老张戒烟了.
    장 선생은 담배를 끊었다.
(20) 老张原来是抽烟的.
    장 선생은 원래 끽연가였다.

(19)는 (20)을 전제로 한다. 즉 (20)의 의미는 (19)로부터 자연스럽게 도출되는 것이 아니라 (19)를 발화하기 이전에 이미 화자의 머리 속에 사실 상황으로 존재하

---

10) 이러한 동사를 'Aspectual verbs'라고 한다.

는 것이다. 이 때문에 (19)를 부정문으로 바꾸어도 (20)의 의미는 여전히 존재한다.

(21) 老张没有戒烟.
장 씨는 담배를 끊지 않았다.

만약 이 전제가 만족되지 않는 상태에서 화자가 이 말을 한다면 청자는 매우 이상하게 생각할 것이며, 더 이상의 의사 소통이 어려워지게 될 것이다. 이와 유사한 의미론적 전제를 유발하는 어구로서 '开始, 离开, 停止, 到达, 站, 来, 去' 등이 있다. 예를 들어 시작부분에 초점이 두어지는 동사 '开始'가 사용된 문장 '小明开始做这件事(샤오밍은 이 일을 하기 시작했다)는 이 문장을 발화하기 전의 시점에는 그 일을 하고 있지 않았음을 전제로 한다. 이러한 전제는 '小明没开始做这件事(샤오밍은 이 일을 하기 시작하지 않았다)에서도 여전히 유지된다. 나머지 동사들도 이와 동일한 방식으로 설명할 수 있다.

## 2.3 반복어와 전제

사건의 반복을 나타내는 어휘들도 전제를 유발할 수 있다. 예를 들어 '그 비행접시가 다시 왔다/오지 않았다'는 '전에 온 적이 있음'을 전제로 하고, '당신은 이제는 영희를 구할 수 없다'는 '전에는 구할 수 있었음'을 전제로 하고, '권력에 복귀하다/안 하다'는 '전에 권력을 잡은 적이 있음'을 전제로 하는 것이다.

### 2.3.1 동사의 경우

중국어에서 방향 동사 '回'의 의미는 '원래 있던 자리로 회귀하다'로서 '그 이전에 원래 위치에서 이탈한 적이 있음'을 전제한다. 다음은 이 동사가 보어로 쓰인 예이다.

(22) 中文系把校运会冠军的锦旗夺回来了. (陈宗明, 1993)
　　　중문과는 교내 운동회 우승기를 도로 빼앗아 왔다.
(23) a. 中文系得到过校运会冠军的锦旗.
　　　　중문과는 (이전에) 교내 운동회 우승기를 손에 넣은 적이 있다.
　　　b. 中文系失去过校运会冠军的锦旗.
　　　　중문과는 (이전에) 교내 운동회 우승기를 빼앗긴 적이 있다.

(22)는 (23a)와 (23b)를 모두 전제한다. 왜냐하면 이전에 우승기를 손에 넣은 적이 있어야 이를 빼앗길 수 있으며, 빼앗긴 적이 있어야 도로 빼앗아 왔다고 말할 수 있기 때문이다. 이러한 전제는 바로 '回'로부터 유발되는 것이다. 이러한 추론이 정당하다는 것은 다음과 같이 부정문 만들기라는 검증 과정을 통하여 확인할 수 있다.

(24) 中文系没有把校运会冠军的锦旗夺回来.
　　　중문과는 교내 운동회 우승기를 도로 빼앗아 오지 못했다.

즉 (22)의 부정문인 (24)에서도 여전히 (23a,b)가 전제되고 있는 것이다. '回'가 보어로 사용된 문장은 일반적으로 이러한 전제 현상을 보인다고 말할 수 있다.

동사 '恢复'도 '回'와 유사한 전제 현상을 보인다.

(25) 甲: 好久没见老马了, 他还好吧?
　　　　오래동안 마 선생을 보지 못했어, 잘 지내겠지?
　　　乙: 他病了.
　　　　그 사람 병 났어.
　　　甲: 现在怎么样?
　　　　지금은 어때?
　　　乙: 好多了.
　　　　많이 좋아졌어.

甲: 希望他早日恢复健康.
하루 빨리 건강을 되찾길 바래.

'恢复健康'은 단지 어휘 의미만을 본다면 '건강을 되찾다'라는 뜻을 나타낸다. 그러나 이 말이 적절히 사용되기 위해서는 '건강을 잃어버린' 상태가 발생했어야 하는 것이고 나아가서 그 이전에 '건강했던' 상태가 존재해야 하는 것이다. 그러므로 '恢复健康'은 '이전에 건강했음'과 '그 이후에 건강을 잃었음'을 전제한다고 말할 수 있다. 이러한 전제는 다음과 같은 부정문에서도 여전히 존재한다.

(26) 他还没恢复健康.
그는 아직 건강을 되찾지 못했다.

이상의 논의를 통하여 [복귀]라는 의미소를 지닌 동사들은 일반적으로 '回'나 '恢复'와 동일한 전제 현상을 유발한다는 것을 알 수 있다.

### 2.3.2 부사의 경우

부사 가운데서도 [반복]의 의미를 나타내는 것들은 전제 현상을 유발한다. 예를 들어 '再'는 그 앞에 이미 어떤 사건이 발생했음을 전제한다.

(27) 甲: 二位吃点儿什么?
두 분 뭣 좀 드시겠어요?
乙: 我来二两饺子. 你呢?
나는 물만두 두 냥 주세요. 너는 뭐 먹을래?
丙: 我来半斤包子, 再来两碗馄饨.
나는 고기 만두 반 근하고 만둣국 두 그릇 주세요.

'再'는 이미 앞서 '来半斤包子'의 사건이 존재하고 그 다음에 다시 '来两碗馄饨'의 사건이 발생함을 나타낸다. 만약 선행 동작이 전제되지 않는다면 '再'를 사용할 수 없다. 이러한 전제는 다음과 같이 부정문에서도 여전히 유지된다.


(28) a. 王强没有再吃别的菜.
   왕창은 다른 요리를 더 먹지 않았다.
   b. 王强至少吃了第一道菜.
   왕창은 최소한 첫 번째 요리는 먹었다.
(29) a. 他不再信奉庄子哲学.
   그는 더 이상 장자 철학을 믿지 않는다.
   b. 他曾经信奉过庄子哲学.
   그는 일찍이 장자 철학을 믿은 적이 있다.

왕창이 '더 이상' 다른 요리를 먹지 않는다고 하는 것은 최소한 그 이전에 다른 음식을 먹었음을 전제로 할 때 할 수 있는 말이고, 그가 '더 이상' 장자 철학을 신봉하지 않는다고 하는 것은 그가 이전에 장자 철학을 신봉한 적이 있음을 전제로 할 때에야 할 수 있는 말인 것이다. 이와 같이 (28a)는 (28b)를 전제하고 (29a)는 (29b)를 전제하는데 이것은 모두가 부사 '再'에 의해 유발되는 것이다.

부사 '又'도 반복을 나타내는 부사로서 문장 안에서 전제를 유발할 수 있다.


(30) 他今天又迟到了.
   그는 오늘 또 늦었다.
(31) 他曾经迟到过.
   그는 전에 늦은 적이 있다.

즉 그가 오늘 '또' 늦었다고 말할 수 있는 것은 그가 이전에도 늦은 적이 있기 때문인 것이다. 만약 이전에 늦은 적이 전혀 없는데 이런 말을 한다면 그것은 부적절한 발화가 될 것이다.

'也'도 역시 전제를 유발할 수 있다.


    (32) 你怎么也来了?
         어떻게 너도 왔니?
    (33) 有人已经来了.
         누군가 이미 와 있다.

(32)는 (33)을 전제로 할 때 비로소 적절한 발화가 된다. 이것은 (34)와 같은 부정문에서도 마찬가지로 적용된다.


    (34) 你怎么也没来?
         어떻게 너도 안 왔니?
    (35) 还有人没来.
         안 온 사람이 또 있다.

(34)도 (35)를 전제로 할 때 비로소 적절한 발화가 되는 것이다.
또한 부사 '还'도 전제를 유발할 수 있다.


    (36) 母: 孩子, 去把你的手绢洗一洗.
         애야, 가서 네 수건 좀 빨아라.
       子: 妈妈, 别洗了, 明天还会弄脏的.
         엄마, 빨지 말아요. 내일이면 또 더러워질 텐데요.
       (过了一会儿)
       (잠시 후)
       子: 妈妈, 我该吃饭了.
         엄마, 밥 먹어야겠어요.
       母: 别吃了, 明天还会饿的.
         먹지 말거라, 내일이면 또 배고파질 텐데.

부사 '还'는 이전에 발생했던 사건이 미래에도 계속 발생할 것이라는 의미를 나타낸다. 이때 '이전에 사건이 발생한 적이 있다'는 것은 전제된 것이지 이 단어가 나타내는 고유한 어휘적 의미는 아니다. 다시 말하면 '明天还会饿的'의 함의는 말 그대로 '내일이면 또 배고파질 것이다'라는 것뿐이다. '오늘 배가 고프다'라는 의미는 이 문장에 포함된 것이 아니라 이 문장이 발화되기 전에 이미 존재하는 상황으로서 부사 '还'에 의해 유발된 것이다. '还'의 이러한 기능은 문장에 부정사를 사용하더라도 여전히 존재한다. '明天还不会饿'라고 말할 때는 오늘도 배가 고플 리 없다는 의미를 전제하고 있는 것이다.

부사 '更'도 전제를 유발할 수 있다.

(37) 比起王宝来, 老张是位更称职的丈夫. (陈宗明, 1993:378)
　　왕바오와 비교할 때, 장 선생이 더욱 남편다운 남편이다.

부사 '更'은 'A가 B보다 더 낫다/높다/붉다'와 같이 비교 우위를 나타낼 때 사용된다. 이와 같이 어떤 두 개 이상의 사물이나 상황을 비교한다고 할 때는 일정한 비교 기준이 있어야 한다. 그래서 B가 이 기준점에 위치하는데 A가 이보다 더 낮다거나 높다고 말해야 한다. 이때 'A가 더 …하다'라는 의미는 문장을 통하여 표면에 드러나지만 'B도 일정한 수준에 도달해 있다'는 의미는 표면에 드러나지 않는다. 이것은 전제되어 있는 의미이기 때문이다. 이러한 전제가 '比(비교하다)에서 비롯되는 것이 아니라 '更'에 의해 유발된다는 것은 다음 예문을 통하여 명확히 알 수 있다.

(38) 老张比王宝高.
　　장 형이 왕바오보다 키가 크다.
(39) 老张比王宝更高.
　　장 형이 왕바오보다 키가 더 크다.

(38)에서 '老张'과 '王宝'는 둘 다 큰 키일 수도 있고 둘 다 작은 키일 수도 있다. (38)이 말하는 것은 단지 '老张'이 '王宝'에 비하여 크다는 것이다. 그런데 (39)는 '王宝个子高'를 전제하고 있다. 즉 '王宝'도 키가 큰데 '老张'은 그보다 더 크다는 것이다. 이로써 (37)이 가지고 있는 전제는 '比'가 아니라 '更'에서 비롯된다는 것을 알 수 있다.

이상에서 반복의 의미를 지닌 동사나 부사들이 전제 현상을 유발하는 양상을 살펴보았다.11)

## 2.4 사실성 동사와 반사실성 동사의 전제

어떤 동사의 내포문은 반드시 사실을 전제로 한다. 다음의 두 쌍의 예문은 통사 구조가 완전히 동일하지만 전제의 관점에서 볼 때는 의미상 커다란 차이를 보인다.

(40) a. 他发现[钱丢了].
 그는 돈을 잃어버린 사실을 알아차렸다.
 b. 他以为[钱丢了].
 그는 돈을 잃어버렸다고 여겼다.
(41) a. 小玲後悔[跟王教授结婚].
 샤오링은 왕 교수와 결혼한 것을 후회한다.

---

11) 이 밖에 '下回'도 역시 유사한 전제 현상을 보인다.
 甲: 我该走了. (저 가야겠어요.)
 乙: 以後可常来! (다음부터 자주 오세요!)
 甲: 认识门儿了, 哪儿能不来呢? (집을 알았으니 어떻게 안 오겠어요?)
 乙: 下回可要早点儿来, 咱们多聊一会儿 (다음에는 좀 일찍 오세요, 얘기 좀 많이 나누게요.)
 甲: 好了, 请留步! (됐어요, 그만 들어 가세요.)
 '下回'는 이미 그 이전에 어떤 동작이 발생했었음을 전제한다.

b. 小玲希望[跟王教授結婚].
      샤오링은 왕 교수와 결혼하기를 희망한다.

(40a)와 (41a)의 내포문의 진리치는 참(true)으로서 '돈을 잃어버렸다'와 '王교수와 결혼했다'는 것은 이미 기정 사실이다. 이에 반해서 (40b)와 (41b)의 내포문의 진리치는 반드시 참인 것은 아니며, 참으로 돈을 잃어버렸는지, 참으로 결혼을 하였는지는 확실하지 않다. 이러한 차이는 다음과 같이 부정문으로 만들었을 때에도 여전히 존재한다.


   (42) a. 他沒發現[錢丟了].
           그는 돈을 잃어버린 것을 알아차리지 못했다.
        b. 他不以为[錢丟了].
           그는 돈을 잃어버렸다고 여기지 않았다.
   (43) a. 小玲不後悔[跟王教授結婚].
           샤오링은 왕 교수와 결혼한 것을 후회하지 않았다.
        b. 小玲不希望[跟王教授結婚].
           샤오링은 왕 교수와 결혼할 것을 바라지 않았다.

(42a)와 (43a)에서는 내포문이 여전히 사실로 전제되어 있지만 (42b)와 (43b)에서는 그렇지 못하다. 이로써 '發現'과 '後悔'는 내포문의 내용이 사실임을 전제하는 사실성 동사이지만 '以为'와 '希望'은 비사실성 동사임을 알 수 있다.

이른바 '사실'이라는 것은 화자가 '내심으로 사실이라고 여기는 것'을 가리킨다. 어떤 이가 (44a)나 (44b)를 말할 때,


   (44) a. 我知道[小明犯了法].
           나는 샤오밍이 법을 어긴 것을 알고 있다.
        b. 我不知道[小明犯了法].
           나는 샤오밍이 법을 어긴 것을 알고 있지 않다.

비록 실제적으로는 샤오밍이 범법 행위를 하지 않았다고 할지라도, 화자의 인식 세계에서는 샤오밍이 법을 어긴 것이 사실이라고 생각하고 있는 것이다.

사실성 동사가 지니고 있는 이러한 전제는 의문문의 형식에서도 여전히 유지된다. (45a)는 진술문이고 (45b)는 이에 상응하는 의문문이다.

(45) a. 他发现[钱丢了].
그는 돈을 잃어버린 것을 발견했다.
b. 他发现[钱丢了]吗?
그는 돈을 잃어버린 것을 발견했니?

사실성 술어 '发现'을 포함한 문의 의문 형식인 (45b)도 돈을 잃어버렸다는 사실을 전제로 한다. 즉, (45b)의 의문 대상은 돈을 잃어버렸는지 여부가 아니라 그러한 사실을 발견했는지 여부인 것이다. 다음과 같이 의문 대명사를 사용한 의문문도 동일한 양상을 보인다.

(46) a. 小玲後悔[跟王教授结婚].
샤오링은 왕 교수와 결혼한 것을 후회했다.
b. 谁後悔[跟王教授结婚]?
누가 왕 교수와 결혼한 것을 후회하니?

이러한 현상은 명백히 주절의 술어의 의미에서 비롯되는 것이다. 이와 같이 내포문의 사실을 전제로 하는 사실성 동사(factive verbs)로서 '知道, 发现, 忘记, 後悔, 意识到, 体会到, 看见, 庆幸' 등이 있다.[12] 이와 반대로 '说, 以为, 认为, 希望, 仮定

---

12) 이 동사들의 목록 작성에는 汤廷池(1982:62-63), 周绍珩(1985:119), 徐烈炯(1990:175-179)를 참조하였다.

相信, 感到, 觉得, 想, 看, 估计, 主张 등과 같은 동사는 내포문의 내용이 사실일 수도 있고 사실이 아닐 수도 있는 비사실성 동사(non-factive verbs)이다.

그런데 내포문의 내용에 대한 전제 현상은 사실성 동사와 모순 관계에 있는 반사실성 동사(counter-factive verbs)의 경우에도 발견된다. 다음의 예를 보자.

(47) 他假裝[生病]了.
그는 병이 난 척 했다.

(47)에서 그가 병이 났다는 것은 거짓이다. 즉 동사 '假裝'은 내포문의 내용이 사실이 아님을 전제한다. 그렇다면 사실을 전제하건 거짓을 전제하건 어떤 명제를 전제한다는 점에서는 다를 게 없다. 이런 점에서 사실성 동사와 반사실성 동사는 서로 반대 관계에 있으면서도 하나의 공통점을 공유하고 있는 것이다. 이와 같은 반사실성 동사로서 '假裝' 이외에 '胡说, 谣传, 造谣说, 幻想, 谎称, 妄称' 등이 있다.

## 2.5 서술절의 전제

일반 언어학에서는 사실성 동사의 전제만을 주로 다룬다. 그런데 중국어에서 兼语文을 구성하는 동사 중에는 내포문의 사실을 전제하는 특이한 동사들이 있다. 이 동사들은 주로 '爱, 喜欢' 등과 같이 인간의 喜怒哀乐의 감정을 나타내는 감정 동사들이다.

(48) a. 我们喜欢他聪明.
우리는 그를 총명해서 좋아한다.
b. [我们喜欢他][他聪明].
[우리는 그를 좋아한다][그는 총명하다]

(48a)는 겸어문으로서 (48b)와 같이 분석될 수 있다. 여기에서 '他聰明'은 '我们'이 '他'를 좋아하는 원인으로서 기정 사실로 전제되어 있는 것이다. 이러한 전제는 부정문에서도 여전히 유지된다.

(49) a. 我们不喜欢他聰明.
　　　우리는 그를 총명해서 싫어한다.
　　b. [我们不喜欢他][他聰明].
　　　[우리는 그를 싫어한다][그는 총명하다]

(49a)는 (49b)와 같이 분석되는데, 여기에서도 '他聰明'이라는 전제는 여전히 보존되고 있는 것이다. 하나의 예를 더 보기로 하자.

(50) 甲: 你过去那个男朋友为什么吹了?
　　　전에 사귀던 그 남자와 왜 틀어졌니?
　　乙: 我嫌他身高不到一米七六.
　　　그 사람 키가 1m 76cm가 안 되는 게 싫어서.
　　甲: 你最近交的这个男朋友不是身高一米七八吗, 怎么又吹啦?
　　　최근에 사귀던 남자는 키가 1m 78cm 아니야? 왜 또 틀어졌어?
　　乙: 他嫌我身高不到一米六二.
　　　내가 1m 62cm가 안 된다고 그 사람이 싫어하더구나.

(50)의 乙의 발화에서 '他身高不到一米七六'는 이미 존재하고 있는 사실로서 화자가 그 사람을 싫어하는 원인이다. '嫌'도 겸어문을 구성할 수 있는 감정 동사 가운데의 하나이며, 내포문의 내용이 사실임을 전제로 하는 동사이다.

이와 같은 원인 구문에 사용되는 동사들은 일부의 심리 동사와 칭찬, 또는 비판의 의미를 지닌 동사들로서 '喜欢, 爱, 感謝, 祝贺, 表扬, 恨, 讨厌, 怪, 埋怨, 批评, 嫌, 生气' 등이 있다.13)

그러나 감정 동사들이 모두 이와 같이 내포문의 사실을 전제하는 것은 아니다. 예를 들어 '怕'의 경우를 보면,

(51) 我怕他今天不来.
나는 그가 오늘 오지 않을까 봐 걱정한다.
(52) 我不怕他今天不来.
나는 그가 오늘 오지 않을까 봐 걱정하지 않는다.

심리 동사인 '怕'는 의미상 아직 발생하지 않은 일에 대한 화자의 심리적 판단을 나타낸다. 이 때문에 시제 상으로 볼 때 내포문의 내용은 발화 시점보다 뒤에 발생하게 된다. 따라서 근원적으로 사실성과는 양립할 수 없는 것이다.14)

## 3. 화용론적 전제

문장의 전제가 특정의 어휘와 관계없이 문장의 앞뒤 문맥과 관련을 갖는 경우

---

13) 다음은 이 가운데 몇 가지 동사들에 대한 예문이다.(陈宗明, 1993:165-9).
 a. 张三原谅李四年轻不懂事.(장싼은 리쓰가 어리고 철없어서 그를 용서했다)
 b. 张三恨自己是个计算机盲.(장싼은 자기가 컴맹임을 한탄했다)
 c. 张三讨厌李四胆子小.(장싼은 리쓰가 담이 작다고 싫어했다)
 d. 连省里的报纸都表扬你们创造了新记录.(省의 신문에서도 너희가 신기록을 작성한 것을 칭찬했다)
 e. 我生气他没来.(나는 그가 오지 않아서 화가 난다)
14) 胡正微(1992:60-63)는 겸어문을 '使成式, 说成式, 补述式, 补因式'의 네 가지로 나누었는데, 이 가운데 내포문의 사실성을 전제하는 것은 위에 제시한 감정 동사가 구성하는 '补因式' 뿐이다. 이와 같이 내포절의 사실성 여부를 가지고 겸어문을 다시 하위 구분하는 데 이용할 수도 있다.

가 있다. 이와 같은 것을 화용론적 전제(pragmatic presupposition)라고 한다. 본 장에서는 중국어에서 화용론적 전제 현상을 나타내는 여러 가지 유형을 살펴보기로 한다.

## 3.1 주어절과 전제

중국어에서 절을 문장의 주어로 선택할 수 있는 동사는 많지 않다. 范晓 (1992:177-178)에 의하면, 첫째로 판단이나 해석을 표시하는 동사로서 '是, 属, 等於, 值, 如, 好比' 등이 있고, 둘째로 평가나 추정을 나타내는 '容易, 难, 好, 坏, 合适, 合理, 有利, 重要' 등과 같은 소수의 형용사와 '应, 要, 能, 可以'와 같은 조동사가 있고, 셋째로 존재나 출현을 나타내는 '开始, 停止, 存在, 有, 充满, 显示, 说明, 表明' 등이 있고,[15] 넷째로 생성이나 사역의 의미를 가진 동사로서 '变, 成, 变成, 产生, 引起, 使' 등이 있을 뿐이다. 이들은 모두가 비동작성 동사라는 공통점이 있다.

하나의 절이 문장의 주어로 사용되는 경우, 이를 주어절(the clause as subject)이라고 하는데, 이 때에도 전제가 유발되는 경우가 있다. 다음 예를 보자.

(53) a. [张三认真]是好事.
장싼이 성실한 것은 좋은 일이다.
b. 张三很认真.
장싼은 성실하다.
(54) [张三认真]不是好事.
장싼이 성실한 것은 좋은 일이 아니다.

---

[15] 相 의미를 지닌 동사 '开始, 停止' 등이 유발하는 전제 현상에 대해서는 2.1에서 언급한 바 있다.

(53a)는 (53b)의 '张三很认真'을 사실로 전제하며, (53a)의 부정문인 (54)도 그러하다.16) 그런데 다음은 상황이 다르다.

(55) a. [张三认真]是事实.
장싼이 성실하다는 것은 사실이다.
b. [张三认真]不是事实.
장싼이 성실하다는 것은 사실이 아니다.

(55)는 모두 장싼이 성실한 것이 사실인지 여부에 대한 판단을 나타내고 있다. 다시 말하면 '张三认真' 자체가 사실성 여부를 의심받고 있는 것이다. 따라서 (55a)는 '张三认真'이 사실이라고 판단하고 있지만 실제로는 그것이 사실이 아닐 수도 있으며, (55b)에서는 그것이 사실이 아니라고 하고 있지만 반대로 사실일 수도 있는 것이다. 그렇다면 하나의 절이 동사 '是'의 주어로 사용될 때에는 문맥에 따라 사실을 전제할 수도 있고 그렇지 않을 수도 있다고 말할 수 있다. 이것은 다음의 경우에도 동일하게 적용된다.

(56) a. [老李不辞而别]使老张纳闷.
리 선생이 말도 않고 가버려서 장 선생을 어리둥절하게 했다.
b. 老李不辞而别.
리선생이 말도 않고 가버렸다.
(57) [老李不辞而别]没使老张纳闷.
리 선생이 말도 않고 가버린 것이 장 선생을 어리둥절하게 하지 않았다.

(56a)는 (56b)를 전제하며 이러한 전제는 부정문인 (57)에서도 유지된다. 만약

---

16) 陈宗明(1993:127ff) 참조.

老李가 '不辞而别'하지 않았다면 위의 문장은 의미가 없는 것이다.(陈宗明, 1993:371). 여기에서 일단 절이 사동사 '使'의 주어로 사용되었을 때에는 그 절의 사실성이 전제된다고 말할 수 있을 것이다. 그러나 다음의 예를 보자.


(58) [老李不辞而别]会使老张纳闷.
리 선생이 말도 않고 가버리면 장 선생이 어리둥절하게 될 것이다.
(59) [老李不辞而别]不会使老张纳闷.
리 선생이 말도 않고 가버리면 장 선생이 어리둥절하게 되지 않을 것이다.


(58-59)는 모두 가정의 의미를 지니고 있다. 이 때에는 '老李不辞而别'가 아직 발생하지 않은 사건이기 때문에 사실성을 따질 근거를 잃게 된다.

이상에서, 하나의 절이 다른 동사의 주어로 쓰일 경우에 그 절이 사실성을 전제하는가 여부는 앞뒤 문맥에 따라 결정된다고 말할 수 있다.


## 3.2 유사 분열문에서의 전제

영어에서는 특정의 어구를 강조하려고 할 때 'it-that' 구문을 사용한다.


(60) a. It was John who caught the thief.
b. Someone caught the thief.


(60)에서 'it'와 'that'은 문장의 주어 'John'과 동사구를 분리시키기 때문에 이러한 문장을 분열문(cleft-sentence)이라고 한다. (60a)는 (60b)를 전제로 요구하는데, 이것은 분열문 구조가 야기한 것이다. 중국어에는 영어의 'it'와 같은 기능을 하는

허사가 없으며, 어느 특정의 어구를 강조하고자 할 때 '(是)-的'나 '-的是-' 구문을 사용하는데, 이것을 유사 분열문(quasi-cleft sentence)이라고 한다. 중국어에서 '是-的' 구문을 사용하여 특정 어구를 강조한다면 나머지 부분은 화자와 청자가 모두 기정 사실로 알고 있는 내용이다. 즉 '我是在韩国学的中文'이라는 말은 '我以前学过中文'을 사실로 전제로 하고 있으며, 단지 그 장소가 다른 곳이 아닌 '韓国'라는 것만을 새로이 전달하는 것이다. 이것은 다음 문맥을 통하여 명확히 확인된다.

(61) 甲1: 看样子, 你学过中文, 对吗?
　　　　　보아하니 중국어를 배운 적이 있군, 그렇지?
　　　乙1: 学过一年半.
　　　　　일년 반 배운 적이 있어.
　　　甲2: 你是[在哪儿]学的中文?
　　　　　어디에서 배웠는데?
　　　乙2: (我是)在韩国学的(中文).
　　　　　한국에서.
(62) 我以前学过中文.
　　　나는 이전에 중국어를 배운 적이 있다.

甲2와 乙2에서처럼 '是-的' 구문을 사용할 수 있는 까닭은 甲1과 乙1과 같은 대화를 통하여 乙이 이미 중국어를 배운 적이 있다는 것을 알고 있기 때문이다. 다시 말하면 甲2는 乙1, 즉 (62)를 배경 지식으로 하여 좀더 자세한 내용을 알아보고자 발화된 것이므로 '是-的' 구문을 사용한 것이다.[17] 이와 같이 '是-的' 구문이 유발하는 전제는 부정문의 경우에도 여전히 존재한다.

---

17) 이 경우에 甲2에서 '你在哪儿学中文了?'라고 묻는 것은 적절치 못하며, 乙2에서도 '在韩国学了'라고 대답하는 것은 어법에 어긋난다.

(63) 我不是在韩国学的中文.
나는 한국에서 중국어를 배우지 않았다.

(63)은 내가 중국어를 배우기는 했는데 그 장소가 한국이 아니라는 것을 나타낸다.

다음의 대화문도 동일한 방식으로 설명할 수 있다.

(64) (在汽车上)
甲: 请问去天安门在哪儿下车?
천안문에 가려면 어디에서 내리지요?
乙: 中山公园.
중산 공원에서요.
甲: 买三张一毛五的.
1원 5전 짜리 표 세 장 사겠어요.
乙: 哪儿上的?
어디에서 탔죠?
甲: 刚上.
방금 탔어요.

버스 안내원이 '哪儿上的?'라고 물은 것은 '당신이 어디선가 이미 이 차에 올라와 있다'라는 것을 전제로 하고 나서 발화한 것이다.

유사 분열문의 또 하나의 형식은 '-的是-' 구문인데, 이것도 '是 的' 구문과 유사한 전제 현상을 유발한다.

(65) a. 小明买的是衣服.
샤오밍이 산 것은 옷이다.
b. 小明买的不是衣服.
샤오밍이 산 것은 옷이 아니다.

(66) 小明买了东西.
    샤오밍이 어떤 물건을 샀다.

(65a)는 긍정문이고 (65b)는 부정문인데 모두 (66)의 '小明买了东西'라는 의미를 전제하고 있다. 다음의 예문들도 모두 동일한 방식으로 설명할 수 있다.

(67) a. 昨天来我家的是小明.
       어제 우리 집에 온 것은 샤오밍이다.
    b. 昨天来我家的不是小明.
       어제 우리 집에 온 것은 샤오밍이 아니다.
(68) a. 跟她亲嘴的是小明.
       그 여자와 키스한 것은 샤오밍이다.
    b. 跟她亲嘴的不是小明.
       그 여자와 키스한 것은 샤오밍이 아니다.

(67)은 모두 '昨天有人来我家了'를 전제하고 (68)은 모두 '有人跟她亲嘴了'를 전제한다.


## 3.3 강세 구성소를 가진 문장에서의 전제

화용론적 전제 중에는 지시 대상이나 문맥과도 관련이 없고 오히려 어음이나 어조와 관련이 있는 경우도 있다. 다음 예에서 밑줄 친 부분을 강하게 읽는다고 하자.

(69) <u>小明</u>打了小华.
    (바로) 샤오밍이 샤오화를 때렸어.
(70) 小明打了<u>小华</u>.
    샤오밍은 (바로) 샤오화를 때렸어.

(69)와 (70)은 문장 구조뿐만 아니라 문을 구성하는 단어도 동일하다. 단지 강세만이 다를 뿐이다. 그렇지만 화용론의 각도에서 본다면 두 문의 전제는 동일하지 않다. (69)는 (71)을 전제하고 있고 (70)은 (72)를 전제하고 있다.

(71) 有人打了小华.
누군가 샤오화를 친 사람이 있다.
(72) 小明打了人.
샤오밍이 사람을 쳤다.

문장에 강세가 있는 경우에는 일반적으로 위와 같은 전제 현상을 보인다.

## 3.4 의문문에서의 전제

의문문은 일반적으로 그것의 긍정문과 전제를 공유한다.18) 즉 질문의 초점을 제외한 나머지 부분은 화자와 청자가 이미 알고 있는 배경 지식으로 기능하는 것이다.

(73) a. 王老师住在什么医院? (贾彦德, 1992:271)
왕 선생님이 어느 병원에 입원하셨니?
b. 王老师住院了.
왕 선생님이 입원하셨다.

즉 (73a)의 화자는 (73b)를 기정 사실로 생각하고 있으며, 이러한 생각에서 한

---

18) 본고 2.3에서 사실성 동사가 전제하는 내포문의 사실성은 의문문에서도 여전히 유지됨을 언급한 바 있다.

걸음 더 나아가 왕 선생이 입원한 장소를 구체적으로 묻고 있는 것이다. 이와 마찬가지로 의문문 (74a)는 (74b)를 전제한다.

(74) a. 昨天谁来过?
어제 누가 왔니?
b. 昨天有人来过.
어제 누군가 온 적이 있다.

(74a)는 화자가 어제 누군가 왔었다고 여기고 있기 때문에 발화할 수 있는 것이다. 만약 어제 누구도 온 적이 없는 것으로 알고 있다면 이와 같은 질문이 나올 리가 없다. 만약 어제 온 사람이 있었는지 없었는지를 묻고자 한다면 '昨天有人来过吗?'라고 했을 것이다.

## 3.5 종속절과 전제

복문의 종속절 중에도 전제를 유발하는 것이 있다.

(75) [张三踢球时]右脚受了伤.
장싼이 공을 차다가 오른발을 다쳤다.
(76) 张三踢球了.
장싼이 공을 찼다.

(75)는 의미상 (76)이 사실임을 전제로 한다. 이것은 '张三踢球了'가 '张三右脚受了伤'의 배경으로 존재한다는 것으로 설명될 수 있다. 이러한 사실은 (75)의 부정문에서도 여전히 유지된다.

(77) [张三踢球时]右脚没有受伤.
장싼이 공을 찰 때 오른발에 상처를 입지 않았다.

다음의 예문도 동일한 방식으로 설명할 수 있다.

(78) a. 毛毛[在爸爸看电视的时候]逃掉了. (陈宗明, 1993:380)
마오마오는 아빠가 TV를 볼 때 도망쳤다.
b. 爸爸看电视.
아빠가 TV를 보다.

즉 (78a)는 종속절의 내용인 (78b)가 이미 발생한 기정 사실임을 나타내고 있다. 이러한 전제는 부정문에서도 여전히 유지됨을 다음 예를 통하여 확인할 수 있다.

(79) 毛毛在爸爸看电视的时候没有逃掉.
마오마오는 아빠가 TV를 볼 때 도망치지 못했다.
(80) 毛毛不是在爸爸看电视的时候逃掉的.
마오마오는 아빠가 TV를 볼 때 도망치지 못한 것이 아니다.

(79)는 '没有'로써 동사구만을 부정한 것이고 (80)은 '是-的' 구문을 이용하여 문장 전체를 부인한 것이다. 어느 경우에든 종속절의 '爸爸看电视'는 기정 사실로 전제되어 있다. 그런데 여기에는 아직 문제가 남아 있다.

(81) 毛毛打算[在爸爸看电视的时候]逃掉.
마오마오는 아빠가 TV를 볼 때 도망칠 작정이다.

(81)의 사건은 장차 진행될 가능성만 있는 것으로 현재 시점에서는 아직 발생한 것이 아니다. 그렇다면 종속절의 '爸爸看电视'는 더 이상 전제된 사실로 볼 수 없다.

이것은 '打算'이라는 양상 요소(modal element)가 종속절의 전제를 취소시켜버린 것으로 볼 수 있다. 즉 전제는 부정사의 관할 범위보다 상위에 있지만 양상 요소의 범위를 벗어날 수는 없다는 것이다. 이에 대해서는 좀더 광범위하고 깊이 있는 연구가 필요하리라고 본다.

## 3.6 보어 구문과 전제

중국어에는 우리말과 달리 동사의 뒤에 출현하는 보어의 종류가 매우 많으며 일상 대화에서 자주 사용되고 있다. 陈宗明(1993:381)에 따르면 [동사 + 보어]의 구문에서 일반적으로 '동사'는 기정 사실로 전제되어 있고 '보어'는 문장의 초점이 된다. 우선 결과 보어 구문을 보자.

   (82) a. 小明吃饱饭了.
      샤오밍은 밥을 배불리 먹었다.
     b. 小明还没吃饱呢.
      샤오밍은 아직 배불리 먹지는 못했다.
   (83) 小明吃饭.
     샤오밍이 밥을 먹다.

(82)는 샤오밍이 식사하는 행위가 발생했으며 아울러 그가 배불리 식사하였다는 것을 나타내고, (83)은 샤오밍이 식사하는 행위가 발생하였지만 그가 배불리 먹지는 않았다는 것을 나타낸다. 배불리 먹었는가 여부를 판단하려면 그 전에 식사하는 행위가 진행되었어야 한다. 그러므로 긍정문인 (82a)와 부정문인 (82b)는 모두 (83)을 전제하는 것이다. 결과 보어 구문에서의 이러한 전제는 다음과 같은 조건문에서도 여전히 유지되는 것으로 보인다.

제5장 현대 중국어에서의 전제 · 161

(84) (숙제를 하다 말고 나가려는 아이에게)
你不做完功课, 不能出去玩儿.
너는 숙제를 다 하지 않으면 나가서 놀지 못해.
(85) (숙제를 하지도 않고 나가려는 아이에게)
你不做功课, 还去哪儿玩儿?
너는 숙제도 안하고 또 어디로 놀러 나가려고 하니?

(84)는 숙제를 하는 행위를 하다가 끝마치지 않고 중간에서 나가려고 하는 아이에게 하는 말이다. 여기에서는 명백히 동사 '做'의 행위가 배경 지식으로 전제되어 있다. 만약 '做'의 행위가 발생조차 되지 않은 상황이라면 (85)처럼 말했을 것이다.

이상의 내용을 통해 일반적으로 결과 보어 구문에서 보어에 선행하는 동사는 사실성이 전제됨을 알 수 있다.

다음과 같은 정도 보어 구문에서도 마찬가지로 동사의 행위는 배경 지식으로 전제된다.

(86) 小伙儿: '我打心底里爱你, 爱得无法用语言来表达'.
나는 나의 마음 깊은 곳으로부터 당신을 사랑하오. 말로
는 도저히 표현할 수 없을 만큼 사랑하오.
姑　娘: '这容易, 可以用礼物嘛!'
그거 쉬워요. 선물로 표현하면 되잖아요.

총각이 '我爱得[无法用语言来表达]'라고 말했을 때, 이 문장은 총각이 아가씨를 사랑하는 정도에 대한 평가를 담고 있다. 즉 아가씨를 사랑하는데 그 정도가 말로 표현할 수 없을 정도라는 것이다. 그런데 이러한 평가가 이루어지기 위해서는 이전부터 총각이 아가씨를 사랑하고 있어야 한다. 이것은 총각이 위와 같은 말을 하기 전에 이미 사실로서 존재해야 하는 것인바, 이것이 바로 (86)에서 총각의 말이 전제로 하고 있는 것이다. 특히 정도 보어 구문의 부정식에서 부정 부사는 일반적으로

술어 동사와 조사 '得, 不'의 뒤에 출현하는데, 이것은 술어 동사의 전제적 특성을 설명하는 데 훌륭한 근거가 된다.

그런데 정도 보어 구문이 항상 이러한 전제 현상을 보이는 것은 아니다. 다음과 같이 명령문의 문맥에서는 위와 같은 전제 현상을 보이지 않는 경우도 있다.

(87) 我们今天喝个痛快!
우리 오늘 코가 삐뚤어지게 마셔봅시다!

(87)은 일종의 명령문으로서 술어 동사 '喝'의 동작은 아직 발생한 것이 아니므로 이러한 경우에는 술어 동사의 전제를 논할 여지가 없다. 그렇다면 정도 보어 구문은 문맥에 따라 전제 현상을 보이기도 하고 보이지 않기도 한다고 말할 수 있다.

이상에서 화용론적으로 전제 현상을 보이는 다양한 구문을 살펴보았다. 이 경우와 의미론적 전제 현상을 보이는 경우의 가장 큰 차이는, 후자는 특정의 어휘에 의하여 전제 현상이 유발되기 때문에 전후 문맥의 영향을 거의 받지 않지만 전자는 기본적으로 전후 문맥의 관계 속에서 유발되는 것이므로 그 영향을 깊이 받는다는 것이다.

이상에서 특정의 어휘에 의해 전제 현상이 유발되는 의미론적 전제와 앞뒤 문맥을 통하여 전제 현상이 유발되는 화용론적 전제에 대하여 살펴보았다. 이상에 제시한 예는 필자가 수집할 수 있는 것만을 제시한 것이므로 앞으로 더 보완할 필요가 있을 것이다.19)

---

19) 예를 들어 일반 의미론에서는 '忘'과 같이 '잊다'의 의미를 지닌 동사가 전제 현상을 유발함을 언급하고 있다. 즉 이 동사가 VP를 목적어로 취할 때는 VP의 내용을 실행에 옮겨야만 했거나 옮기려고 했었음을 전제한다는 것이다.
甲: 下边一栏是您填还是我自己填? (아래 쪽의 이 난은 당신이 채우나요 제가 채우나요?)
乙: 对了, 忘了说了, 这一栏我们填. (아참, 말하는 것을 잊었어요, 이 난은 우리가 채우는 겁니다.)
여기에서는 '忘了'가 전제를 유발하는 요소이다. 또한 '好(不)容易'는 그 뒤의 내포문의 내

## 4. 맺음말

중국어를 학습하는 데 전제 현상을 이해해야 까닭은, 우리가 어떤 말을 했을 때 그것이 비록 문법적으로는 문제가 없다고 할 지라도 때로 주어진 상황에 어긋나게 말함으로써 원만한 의사 소통에 영향을 끼치는 경우가 있는 바, 그 원인 중의 하나가 전제 현상과 관련된 것이기 때문이다.

본고의 목표는 전제 현상에 대하여 새로이 문제를 제기하는 데 있지 않고, 단지 기존의 의미론에서 말하는 전제의 개념을 살펴보고 이를 바탕으로 이러한 전제 현상이 중국어에 어떻게 실현되는가를 관찰하고 기술하는 데에 있다. 이전의 의미론 연구에 의하면, 전제란 어느 문장이 발화되기 전에 이미 사실로 존재하는 것이기 때문에 어느 문장에 전제된 내용은 부정사에 의해 부정되지 않는 특성을 가지고 있다. 이 같은 특성에 입각하여 중국어의 전제 현상을 관찰한 결과는 다음과 같다.

본고에서는 전제 현상을 크게 의미론적 전제와 화용론적 전제의 두 가지로 나누어 기술하였다. 우선 의미론적 전제에서는 한정 명사구가 유발하는 전제 현상, 相 의미를 지닌 동사(aspectual verbs) '开始, 离开, 停止, 到达' 등이 유발하는 전제 현상 등을 살펴보았고, '원 상태로의 귀환'이라는 의미를 지닌 동사 '回'가 보어로 쓰였을 때와 '恢复'와 같은 동사가 문장에 사용되었을 때의 전제 현상을 살펴보았으며, '반복'의 의미를 지닌 부사 '也, 又, 更, 还'와 관련된 전제 현

---

용을 실행하려고 노력한 적이 있음을 전제한다.
甲: 好容易来一趟, 再坐会儿吧. (간신히 한 번 온 것인데 좀더 있다 가지.)
乙: 不了, 以後有时间还来呢. (아니야, 다음에 시간이 있으면 또 오겠어.)
여기에서는 '好容易'가 전제를 유발한다.

상을 살펴보았다. 또한 사실성 동사 '知道, 发现, 忘记, 後悔, 意识到, 体会到, 看见' 등도 전제 현상을 유발할 뿐만 아니라 반사실성 동사 '假装, 胡说, 谣传' 등도 전제 현상을 유발할 수 있음을 알게 되었다. 그리고 중국어에 특유한 것으로서 사람의 감정을 묘사하는 데 사용되는 '喜欢, 爱, 感謝, 祝贺, 表扬, 恨, 讨厌' 등도 전제 현상을 유발할 수 있음을 밝혔다. 특히 감정 동사의 전제는 중국어에서 兼语文을 하위 분류하는 데 이용될 수 있음을 지적하였다.

다음에 화용론적 전제에서는 주어절이 나타내는 사실의 전제, 유사 분열문에서의 전제, 강세 구성소를 가진 문장에서의 전제, 의문문에서의 전제, 종속절에서의 전제, 보어 구문에서의 전제 현상을 고찰하였다. 이러한 전제는 기본적으로 전후 문맥의 관계 속에서 유발되는 것이므로 때로 앞뒤 문맥에 따라 문장에 나타나지 않을 수도 있다.

본고에서 다루지 않은 것으로, 전제와 주제의 관계, 복문에서 전제의 투사 문제(projection of presupposition), 전제의 사용과 관련된 적정성 조건의 문제, 전제의 취소 가능성 문제 등이 있다. 이 문제들은 앞으로의 과제로 미루기로 한다.[20]

본고는 전제의 이론에 대하여 새로운 견해를 제시하고자 쓰여진 것이 아니라 단지 기존의 이론틀에 비추어 중국어에서 전제 현상을 보이는 예를 모아서 그것들이 전제 현상을 보이는 과정을 기술한 것에 불과하다. 그러나 아직 의미론 분야에서 이렇다 할 연구가 진행되지 않은 중국어학계의 현실에 비추어 볼 때, 일단 이와 같이 기본적인 자료를 정리하는 작업도 필요하다는 것이 필자의 입장이다. 흩어져 있는 것들은 모아 놓아야 새로운 사실이 보이게 되고, 이러한 것이 선행되어야 새로

---

20) 이 문제에 대해서는 徐烈炯(1990)과 권경원(1988), Gazdar (1977), Levinson(1983) 등이 참고된다.

운 문제 제기가 가능하며, 아울러 주어진 문제에 대해 더욱 깊이 있는 인식이 가능하기 때문이다. 본고는 의미론 연구에 첫 발을 떼어놓은 것에 불과한 만큼 앞으로 다양한 의미 현상에 대해 깊이 있게 연구가 진행되기를 기대한다.

# 제6장
# 현대 중국어에서의 통제와 의미 해석

## 1. 들머리

### 1.1. 연구 목적

　본고는 중국어 동사에 대한 연구의 하나로서, 동사가 다른 동사구를 내포문으로 선택하는 경우를 대상으로 하여 그 통제 유형을 고찰하는 것을 목적으로 한다.[1]
　동사에 대한 연구에서 반드시 해결해야 하는 것 중의 하나는 그것이 어떠한 범주의 어구를 논항(argument)[2]으로 선택하는가를 기술하는 것이다. 예를 들어 "吃"

---

[1] 문장에 나타나지 않은 동사구 내포문의 주어가 무엇을 지시하는가, 즉 이 주어가 문장의 어느 요소와 공지시 관계(co-referential relation)에 있는가를 고찰하는 것을 통제 이론(control theory)이라고 한다. 변형생성문법의 통제 이론에 대한 기술로서 Chomsky, N.(1981)과 양동휘(1988)이 있고, 이를 중국어에 적용한 것으로 Huang (1982), Li(1986), Tang, J.(1990) 등이 있다. 상황 의미론의 입장에서 통제 이론을 설명하려고 한 것으로 김경학(1986)이 있고, HPSG(Head-driven Phrase Structure Grammar)에서의 통제 이론과 이를 한국어에 적용한 것으로서 신효필(1990)과 정희원(1990) 등이 있다.

[2] 동사의 경우 그것의 의미를 완전하게 기술하려 할 때 필수적으로 요구되는 주어나 목적어,

는 명사구만을 목적어로 선택할 수 있지만 "希望"은 동사구나 절만을 목적어로 선택할 수 있을 뿐이고 명사구는 목적어로 선택할 수 없다.

(1) 我吃了[NP 饭]了.
　　 나는 밥을 먹었다.
(2) a. 我希望[VP 去].
　　　 나는 가기를 희망한다.
　　 b. 我希望[S 你去].
　　　 나는 당신이 가기를 희망한다.
　　 c *我希望[NP 你].
　　　 (*나는 너를 희망한다.)

이것은 다음과 같이 나타낼 수 있다.

(3) "吃": [+ ___ NP]
(4) "希望": ⅰ. [+ ___ VP]
　　　　　　ⅱ. [+ ___ S]

(3)과 (4)를 각각 "吃"와 "希望"의 하위범주화(subcatego-rization)라고 한다.[3] 사전의 어휘 항목에서는 각각의 동사에 대하여 이러한 통사 정보가 주어져야 한다. 그런데 (4i)과 같이 동사구를 논항으로 선택하였을 때 제기되는 문제 중의 하나는 '그 동사구의 미실현된 주어가 무엇을 의미하는지를 어떻게 알 수 있는가'라는 것이다. 예를 들어 (2a)에서 "去"의 행위를 하는 자는 상위문의 주어 "我"가 아닌 다른 사람이다.

---

보어(complement)와 같은 성분을 论项이라고 한다.
3) 양동휘(1989:83) 참조.

(5) a. *我希望[我去].4)
　　　 나는 내가 가기를 바란다.
　　 b. 我希望{你, 你们, 他, 他们, 小明, …}去.
　　　 나는 {네가, 너희들이, 그가, 그들이, 小明이, …} 가기를 바란다.

반면에 (6)에서 "答应"의 경우에 내포문의 주어는 상위문의 주어 "他"와 일치한다.5)

(6) 他答应 [ [NP e] 另写一篇].
　　 그는 (자기가) 따로 한 편을 쓰는 것을 승낙했다.

즉 "希望"과 "答应"은 모두 통사적으로 동사구를 목적어로 선택할 수 있지만 그 동사구의 미실현된 주어의 지시 대상을 결정하는 방법에서 차이를 보이는 것이다. 다시 말하면, (2a)와 (6)에서 내포된 동사구의 주어 자리에 空范畴(empty category)를 인정한다면, "答应"이 동사로 사용된 (6)에서 "写"의 주어 e는 항상 상위문의 주어와 일치된다. 이때 상위문의 주어 "他"를 e의 통제자(controller)라고 한다. 그러나 "希望"이 동사로 사용된 (2a)의 경우에는 상위문의 주어 "我"가 아닌 청자나 그 밖의 다른 제3자만이 그 내포문의 주어로 해석되고, 구체적으로 그것이 누구인가는 이 문장이 발화되는 상황에 의해 결정된다. 동사구 내포문의 미실현된 주어의 의미 해석과 관련된 이러한 차이는 상위문의 술어 동사의 어휘적인 성질에서 비롯된다고 볼 수 있다. 그러므로 사전에서 동사에 관한 정보를 기술할 때에는, 첫째로 그

---
4) 우리말의 경우에는 성립하는데 중국어의 경우에는 비문법적이다. 단 "我希望[我{能, 会}去]"와 같이 "能"이나 "会"와 같은 조동사를 가하면 성립한다.
5) 예문의 의미 해석에 대한 설명은 呂叔湘(1979:85), 徐思益(1981:72-73, 1988:328-329)를 참조하였다.

것의 하위범주 구분을 기술해야 하며, 둘째로 동사구를 논항으로 선택할 때에 그 동사구의 미실현된 주어의 의미 해석과 관련된 정보도 아울러 기술해야 함을 알 수 있다.

본고에서는 중국어 동사를 대상으로, 우선 동사구를 목적어나 그 밖의 내포문으로 취하는 동사의 목록을 작성하고, 그 동사들 중에서 내포문의 결여된 주어에 대하여 특정한 통제자를 함의하는 동사들을 유형별로 나누어 제시하고자 한다.

## 1.2 기존의 연구

박종한(1992a)에 의하면, 중국 언어학계에서는 일찍부터 동사의 특성과 분류 문제를 연구하여 왔지만 동사의 하위범주 구분에 관한 연구는 그다지 많지 않다. 이 중에서 孟琮 등이 편찬한 ≪动词用法词典≫(1987)은 양적인 면에서나 기술상의 치밀함에서 볼 때 중국어 동사 연구에서 빼놓을 수 없는 자료이다. 이 사전은 ≪现代汉语词典≫에서 1,328개의 동사를 선택하여 그것들이 어떠한 범주와 의미의 목적어를 선택하는가, 어떠한 방향보어와 결합할 수 있는가 등을 상세하게 기술하고 있다. 각각의 동사에 대하여 동사구를 목적어로 선택할 수 있는지 여부도 예문을 들어 기술하였다. 다만 소위 '동사구 목적어'라고 한 것들 중에서 단순히 동사구라고 보기에는 어려운 것들이 섞여 있다든가,6) 1.1에서 제기한 바 있는 '동사구 내포문의 미실현된 주어'에 관한 정보가 실려 있지 않다는 점 등이 보완해야 할 문제점으로 지적될 수 있을 것이다.

동사구 내포문의 미실현된 주어에 관한 이론적 접근으로는 Li(1986:143-153)을

---

6) 이에 관한 자세한 논의는 2.2를 볼 것.

들 수 있다. 그녀는 Huang(1982:331-334)에서 제시된 내포문의 한정성(the finiteness of the embedded clause)을 판별하는 검증 기준7)에 의거하여, 술부 동사가 다른 동사구를 내포할 경우에 그 내포문의 한정성 여부에 따라 동사를 다음과 같이 네 가지로 나누었다.

첫째, 통제 동사(control verbs)로서 이 동사들은 비한정절을 내포문으로 선택한다. 이에 해당하는 동사로서 "企图, 打算, 计划, 开始, 准备, 预备, 鼓励, 允许" 등이 있다. 이 중에서 "企图, 打算, 计划, 开始, 准备, 预备"의 내포문의 주어는 반드시 주절의 주어와 일치되고,8) "鼓励, 允许"의 내포문의 주어는 반드시 주어 이외에 전후 문맥에서 알 수 있는 동사의 목적어와 일치된다.9) 둘째는 절-통합 동사(clause union verbs)로서 이 동사들도 역시 비한정절을 내포문으로 선택한다. 이에 해당하는 동사로서 "劝, 逼, 请, 叫, 让"과 같은 사역 동사(causative verbs) 등이 있다. 이 동사에 내포된 동사구의 주어는 상위문의 목적어의 통제를 받는다. 셋째, "喜欢, 渴望, 想要, 讨厌"과 같은 감정 동사들인데, 이 동사들도 비한정절을 내포문으로 선택한다. 이러한 동사의 경우에는 내포문의 결여된 주어는 상위문의 목적어와 일치한다. 마지막으로 동사가 한정절을 내포문으로 선택하는 경우로서, "说, 认为, 相信, 同意, 希望, 告诉" 등이 이에 해당한다. 이 경우에는 단순히 주어진 문장만으로는 내포문의 결여된 주어가 무엇을 지시하는지를 예측하기 어려우며, 구체적인 상황이나 전후

---

7) Huang에 의하면 중국어의 한정절(finite clause)은 다음과 같은 특징을 갖는다.
  a. 상 표지 "了", "着", "过" 등과 공기할 수 있다.
  b. 조동사 "会", "能", "必须" 등과 공기할 수 있다.
  c. 어휘적 명사구가 주어의 위치에 출현할 수 있다.
  이상의 항목을 모두 만족시키는 절을 한정절(finite clause)로 보고 모두 만족시키지 못하거나 이 중의 일부만을 만족시키는 것을 비한정절(non-finite clause)로 본다. Tang, J.(1990: 328-334)에서는 이 밖에 5가지 기준을 더 제시한 바 있다.
8) 이것을 '주절의 주어가 내포문의 주어를 통제(control)한다'라고 한다.
9) 이것을 '주절의 목적어가 내포문의 주어를 통제한다'라고 한다.

문맥에 의해 결정된다.

Li는 비한정절을 내포문으로 선택하는 첫 번째, 두 번째, 세 번째 부류의 동사와 관련되는 통제 현상을 설명해줄 수 있는 일반적인 규칙을 다음과 같이 제시하였다.

(7) 내포문의 보이지 않는 주어는, 구조적으로 그것의 상위에 있으면서, 그것과 가장 가까이 있는, 명사적 성분과 지시 내용이 같다.10)

(7)은 GB 문법 이론에서 일반적으로 받아들여지는 규칙으로서, Li는 이러한 일반적인 규칙이 중국어의 경우에도 그대로 적용된다고 보고 있는 것이다.11)

Li의 기술에는 몇 가지 문제가 있다. 우선 (7)은 다음의 통제 상황을 설명하지 못한다.

(8) 妈妈$_i$送小儿子$_j$[e$_{i,j}$ 去幼儿园].
엄마는 어린 아들을 유치원으로 데려다 주었다.

(8)에서 유치원으로 가는 자는 "妈妈"와 "小儿子"이다. 즉 (8)의 내포문의 동사

---

10) Generalized Control Rule(GCR):
Co-index an empty pronominal with the closest c-commanding nominal element. (Li, 1986:132에서 재인용)
'지표를 동일하게 한다'(co-index)는 말은 두 개의 표현이 지시하는 의미가 동일하다는 것을 뜻한다. 즉 보이지 않는 주어는, 전체 문장의 상위 구조 중에서 가장 가까운 곳에 있는 명사구와 지시 내용이 일치한다는 것이다.
11) 여기에는 약간의 예외가 있다. 영어의 'promise'와 중국어의 '答应'이 위의 규칙에 대한 반증례에 해당한다.
  a. John$_i$ promised Bill [PRO$_i$ to leave].
  b. 小明$_i$答应李四[PRO$_i$ 另写一篇].
  小明은 李四에게 (자기가) 따로 한 편 쓰겠다고 응락했다.
그러나 이 밖의 대부분의 경우에는 이 규칙이 적용되는 것으로 보고 있다. Government and Binding Theory(GB)에 대해서는 양동휘(1989)를 참조할 것.

"去"의 주어로는 구조적으로 가까이에 있는 "小儿子"뿐만 아니라 상위문의 주어인 "妈妈"도 포함되는 것이다. 이와 같이 두 개의 행위자가 동시에 통제자가 되는 현상에 대하여 (7)은 설명할 길이 없다.

둘째, (7)과 같이 단지 통사 구조에 의해서만 통제 상황을 설명한다고 할 때 앞서 제시한 세 가지 통제 유형 사이의 차이점이 드러나지 않는다. 기왕에 '감정 동사'와 같이 동사의 의미와 관련되는 용어를 사용하였다면 통제 유형의 분류에도 의미상의 고려가 필요할 것이다.

셋째, Li는 단지 각각의 경우에 해당되는 몇 개의 동사만 나열했는데, 이로 인하여 그녀가 단지 GB 이론이 중국어라는 개별 언어에도 적용된다는 것을 보이기 위하여, 그 이론으로 설명될 수 있는 부분만을 예로 제시한 것은 아닌가 하는 지적을 면할 수 없다. 그러므로 지금부터라도 중국어 동사 전반에 걸친 세밀한 검토가 필요하다.

본고에서는 우선 동사가 동사구를 내포문으로 선택하는 양상을 전반적으로 관찰하고, 이에 입각하여 내포문의 주어를 선택하는 양상을 유형별로 제시할 것이다.

## 1.3 연구자료

본고의 연구 대상은 ≪汉语水平词汇与汉字等级大纲≫[12]의 甲级과 乙级에 속하는

---

12) 중국어 단어의 사용 빈도에 대한 연구와 통계 작업은 일찍부터 진행되어 왔고, 이러한 결과를 반영한 자료도 이미 여러 종류가 나와 있다. ≪汉语水平:词汇与汉字等级大纲≫(北京语言学院出版社, 1992)은 이 중의 하나이다. 이 책은 ≪普通话三千常用词表≫(文改会汉字组, 1959)나 ≪现代汉语频率词典≫(北京语言学院, 1985)와 같은 여러 가지 통계 자료를 바탕으로 만들어진 것으로서 시행본이 1988년에 출판되었고, 계속 수정 보완을 거쳐 1992년에 완결판이 나왔다. 이 책에서는 모두 8,822개의 단어를 甲, 乙, 丙, 丁의 네 단계

동사 중에서 ≪动词用法词典≫에 출현한 동사만으로 한정된다. 그리하여 甲급에 속하는 동사 231개와 乙급에 속하는 동사 441개, 모두 673개가 검토 대상이 된다.13)

대부분의 동사는 다의어(polysemy)로서 하나 이상의 의미항목으로 구성되어 있다. 이 동사들의 모든 의미항목을 다룬다는 것은 연구의 진행에 어려움이 따르고, 또한 실용적인 측면에서 볼 때 반드시 그렇게 해야 되는 것도 아니다. 그래서 동사의 의미항목이 많은 경우에는 사용 빈도가 높은 상위의 의미항목만을 주된 연구 대상으로 삼았다.14)

## 2. 동사구 내포문의 분포

동사구는 문장에서 목적어 위치뿐만 아니라 주어 위치에 출현할 수도 있고 또한 목적어의 뒤에 첨가될 수도 있다. 연구의 대상과 범위를 명확히 하기 위하여, 각각의 경우에 동사구 내포문의 분포 상황을 알아보고, 이 중에서 동사구 내포문의 미실현된 주어를 확정하는 것이 술어 동사에 의해 결정되는 경우와 그렇지 않은 경우를 구분하고자 한다.

---

    로 나누어 나열하고 있는데, 甲级 단어가 1,033개, 乙级 단어가 2,018개, 丙级 단어가 2,202개, 丁级 단어가 3,569개이다.
13) 편폭의 제약으로 인하여 이 동사 목록을 모두 싣지 않고, 본고의 기술상 필요한 경우에 해당되는 동사를 가급적 많이 제시하고자 한다.
14) 예를 들어 동사 "看"의 의미항목은 모두 7개인데, 이 중에서 4개의 항목만을 고려의 대상에 포함시켰다. 나머지에 대한 연구는 추후로 미룬다.

## 2.1 주어

동사구는 주어 위치에 출현할 수 있지만, 동사구를 주어로 선택할 수 있는 동사는 많지 않다. 范晓(1992:177-178)에 의하면, 첫째로 "是, 属, 等於, 值, 如, 好比" 등과 같이 판단이나 해석을 표시하는 동사가 있고, 둘째로 "容易, 难, 好, 坏, 合适, 合理, 有利, 重要" 등과 같이 평가나 추정을 나타내는 소수의 형용사와 "应, 要, 能, 可以"와 같은 조동사가 있고, 셋째로 "开始, 停止, 存在, 有, 充满, 显示, 说明, 表明" 등과 같이 존재나 출현을 나타내는 동사가 있고, 마지막으로 생성이나 사역의 의미를 가진 동사로서 "变, 成, 变成, 产生, 引起, 使" 등이 있을 뿐이다. 이들은 대개 비동작 동사나 형용사이다.15) 다음 예를 보자.16)

(9) [e 期待]是最使人心焦的事.
    기대한다는 것은 가장 사람의 마음을 졸이게 하는 일이다
(10) [e 派他去]也许能解决问题.
    그를 보내면 아마 문제를 해결할 수 있을 것이다.

---

15) 이상의 예는 동사뿐만 아니라 형용사나 절을 주어로 취하는 동사에도 적용된다. (i)은 형용사가 주어로 쓰인 예이고 (ii)는 절이 주어로 쓰인 예이다.
 i) a. 虚心使人进步, 骄傲使人落後.
    겸손하면 진보하고 교만하면 뒤처진다.
  b. 喜悦胜过了惭愧
    부끄러움보다는 기쁨이 앞섰다.
 ii) a. 你承认不承认都没关系.
    네가 시인하든지 말든지 상관없다.
  b. 他说话办事是极有分寸的.
    그는 말하고 일하는 것이 매우 분별이 있다.
  c. 这样做产生了不少问题.
    이렇게 해서 많은 문제가 발생했다.
16) ≪动词用法词典≫에서는 주어의 범주 문제는 다루지 않았다.

(9)에서 "期待"의 주어가 출현하지 않은 것은 그것이 일반적인 사람 누구나 해당 될 수 있기 때문이고, (10)에서 "派他去"의 주어가 출현하지 않은 것은 그것이 이 문장의 발화에 참여하고 있는 사람들이므로 굳이 밝히지 않아도 되기 때문이다. 이와 같이 주어 위치의 동사구의 주어를 사용하지 않은 것은, 문장 내의 동사의 제약을 받아서가 아니라 화용론적인 문맥에서 그것이 누구인지 쉽게 파악될 수 있기 때문이다. 일반적으로 주어 위치에 내포된 동사구의 주어는 술부 동사의 의미와 무관하게 화용론적 문맥에 의해 결정된다. 따라서 이 경우는 통제 유형과 술부 동사의 의미와의 관련성을 따지는 본고의 연구 범위에서 제외된다.

## 2.2 목적어

《动词用法词典》에서는 동사가 동사구 목적어를 선택할 수 있는 경우에 그 예를 제시하고 있다. 이 예문들을 검토해 볼 때, 여기에 제시된 동사구 목적어는 크게 세 가지 유형으로 나눌 수 있다.

### 2.2.1 절의 주어가 단순 생략된 경우

중국어의 특성 중의 하나는 문장 성분의 생략이 용이하다는 것이다. 화자와 청자가 이미 알고 있거나 앞뒤 문맥에 의해 추론이 가능한 대상은 쉽게 생략되어 버린다. 문장의 주어 또한 적절한 문맥만 주어진다면 종종 생략된다.

(11) 他向大家说明[e 怎样使用电子计算机]. [动宾][17]
그는 전자계산기 사용 방법을 사람들에게 설명한다.

---

17) '[动宾]'이라고 함은 《动词用法词典》에서 동사구 목적어로 기재한 것임을 나타낸다.

(12) 你跟他打听[e 去不去颐和园]. [动宾]
너는 그 사람에게 [ ]가 颐和园에 가는 지 안가는 지 알아보아라.

(11-12)에서 내포문의 미실현된 주어가 구체적으로 누구를 지시하는 지는 이 문장만을 가지고는 명확히 언급하기 어렵다. 다만 (11)에서는 '일반적인 사람'일 가능성이 많고 (12)에서는 화자와 청자가 알고 있으며 "他"가 아닌 어떤 사람이라는 것만 짐작할 수 있을 뿐이다.[18] (11-12)의 내포문은 비한정절이 아니라 한정절에서 주어를 생략(delete)한 것에 불과하다. 생략은 복원가능성(recoverability)을 전제로 하는 것으로서, 대체로 대화 쌍방이 이미 알고 있는 것만이 생략될 수 있다. 이와 같이 생략된 것이 무엇인지 따지는 것은 화용론의 임무이므로 역시 본고의 연구 범위에서 제외된다. ≪动词用法词典≫에서 동사구와 절을 모두 목적어로 취할 수 있다고 기재된 동사들이 대부분 이에 속한다.[19]

### 2.2.2 동사성 명사(Verbal Noun)가 목적어로 쓰인 경우

≪动词用法词典≫에서는 "做, 进行, 加以" 등도 동사구 목적어를 선택할 수 있는 것으로 기재하고 있다.

(13) 这个句子的含义, 请你们做[解释].
이 문장의 함의를 당신이 풀이하여 보세요.
(14) 发现问题要及时加以[解决].
문제를 발견하면 제 때에 해결해야 한다.

---

18) ≪现代汉语词典≫에 의하면 "打听"은 '대개 상대방과 무관한 대상에 관하여 탐문한다'는 의미를 나타낸다.
19) 필자의 조사에 의하면 전체 671개의 동사 중에서 동사구와 절을 모두 목적어로 취할 수 있는 동사는 약 133개이다. "表示, 打听, 调查, 反对, 告诉, 关心, 回答, 坚持, 考虑, 盼望, 商量, 讨论, 写, 学习, 研究, 主张, 介绍, 提, 通知, 说, 知道" 등이 이에 속한다.

(15) 他们对汉语语法进行[研究].
그들은 중국어 문법에 대하여 연구를 진행하였다.

(13-15)에서 "解释", "解决", "研究"가 과연 동사인지는 의심의 여지가 있다. 이들이 진정한 동사라면 원래 타동사이므로 그 뒤에 목적어를 선택할 수 있어야 하고, 또한 중첩이 가능해야 할 것이다.20)

(16) a.*做解释[含义].
　　 b.*做[解释解释]含义.
(17) a.*要及时加以解决[问题].
　　 b.*要及时加以[解决解决]问题.
(18) a.*进行究[汉语语法].
　　 b.*进行[研究研究]汉语语法.

그러나 (16-18)은 이 동사들이 목적어를 선택할 수 없으며, 동시에 중첩도 불가능함을 보여준다. 그렇다면 이들은 더 이상 동사라고 볼 수 없다. ≪动词用法词典≫에서는 이와 유사한 많은 예를 동사구로 표시하고 있는데 이는 수정되어야 한다. 또한 다음 예를 보자.

(19) a. 表达[对祖国的热爱] [动宾]
　　　 조국에 대한 열렬한 사랑을 표시하다.
　　 b. *表达热爱
(20) a. 给了[很大的支持] [动宾]

---

20) "解决, 解释, 研究"가 술부 동사로 쓰일 때에는 중첩이 가능하다.
　 a. 这些问题应该解决解决了. 이 문제들은 처리를 좀 해야 한다.
　 b. 你对他解释解释就行了. 네가 그에게 설명을 좀 하면 된다.
　 c. 先研究研究再说. 우선 생각을 좀 한 다음에 말합시다.

　　　　많은 지지를 보냈다
　　b. *给了支持

　　≪动词用法词典≫에 의하면 "热爱"와 "支持"는 (19b-20b)와 같이 단독으로는 "表达"와 "给"의 목적어로 사용될 수 없을 뿐더러 오히려 (19a-20a)와 같이 다른 한정어의 도움을 받아야 비로소 동사의 목적어로 사용될 수 있다. 한정어의 수식을 받는다는 것은 동사의 특성이 아니라 명사의 특성이다. 즉 일반 명사와 동일한 분포를 보이므로 이들도 동사구가 아니라 명사구로 표기해야 할 것이다.

　　이상의 논의를 요약하면, 목적어를 선택하지 못하고 중첩되지 못하며 한정어의 수식을 받는다는 것은 동사가 아니라 명사가 지니는 특성으로서, (13-20)에서 술부 동사 "做, 进行, 加以, 表达, 给"의 목적어는 더 이상 동사가 아니라 동사의 성질을 잃어버리고 이미 명사화된 것이라고 해야 할 것이다. 이러한 것을 본고에서는 '동사성 명사'라고 부르기로 한다.21) ≪动词用法词典≫에서 절을 목적어로 취하지 못하고 단지 명사구와 동사구만을 목적어로 취하는 것으로 기재된 것들이 있는데,22) 여기에서 동사구로 기재된 것들이 대부분 동사성 명사에 속한다. 이들은 이미 동사의 성질을 잃어버렸으므로 또 다시 그것의 주어를 논할 필요가 없다. 따라서 이러한 동사성 명사는 본고의 연구 범위에서 제외한다.23)

## 2.2.3 주어가 의무적으로 제거되는 것

　　다음은 내포문의 동사의 주어가 문장에 나타날 수 없는 경우이다.

---

21) '동사성 명사'의 특성에 대해서는 蔡文兰(1982, 1985), 傅雨贤(1987) 朱德熙(1985)와 박종한(1990b) 등을 참조할 것.
22) 필자의 조사에 의하면, "办, 表达, 发表, 发生, 接近, 联系, 失去, 帮助, 请, 增加, 产生, 提供, 享受" 등 약 87개의 동사가 이에 속한다.
23) 그렇다고 하여 명사구의 주어 문제를 따지는 것이 문법 연구의 대상에서 제외된다는 말은 아니다. 명사구의 의미 특성을 따지고자 할 때, 명사구의 논항이 연구 대상이 된다.

(21) a. 南方人爱[e 吃大米]
　　　　남쪽 사람들은 쌀밥을 잘 먹는다.
　　b. *南方人ᵢ爱[他们ᵢ吃大米]24)
(22) a. 他愿意[e 去外地]
　　　　그는 외지로 나가기를 원한다.
　　b. *他ᵢ愿意[他ᵢ去外地]

이 동사들은 앞서 1.2에서 말했듯이 내포문의 동사가 주어를 가질 수 없고 또한 "了, 着, 过"와 같은 상 표지와도 결합하지 못하며 조동사 "能, 会" 등과 공기할 수 없는 이른바 비한정절에 속한다. 따라서 이러한 비한정절을 선택하는 상위문의 동사들은 본고의 주요한 연구 대상이 된다.25)

## 2.3 보어 소절과 부가 소절

중국어문법에서는 전통적으로 다음 예를 겸어문이라고 해왔다.

(23) 丈夫: "你洗了脚, 为什么让我去倒水呀?"
　　　　　당신이 발을 씻고서 왜 나더러 물을 버리라고 하는 거야?
　　 妻子: "你不是说, 外边的事一律由你负责吗?"
　　　　　바깥일은 전부 당신이 책임진다고 안 그랬어요?

(23)에서 밑줄 친 부분은 (24a)와 같이 다시 쓸 수 있으며, 이것의 심층구조는 (24b)와 같이 분석될 수 있다.

---

24) (10b)에서 내포문에 주어 "他"가 출현하면 (10a)와는 다른 의미, 즉 '남방 사람들은 그가 쌀을 먹기 때문에 좋아한다'라는 다른 의미를 나타낸다.
25) 이 동사들의 목록은 3장을 볼 것.

(24) a. 你让我去倒水.
    당신은 나더러 물을 내다 버리라고 한다.
  b. [你让我ᵢ [eᵢ 去倒水]]

즉 동사구의 주어는 상위문 동사의 목적어와 일치되는 것이다.

이러한 겸어문은, 음운론적으로 겸어 "我" 다음에 휴지(pause)를 두며, 통사적으로 "去倒水"와 같은 후속 동사구가 겸어 다음에 반드시 출현해야 한다는 특성을 지닌다. 따라서 후속 동사구 부분만 주제화시키는 것이 불가능하다.

(25) *[e 去倒水], 你让我.26)

이와 같이 내포된 동사구는 반드시 필요한 성분이기 때문에 이를 보어 소절(complement small clause)이라고 부른다.27) 이러한 특성은 절이 목적어가 되는 경우와 명확히 대비된다.

(26) a. 我知道[ₛ他是谁].
    나는 그가 누구인지를 알고 있다.
  b. 我知道//他是谁.
  c. [ₛ他是谁], 我知道.
    그가 누구인지를 나는 알고 있다.

즉 동사 "知道"는 (26a)와 같이 절을 목적어로 선택할 수 있는 동사인데, 이 때에는 (26b)와 같이 동사와 목적어 사이에서 휴지할 수 있으며 (26c)와 같이 목적어

---

26) 이 문장이 비문인 이유는 이 문장이 '통제자는 반드시 피통제자에 선행해야 한다'는 규칙을 어겼기 때문이라고 하는 이도 있다.
27) 보어 소절과 부가 소절에 대해서는 양동휘(1989:515-538) 참조.

절을 문두로 전치시키는 것이 가능한 것이다.

그런데 《动词用法词典》에서 절이 목적어로 사용된 것으로 기술한 것 중에서 (26)가 아니라 (24b)처럼 분석되는 것이 있다.

(27) a. 他骂小明是懒汉.
그는 小明이 게으름뱅이라고 욕했다.
b. 他骂小明[e 是懒汉].
c. *[e 是懒汉], 他骂小明.
(28) a. 他批评我不爱劳动.
그는 내가 일하기를 좋아하지 않는다고 나무랬다.
b. 他批评我[e 不爱劳动].
c. *[e 不爱劳动], 他批评我.

이들은 구조적으로 '겸어문'과 동일하다. 즉 (27b-28b)와 같이 목적어의 뒤에서 휴지하며 (27c-28c)와 같이 후속 동사구의 주제화가 불가능한 것이다. 이 때문에 중국의 많은 어법연구가들이 이들도 '겸어문'의 하나로 간주하고 있다.28) 그러나 이들은 첫째, 명사구만을 목적어로 취할 수 있다는 점, 둘째, 의미상으로 [사역]의 의미가 없다는 점에서 '겸어문'과 차이를 보이므로 따로 나누어 기술해야 한다. 이때 내포문은 술어 동사를 하위범주 구분할 때 반드시 필요한 성분이 아니므로 부가소절(Adjunct small clause)로 보아야 할 것이다. 이 부가 소절의 결여된 주어도 상위문의 동사의 의미 특성에 따라 특정의 지시 대상만의 통제를 받으므로, 이 구문은 본고의 연구 대상이 된다.

---

28) 감정 동사는 명사구를 목적어로 취하는 동시에 이와 같이 다시 절을 취할 수 있다. 중국의 어법학계에서는 일반적으로 이러한 용법을 나타내는 감정 동사를 兼语动词의 일종으로 간주하고 있다. 刘月华(1983[1987:353]), 胡正微(1992:60-63) 등. 특히 吴竞存·侯学超(1988: 199-221)에서는 이에 관한 기존의 학설을 집약하여 세밀하게 고찰하고 있다.

## 2.4 소결

 동사구가 주어로 쓰인 경우는 연구의 범위에서 제외된다. 또한 동사구가 목적어로 쓰였지만 단순히 목적어로 사용된 절의 주어가 '생략'된 경우에 해당되는 것도 제외한다. 그리고 이미 명사화되어서 동사로서의 특성을 상실한 것을 목적어로 선택하는 경우도 당연히 논의 범위에서 제외된다. 결과적으로, 비한정절이 목적어로 사용된 경우와 소위 '겸어문'에 해당하는 보어 소절과 이와 유사하지만 차이점도 있는 부가 소절이 사용된 구문, 즉 엄밀한 의미에서 상위문의 동사에 의해 통제자가 결정되는 경우만을 본고의 연구 대상으로 한다.29)

## 3. 통제의 유형

 1.2에서 필자는 GB의 통사론적 접근에 대해 문제점을 지적한 한 바 있다. 그 중의 하나가 단순히 통사 구조에 입각하여 통제 현상을 설명하려고 하지 말고 의미상의 측면도 아울러 고려해야 한다는 것이었다.

 Pollard and Sag는 'An Integrated Theory of Complement Control'(1989)에서 통제는 순수하게 통사론적인 요인들에 의해 지배되는 것이 아니라 오히려 의미역

---

29) 내포문의 의미에 의해 통제자가 결정되는 '내포문 통제'와 앞뒤 문맥에 의해 통제자가 결정되는 화용론적 통제도 본고의 범위에서 제외한다. 본고에서는 엄밀하게 상위문의 동사에 의해 통제자가 결정될 수 있는 경우만 다루는 것이다. 그 밖의 경우에 대해서는 후일의 연구로 미룬다.

할 관계(Thematic relation)[30]에 기초한 의미론적 요인들에 의해 지배되는 관계라는 Jackendoff(1972)의 주장을 받아들여, 통제를 통사적인 측면과 의미적인 측면의 상호 작용으로 설명한다.[31] 이들이 제안한 HPSG 이론에서는 종전에 주어·목적어 등 문법 관계에 의거하여 분류하던 통제동사들을 통제자의 의미역할 관계를 동시에 적용하여 재분류한다. 통제 동사는 크게 세 가지로 나뉜다.[32]

첫째, order/permit 유형의 동사들은 주어가 직접목적어로 실현되는 대화 참여자에게 동사구 내포문의 내용으로 표현되는 행동을 수행하도록 영향을 끼치는 상황을 나타낸다. 통제자는 직접목적어로서 의미역할은 [Goal]이다. 둘째, promise 유형의 동사들은 동사구 보문으로 실현되는 의도적인 행동을 직접 수행하는 [Actor]가 통제자가 되며, 반면에 세째의 want 유형의 동사들은 동사구 보문에 의해 실현되는 정신적인 상태를 단순히 경험하는 [Experience] 논항이 통제자가 된다.

본고에서는 HPSG의 입장을 받아 들여, 통제자가 주어인가 아니면 목적어인가라는 문법 관계와 아울러 그 통제자의 의미 역할에 근거하여, 중국어 통제 구문을 5가지 유형으로 나누어 기술하고자 한다.[33]

---

30) Case Grammar의 한 부류로서, 동사와 논항 사이의 관계를 의미역할(thematic roles)의 관계로 설명하려 하는 이론이다.
31) 이들이 제시한 문법 이론을 Head-driven Phrase Structure Grammar(HPSG)라고 한다. 이에 대해서는 신효필(1990)과 정희원(1990:39)을 참조.
32) 그들은 영어의 통제 동사들을 다음과 같이 크게 3가지 유형으로 나누었다(정희원 1990 참조).
    a. order/permit 유형 [object control]: [Goal]
        order, persuade, bid, charge, command, direct, enjoin, impel, instruct, advise, authorise, mandate, convince, induce, ⋯
    b. promise 유형 [subject control]: [Actor]
        promise, swear, agree, contract, pledge, vow, try, intend, refuse, choose, decline, decide, demand, attempt, ⋯
    c. want 유형 [subject control]: [Experience]
        want, desire, fancy, wish, ache, hanker, itch, long, need, hope, thirst, yearn, hate, aspire, expect, ⋯

## 3.1 제 I 유형

경험자인 문장의 주어가 통제자로 되는 경우이다.

(29) a. 我後悔[e 跟他结婚]了.
    나는 그이와 결혼한 것을 후회한다.
   b. 我後悔[自己跟他结婚]了.
    나는 내 자신이 그이와 결혼한 것을 후회한다.
   c. *我後悔[张三跟他结婚]了.

(29)에서 "後悔"는 그 내포문의 결여된 주어가 상위문의 주어와 일치하기 때문에 (29c)와 같이 지시 대상이 서로 상이한 어구가 내포문의 주어에 출현하는 것을 용납하지 않음을 알 수 있다. "後悔" 이외에 "爱, 爱好, 愁, 关心, 愿意, 喜欢, 讨厌, 怕, 想[34])" 등도 역시 상위문의 주어가 내포문의 결여된 주어를 통제한다. 다음의 예도 동일한 양상을 보여 준다.

(30) 南方人爱[吃大米].
    남방 사람들은 쌀밥을 잘 먹는다.
(31) 我爱好[养花].
    나는 꽃 기르기를 좋아한다.
(32) 他不愿意[吃药].
    그는 약 먹기를 원하지 않는다.

---

33) 이것은 HPSG의 이론을 받아 들이되 중국어의 실제에 입각하여 이를 수정 보완한 것이다.
34) "想[3]"이란 "想"의 여러 의미 항목 중에서 "希望;打算"을 의미하는 세 번째 의미 항목임을 나타낸다. "我想上北京"(나는 북경에 가고 싶다), "他想当个飞机设计师"(그는 비행기 설계사가 되고 싶어 한다)가 그 예이다.

또한 박종한(1994:131)에 의하면 "知道, 曉得, 懂, 懂得" 등이 '-할 줄 알다'와 같이 주어가 지니고 있는 어떤 능력을 의미하는 경우가 있는데, 이때에도 내포문은 비한정절이며 그것의 주어는 상위문의 주어와 일치한다.

(33) 让他挨挨饿, 就知道[爱惜粮食]了.
그 애는 좀 굶기면 쌀 아까운 줄 알게 될 거야.
(34) 他嘴硬, 又不晓得[e 保护自己].
그는 억지로 우기면서 자기 앞가림도 할 줄 모른다.
(35) 我不懂[e 速记].
나는 속기를 할 줄 모른다.
(36) 她会哭, 可不懂得[e 愁].
그녀는 울 줄은 알지만 근심할 줄은 모른다.

이 동사들은 주어의 내적인 심리적 사건을 기술하는 의미를 지니고 있으므로 내포문의 주어는 의미상 주절의 주어와 일치할 수밖에 없다. 따라서 통제자는 상위문의 [주어]이며, 이것은 의미상으로 [경험자](Experiencer)이다.

## 3.2 제II유형

'겸어문' 즉 보어 소절에서 문장의 목적어가 소절의 통제자로 되는 경우이다. 표면 구조에서 보이지 않는 내포문의 주어가 항상 주절의 목적어와 일치하는 동사를 목적어 통제 동사라고 한다. 중국어에서는 소위 '겸어문'을 구성하는 동사가 모두 이에 해당한다.

(37) 应该允许人家 [e 讲话].
사람들이 의견을 말하도록 허락해야 한다.

(37)에서 "讲话"의 행위자는 상위문의 목적어인 "人家"이다. 다음의 예도 동일한 상황을 보여준다.

(38) 我叫你[e 买盘子], 你怎么买了一个盆子?
너더러 쟁반(pánzi)을 사 오랬더니 왜 세숫대야(pénzi)를 사왔니?
(39) 她们跳舞跳得很好, 大家又请她们[e 跳了一遍].
그 여자들이 춤을 매우 잘 추어서, 사람들은 그 여자들에게 다시 한번 추자고 요청했다.

이러한 동사로서 "使, 叫, 让, 命令, 催, 调, 动员, 放, 请, 请求, 派, 逼, 要, 劝, 令, 命令, 教育, 鼓舞, 禁止, 训练, 允许, 要求" 등이 있는데, 이들은 대개 '상대에게 명령을 한다'는 의미를 지니고 있다. 제Ⅱ유형의 동사들의 경우, 동사는 [명령]의 의미를 지니고 있고, 내포문의 통제자는 상위문의 목적어이며 그것의 의미 역할은 [목표](Goal)이다.35)

## 3.3 제Ⅲ유형

행위자인 상위문의 주어가 통제자로 되는 경우이다.

(40) a. 你要认真检讨[e 在工作中都犯了什么错误].
너는 업무 중에 대체 어떤 잘못을 범했는지 진지하게 반성해야 한다.
b. 你要认真检讨[自己在工作中都犯了什么错误].

---

35) 사역 동사의 목적어는 일반적으로, 우리말에서도 '-에게, -더러'라고 해석되듯이, 상위 동사의 동작이 미치는 [Goal]인 것으로 해석된다. 정희원(1990), Tang(1995) 참조.

너는 스스로가 업무 중에 대체 어떤 잘못을 범했는지 진지하
게 반성해야 한다.
c. *你要认真检讨[他在工作中都犯了什么错误].

(40)에서와 같이 동사 "检讨"가 동사구를 목적어로 선택할 때에 그 동사구의 결여된 주어는 반드시 상위문의 주어와 일치해야 한다. 이와 동일한 통제 양상을 보이는 동사로 "检讨" 이외에 "打算, 锻炼, 开始, 练, 练习, 停, 停止, 学, 学习, 保证, 企图, 坚持, 承认, 计划, 开始, 准备, 预备, 假装, 交代" 등이 이에 포함된다.36) 다음의 예도 마찬가지이다.

(41) 他承认[e 有缺点].37)
그는 (자신이) 결점이 있음을 인정했다.
(42) 他锻炼[e 在大庭广场上讲话]
그는 넓은 대청이나 광장에서 연설하는 것을 훈련한다.

이 유형의 동사는 의미상으로 상위문의 주어 자신과 관련된 행위를 한다는 것을 함의하고 있다. 이 점은 제I유형의 경우와 동일하다. 그러나 내포문의 통제자는 [경험재]가 아니라 [행위재](Actor)라는 점이 다르다.

## 3.4 제IV유형

이것은 2.3에서 언급하였듯이, 구조상으로는 '검어문'과 유사하지만 의미에 있어

---

36) Li(1986:145)와 袁晖(1992:169-170) 참조.
37) "他正在向老师承认着[自己的错误]"로 미루어 볼 때 "承认"이 동작 동사임을 알 수 있다.

서 차이를 보이는 부가 소절을 말한다. 우선 "喜欢"의 경우를 보면, 이 동사는 (43)과 같이 동사구를 목적어로 취할 수 있다.

(43) 我喜欢[e 唱歌]
나는 노래하기를 좋아한다.

이때에는 "唱歌"의 주어가 상위문의 주어인 "我"와 일치하므로 통제 양상이 제I 유형에 속할 것이다. 그런데 다음 예를 보자.

(44) 她喜欢他老实.
그 여자는 그 남자를 성실해서 좋아한다.

(44)의 심층구조는, 앞서 말했듯이, 전형적인 '겸어문'과 동일하게 분석되며 또한 '겸어문'과 마찬가지로 주제화가 불가능하다. (45a,b)는 각각 그러한 예를 보여준다.

(45) a. 她喜欢他[e 老实]
b. *[他老实], 她喜欢[ ].

그러나 이 동사들은 전형적인 '겸어 동사'와 달리 명사구만을 목적어로 선택할 수 있다.

(46) 她喜欢[他].
그 여자는 그 남자를 좋아한다.

또한 (44)에서 내포문과 상위문은 의미상으로 원인과 결과의 관계에 놓여 있다. 그러나 보어 소절의 경우에는 이러한 의미가 없다.

(47) 她喜欢他是因为他老实.
그 여자가 그 남자를 좋아하는 까닭은 그 남자가 성실하기 때문이다.
(48) a. 我们请她再跳一遍.
우리는 그 여자더러 다시 한번 춤을 추자고 청했다.
b. *我们请她是因为再跳一遍.

또한 통제자의 의미 역할이 다르다. 전형적인 겸어문에서는 통제자가 [Goal]이었지만 여기에서는 [Theme]인 것이다. 따라서 이러한 '유사 겸어문'은 유형 Ⅱ의 '전형적인 겸어문'과 구별되어야 한다.38) 이러한 유형에 속하는 것으로, "喜欢" 이외에 "爱, 怕, 嫌, 原谅, 恨, 佩服, 赞扬, 感谢, 祝贺, 表扬, 称赞, 怪, 埋怨, 批评" 등이 있다.

제Ⅰ유형의 동사들이 주어 자신의 심리 상태에 대해 서술한다면, 이 유형의 동사는 주어가 아니라 목적어에 대한 주어의 감정을 서술하는 것이다. 내포문의 통제자는 상위문 동사의 목적어이며, 이것은 의미상 동사의 [대상](Theme)이다.39)

## 3.5 제Ⅴ유형

지금까지는 상위문의 주어나 목적어 어느 하나만이 통제자가 되었다. 그런데 중

---

38) 사실상 '겸어문'이란 용어는 우리에게 그다지 도움을 주지 못한다. 차라리 하위범주 구분상의 특성에 따라 동사의 어휘내항에 [__ NP VP]라는 하위범주틀을 설정하는 것이 나을 듯하다. 최근에 Tang(1995)도 이와 유사한 입장을 보이고 있음을 朴正九선생과의 논의에서 알게 되었다.
39) 제Ⅰ유형의 동사와 제Ⅳ유형의 동사 가운데 서로 중복되는 것이 있다. 이것은 하위범주 구분할 때 각각 독립된 어휘 항목으로 나누어 기술해야 할 것이다. 본고에서는 편의상 제Ⅰ유형의 "爱"와 "喜欢"은 "爱$_1$", "喜欢$_1$"이라 하고, 제Ⅳ유형의 경우에는 "爱$_2$"와 "喜欢$_2$"라고 하기로 한다.

국어에서 대단히 흥미롭게도 주어와 목적어가 동시에 통제자가 되는 경우가 있다. 다음 예문이 그러하다.


(49) 你陪代表团[e 上长城游览吧].
당신은 대표단을 모시고 만리장성을 유람시켜 드리세요.

여기에서 "长城"으로 유람가는 자는 "代表团"뿐만 아니라 "你"까지도 포함된다. 다음 예도 동일한 상황을 보여준다.


(50) 妈妈送小儿子[e 去幼儿园].[40]
     엄마는 어린 아들을 유치원으로 데려다 주었다.
(51) 他用肩膀背他[e 上房].
     그는 어깨에 그 사람을 지고 집으로 올랐다.


다만 상위문의 주어와 목적어의 의미 역할은 같지 않다. 주어는 동작자(Actor)가 되고 목적어는 수동자(Patient)로 해석된다. 이것은 중국어에 특이한 현상으로 생각된다. 《动词用法词典》에서는 단지 '겸어문'의 하나라고만 기술하고 있다. 그러나 주어와 목적어 모두가 통제자가 된다는 것은 앞서 언급한 일반 '겸어문'과 다른 성질을 보이는 것이다. 따라서 단지 '겸어문'의 하나라고만 말하는 것으로는 이 유형의 동사가 보이는 특성을 제대로 보여줄 수 없다. 즉, 이 동사들은 동작자의 행위에 의해 수동자가 이동하기는 하지만 이때 동작자도 동시에 이동한다는 의미를 함의하며, "托, 拖, 陪, 送, 背, 带, 扶, 赶, 举, 拉, 拿, 捧, 率领, 抬, 提, 运" 등과 같은 이동동사가 모두 이에 속한다.

---

[40] 이 예문은 "妈妈送小儿子上幼儿园"과 같이 "去" 대신에 "上"을 사용하면 단지 "小儿子"만이 그것의 행위자로 된다.

## 4. 맺음말

본고에서는 동사의 하위범주 구분을 행하기 위한 작업의 하나로서 동사구가 논항으로 선택되는 경우를 대상으로 하여 두 가지 문제를 검토하였다.

하나는 동사구의 정체를 밝히고 그 분포를 알아보는 작업이다. ≪动词用法词典≫에 동사구 목적어([动宾])로 표기된 것들 중에서 명사성 동사와 단지 절에서 주어가 생략된 경우는 진정한 동사구로 보기 어렵다는 사실을 밝혔다. 또 하나는 비한정절이 내포문으로 사용되는 경우를 대상으로 하여 통제 양상을 관찰하여 기술하는 것이다. 본고에서는 중국어 동사가 비한정절을 목적어와 부가 소절로 선택하는 경우를 하나하나 검토한 다음에 그 유형을 5가지로 귀납하여 제시하였다.

[중국어 통제구문의 5가지 유형]

| | 통 제 자 | | 예 |
|---|---|---|---|
| | 문 법 범 주 | 의미 역할 | |
| 제 I 유형 | 주어 | Experiencer | 爱, 爱好, 愁, 後悔, 喜欢, 愿意 등. |
| 제 II 유형 | 목적어 | Goal | 使, 叫, 让, 命令, 催, 动员, 放, 请, 请求, 派, 逼, 要, 劝 등. |
| 제 III 유형 | 주어 | Actor | 锻炼, 开始, 练, 练习, 停, 停止, 学, 学习, 保证, 企图 등. |
| 제 IV 유형 | 목적어 | Theme | 爱, 怕, 嫌, 批评, 原谅, 恨, 佩服, 埋怨, 批评, 喜欢 등. |
| 제 V 유형 | 주어와 목적어 | 주어=Actor<br>목적어=Patient | 托, 陪, 送, 背, 带, 扶, 举, 拉, 捧, 率领, 抬, 提, 运 등. |

이 동사들은 외형상으로는 모두가 [NP+V+NP+VP]의 구문을 구성할 수 있다. 그런데 심층구조에서의 통제 상황은 다르다. 그것은 각 동사의 의미적 특성에 의해

결정되는 것이므로 동사를 하위범주화할 때 그러한 상황을 어휘내항에 기재해야 한다. 특히 "爱, 喜欢" 등은 하나의 동사가 여러 유형에 속해 있는데, 이때에는 "爱$^1$, 爱$^2$", "喜欢$^1$, 喜欢$^2$"와 같이 나누어서 각각 하위범주 구분해야 할 것이다. 특히 "爱$^2$"와 "喜欢$^2$"의 경우에 그 내포문이 임의적 성분인 부가 소절이기는 하지만, 어느 동사나 [NP+V+NP+VP]와 같은 구문을 구성할 수 있는 것은 아니라고 할 때, 역시 이 동사들의 특성의 하나로 보고 하위범주 구분에 포함시켜야 할 것이다.41)

---

41) 이밖에 아직 다루지 못한 부분이 있다. [Subj. + V + NP + VP]의 구문을 구성할 수 있는 "有, 买, 找, 来, 去" 등이 그러하다. 이것은 차후의 연구로 미룬다.

# 제7장
# 동사 '来'와 '去'의 의미

## 1. 들머리

　　중국어의 이동동사(motion verb) 중에서 가장 기본이 되는 것은 '来'(오다)와 '去'(가다)이다. 이들은 단독으로 문장의 술어로 쓰일 수 있을 뿐만 아니라 다른 동사의 뒤에 붙어서 방향보어(directional complement)로 사용될 수도 있다. '来'와 '去'는 특히 다른 이동동사 '上, 下, 进, 出, 回, 过, 起, 开' 등과 결합하여 복합 방향보어를 구성한다. 따라서 이러한 '来'와 '去'의 문법적 특성에 대한 해명이 없이는 중국어의 방향보어에 대한 의미 규명이 불가능하다. '来'와 '去'의 문법에 대한 연구는 통사론적 접근과 의미론적 접근으로 나뉘어 진행될 수 있다. 본고는 이 중에서 이 동사들의 의미에 초점을 맞추고 진행된다.[1]

---

[1] 필자는 기본적으로 이기동(1977)을 통하여 '来'와 '去'의 다양한 의미에 대해 반성하는 계기를 갖게 되었고 박양규(1987)에서 소위 '시점'이라는 개념을 본고에 도입하게 되었다. 이 분들에게 지면을 통해 감사드린다. 또한 예문의 적격성을 따져야 할 경우 박덕준 선생의 직관에 주로 기대었다. 역시 이 자리를 빌어 감사드린다.

## 1.1 '来'와 '去'의 의미

'来'와 '去'는 통사적 특성도 다양하지만 또한 문장에서 매우 다양한 의미로 사용된다. 그런데 기존의 연구를 살펴보면 아직 '来'와 '去'의 의미에 대한 연구가 충분히 이루어지지 않은 것으로 보인다. 우선 이 두 동사에 대한 ≪现代汉语词典≫의 뜻풀이를 살펴보자.

    (1)   来: 从别的地方到说话人所在的地方.
            다른 장소에서 화자의 위치로 이동하다
        去: 从所在地到别的地方.
            현재의 위치에서 다른 장소로 이동하다

그런데 이러한 풀이는, 특히 중국어를 외국어로 배우는 사람들이 '来'와 '去'의 용법을 이해하고 그것을 올바로 선택하여 사용하는 데 그다지 도움을 주지 못하는 것으로 보인다. 예를 들어, 사전에 있는 '来'의 뜻풀이만으로는 다음 문장을 이해할 수 없다.

    (2)   我马上过来(你这边).
           제가 곧 (당신에게) 가겠습니다.
    (3)   他等一下会到你那边来. (Huang, 1977)
           그가 잠시 후에 당신에게 갈 겁니다.

(2-3)의 '来'는 화자의 위치로의 이동이 아닌 청자의 위치로의 이동을 나타내고 있는 것이다.

또한 '来'와 '去'는 장소의 이동이라는 의미 외에도 여러 가지 의미를 지니고 있다. 예를 들어 '醒来'를 장소 이동으로 이해하는 것은 무리다. 그런데 사전에는 이곳의 '来'가 '동사의 뒤에 쓰여서 동작의 결과를 나타낸다'고 되어 있다. 아울러 '醒来'는 있지만 '*醒去'는 없다. 따라서 왜 전자의 문장은 가능하지만 후자의 문장은 불가능한지도 알 수가 없다. 여기서 첫 번째로 제기되는 문제는 '来'와 '去'가 장소의 이동 외에 어떠한 의미들을 가지고 있는가 이다.

중국어의 '来'와 '去'의 의미에 대한 기존의 연구를 살펴보면, 우선 비교적 체계적인 연구로 Huang(1977)을 들 수 있다. 그는 '来'와 '去'가 장소 이동 의미 외에 시간 이동과 상태 이동의 의미를 지니고 있음을 밝히고 있다. 다만 시간 이동과 관련된 기술은 매우 소략하여 '来'와 '去'의 시간 이동 의미를 고찰하는 데는 그다지 도움이 안 된다. 汤廷池(1978)는 기본적으로 Huang(1977)의 틀을 벗어나지 않는다. 이밖에 呂叔湘(1980)에서 '来'와 '去'의 의미를 사전 식으로 나열하고 있을 뿐 더 이상의 깊이 있는 연구는 진행되지 않은 것으로 보인다.

필자는 '来'와 '去'의 기본 의미를 공간 이동으로 파악하고, 그 의미가 시간 이동, 행위의 지속, 상태 변화로 확대되어 가는 것으로 본다.[2]


## 1.2 '来'와 '去'의 선택 원리

실제 언어사용에서 '来'와 '去' 사이의 선택에 작용하는 요소는 매우 많다. 화자(의 위치)와 청자(의 위치) 이외에 발화시와 사건시, 기점과 종점 등이 그것이다.[3]

---

[2] 이러한 분석의 타당성에 대해서는 이기동(1977)을 참조할 것.
[3] 본고에서 자주 사용되는 용어의 개념은 다음과 같다.
　발화시(coding time): 화자가 말을 하는 당시의 현재 시간.
　사건시(reference time): 발화 속의 문장이 지시하는 시간. 현재 일 수도 있고 과거나 미래 또한 발화시는 현재, 과거, 미래 시제가 될 수 있고 사건시도 현재, 과거, 미래 시제가 될 수 있다. 또한 화자의 위치가 고정되어 있는가 움직이고 있는가도 하나의 변수가 될 수 있다. 이들 모두에 대해 가능한 순열을 구한 다음 '来'와 '去' 사이의 선택관계를 알아보려 한다면 매우 복잡하고도 장황한 설명이 필요할 것이다.[4] 그런데 우리에게 필요한 것은 단순하고도 설명력 있는 원리이다.

우선 이 문제에 대한 기존의 연구를 개관해보면 다음과 같다.

Chao(1968), 呂叔湘(1980), 朱德熙(1982)는 '동작이 화자를 향하면 '来'를 사용하고 화자에서 멀어지면 '去'를 사용한다'고 함으로써 화자를 기준으로 하여 '来'나 '去'가 선택된다고 하였다. 刘月华(1980)와 蒋国辉(1988)는, 화자가 출현한 경우에는 위와 동일하지만, 화자가 출현하지 않은 소설 속의 장면 묘사에서는 문장의 주어가 기준이 될 수도 있다고 하였다. Huang(1977)은, '来'와 '去'의 의미와 연관되는 네 가지 개념들, 즉 화자, 청자, 발화시(coding time), 사건시(reference time)를 조합하여 '来'와 '去'의 선택에 대한 기준을 설정하려고 하였다. 즉, 이것들을 조합한다면 네 가지의 논리적으로 가능한 종점의 순열(matrix)--발화시 또는 사건시에서의 화자의 위치, 또는 발화시 또는 사건시에서의 청자의 위치---을 얻을 수 있는데 각각의 경우로 나누어 '来'와 '去'의 선택을 관찰하였다. 그의 최종 결론은 표준중국어 의미론에서 '来'의 이동의 종점은 발화시나 사건시를 막론하고 청자의 위치로 될 수 없다는 것이다. 다시 말하면 청자의 위치가 종점이 되는 경우에는 '来'를 사용하지

---

일 수도 있다.
기점(source): 이동이 시작하는 위치 또는 시간.
종점(goal): 이동이 끝나는 위치 또는 시간.
4) 실제로 전수태(1987)는 기준을 화자의 현재 위치, 화자의 과거 위치, 화자의 미래 예정 위치, 화자와 청자의 집의 네 가지로 구분하고, 다시 사건시(현재, 과거, 미래)와 장소(여기, 거기)를 다른 한 짝으로 하는 순열을 만들어, 각각의 경우에 '오다'와 '가다'가 선택되는 양상을 관찰하고 있다.

않고 '去'만을 사용한다는 것이다. 汤廷池(1978)는 '来'와 '去'의 용법을 다음과 같이 두 가지로 귀납하였다. 첫째, 화자와 청자의 한쪽 또는 양쪽이, 발화시나 사건시에, 종점 명사가 지시하는 장소에 위치하면 '来'를 써야만 한다. 둘째, 화자가 발화시 또는 사건시에 모두 종점 명사가 지시하는 장소에 없을 경우에는 '去'를 써야 한다.5)

이상의 연구는 과연 '来'와 '去' 사이의 선택을 바르게 예측하게 해주는가? 답은 부정적이다. 이상의 논의는 어떤 식으로 제안된 것이건 모두 적지 않은 반증례의 도전을 받고 있다. 또한 '来'와 '去'를 설명하기 위해 여러 가지의 기준들이 도입되고 있는데, 도입되는 기준이 많아질수록, 그리고 논의가 복잡해질수록 그 결과는 실제 언어 사용과 거리가 멀어질 것이라고 생각된다. 왜냐하면 '来'와 '去'의 용법이 그것을 설명하는데 수많은 기준을 도입해야 할 정도로 복잡하다면 설사 모국어 화자라고 할지라도 그 언어를 제대로 습득한다는 것이 쉽지 않을 터인데, 사실 중국인들은 '来'와 '去'를 거의 틀리지 않게 사용하며 또한 상대방의 말 속의 '来'와 '去'가 무엇을 의미하는지를 이해하는데 어려움을 느끼지 않기 때문이다. 그렇다면 중국어를 모국어로 사용하는 화자들이 지니고 있는 일반적인 원리는 무엇인가?

이 문제를 풀기 위해서 본고는 蔣国辉(1988)의 다음과 같은 기술을 논의의 출발점으로 삼고자 한다.

(4) 来: 朝着空间参考点的相对运动.
 공간 참고점을 향하는 상대적인 운동
 去: 背离空间参考点的相对运动.
 공간 참고점을 벗어나는 상대적인 운동

---

5) 一, 说话者与听话者的一方或双方, 在发言时间或指示时间, 居於终点名词所指示的地方;这个时候, 动词要用'来'. 二, 说话者在发言时间或指示时间, 都不在终点名词所指示的地方;这个时候动词要用'去'.

공간참고점이란 화자의 위치를 말한다. 그러나 이것은 화자가 발화할 당시의 실제 위치를 가리키는 것이 아니고, 화자가 그의 머리 속에서 자기를 동작과 관련이 있는 위치에 이동시켜 놓고 동작의 실제 방향에 대해 가치평가를 하는 위치를 가리킨다. 이것은 박양규(1987:466ff)의 視点(point of view)에 상당하는 것인데, 그에 의하면 "시점이란 화자가 대상(object)의 이동을 보는 위치를 말한다". 화자는 때로 이 시점을 발화시에 있어서의 자신의 현재 위치가 아닌 다른 곳으로 옮겨놓을 수도 있는데, 한국어에서 이와 같이 화자의 위치와 시점이 분리되는 경우 '오다'와 '가다' 사이의 선택에는 발화시에 있어서의 화자의 현재 위치보다는 이동을 보는 화자의 시점 쪽이 더 결정적인 기준이 되는 것 같다고 하였다. 즉, 이동의 유무를 막론하고 '오다'는 항상 '종점에 놓인 시점'으로의 이동(좀더 풀어서 말한다면, "화자의 시점이 놓인 곳을 종점으로 하는 이동")을 나타낸다는 것이다.

그렇다면 蔣國輝의 제안을 우리는 다음과 같이 재진술할 수 있다.

  (5) 이동의 종점(Goal)과 화자의 시점이 일치하면 '來'를 선택하고 일치하지 않으면 '去'를 선택한다.

이것은 중국어의 '來'와 '去' 사이의 선택을 결정하는 데 있어 매우 간결하고도 유용한 근거를 제공할 것으로 보인다. 기존의 논문들이 대부분 이동물의 종점에만 착안하여 이 동사들의 성격을 규명하려 했다면 이제부터는 역으로 화자의 시점에 착안하여 '來'와 '去'의 이동을 관찰하게 되는 것이다. 이 같은 발상의 전환은 '來'와 '去'의 의미에 대한 진술을 훨씬 간명하게 만들고 우리가 그 의미와 기능을 쉽게 이해하도록 도와줄 것이다.

본고는 다음과 같이 논의를 진행한다. 우선 이동의 종류를 공간 이동(제2장), 시간 이동(제3장), 사태(state-of-affairs)의 지속(제4장), 상태 변화(제5장)의 네 가지로 나누고, 각각의 경우에 대하여 화자의 시점과 이동하는 대상(object)의 종점 일치 여부에 따른 '来'와 '去' 사이의 선택 관계를 관찰한다. 그러므로 이 글은 Huang(1977), 이기동(1977)에서 시도된 의미분석과 박양규(1987), 蔣国輝(1989)에서 제안된 기준점 분석 방법을 중국어의 '来'와 '去' 연구에 통합적으로 적용하는 것으로 된다.

## 2. 구체 사물의 이동

'来'와 '去'의 기본 의미는 구체 사물이 공간 속에서 이동하는 방향을 나타내는 것이다. 여기에서는 화자에 의해서 선택 가능한 시점으로서, 화자의 위치, 청자의 위치, 화자의 집의 세 가지를 설정한다.

### 2.1 시점 I : 화자의 위치

'来'와 '去'는 화용적 요소로서 주로 발화하는 화자에 의해 선택되는 것이다. 그러므로 그것은 일차적으로 화자의 현재 위치를 기준으로 하여 선택되는 경우가 많다.

(6) 蚯蚓说: "那是春风. 春风招呼咱们到外边去."
지렁이가 말했다: "그것은 봄바람이야. 봄바람이 우리더러 밖으로 나오라고 부르는 거야."

(6)에서 화자는 땅속에 있고 주어는 땅 바깥에 있다. 우리말 해석을 보면 알 수 있듯이 우리말의 '오다'와 '가다'는 주어의 위치에 따라 선택되는 경우가 많다. 즉

주어 쪽으로 향하면 '오다'를 쓰고, 주어에서 멀어지면 '가다'를 쓰는 것이다. 그런데 (6)에서 알 수 있듯이 중국어에서는 주어보다도 화자의 위치를 우선적으로 시점으로 선택한다.6) 그래서 화자의 위치로 가까워지면 '來'를 선택하고 멀어지면 '去'를 선택하는 것이다. 다음의 예도 동일한 상황을 보여준다.

(7) 老天爷派我来管理你们百兽, 你吃了我, 就是违抗了老天爷的命令.
하느님께서 나를 보내서 너희 짐승들을 다스리라고 하셨는데 네가 나를 잡아먹는다면 하느님의 명령을 어기는 거야.

(7)에서 화자는 지상에 있고 주어는 하늘나라에 있다. 그런데 주어는 하느님이므로 최대한의 존경을 표시해야 할 대상이다. 그러므로 우리말에서는 하느님의 위치에서 '我'를 보내는 것으로 말한다. 그런데 중국어에서는 역시 화자인 '我'의 위치를 기준으로 하여 하느님의 위치에서 현재의 위치로 보내어져 '온' 것으로 말하고 있다. 즉 화자의 발화시의 위치를 시점으로 하고 그 시점을 기준으로 하여 '來'와 '去' 사이의 선택을 결정하는 것이다.

이러한 시점은 미래로 옮겨갈 수도 있다. 다음 문장을 보자.

(8) 诸葛亮说: "从明天起, 第三天, 请把五百个军士派到江边来搬箭."
제갈량이 말했다: '내일부터 사흘 째 되는 날에, 군사 오백 명을 강변으로 보내서 화살을 옮기도록 하시오'

(8)에서 화자는 발화시인 현재 강변에 있지 않다. 그런데도 '來'가 쓰였다. 이것은 위의 논리에 의거한다면 비문법적인 것으로 되어야 한다. 그러나 (8)은 매우 자

---

6) 이것은 Tsao(1977:89ff)가 말했듯이, 담화 지향적 언어(discourse-oriented language)인 중국어의 특성에서 비롯되는 것으로 보인다.

연스러운 문장이다. 그 이유는 무엇일까. 우리는 이 점을 '시점의 이동'으로 설명할 수 있다. 즉 본고 1.2에서 언급했듯이, 화자가 대상의 이동을 관찰하는 위치인 시점은 때로 발화시에 있어서의 화자의 현재 위치가 아닌 다른 곳으로 이동할 수 있다는 것이다. (8)에서 诸葛亮은 내일부터 제3일째 되는 날 자신이 강변에 있을 것임을 전제로 하여 그곳을 시점으로 삼고 이 문장을 발화한 것이다. 만약 그가 문제의 사건시에 그 장소에 없을 것이라면 이 문장은 '来'가 아닌 '去'를 써야 옳다. 다음의 예도 (8)과 유사한 예를 보여준다.

(9) 明天我们去参观, 你能来吗?
내일 우리 견학하러 가는데 너 올 수 있니?

(9)에서 앞 문장에서는 '去'가 쓰였고 뒷 문장에서는 '来'가 쓰였다. 앞 문장에서 이동하는 것은 '我们'(우리)이다. 이동물인 '我们'은 내일이 되면 현재의 시점 위치가 아닌 다른 장소로 이동한다. 그러므로 '去'가 쓰였다. 뒷 문장의 이동물은 '你'(너, 당신)이다. 이때 시점은 발화시의 현재 위치가 아니라 사건시의 화자의 위치로 이동하였다. 즉 화자는 사건시인 '明天'(내일)에 견학하는 자리에 있을 것임을 전제로 하고 이 문장을 발화한 것이다. 이동물인 '你'가 사건시의 시점을 종점으로 하므로 '来'가 쓰인 것이다.

이기동(1977)은 화자가 움직이는 경우를 따로 설정하였는데, 우리는 그럴 필요를 느끼지 않는다. 다음 문장을 보자.

(10) a. 我明天再来.
내일 다시 올게.
b. 我明天再去.
내일 다시 갈게.

(11) a. 去年我来过一次.
   작년에 한번 온 적이 있어.
   b. 去年我去过一次.
   작년에 한번 가본 적이 있어.

(10-11)에서 설사 화자(이동물)가 이동한다고 할지라도 시점(始点)과 종점(終点)이 일치한다면 '来'를 사용하고 일치하지 않으면 '去'를 사용한다는 면에서 다를 바가 없는 것이다.

이상의 논의를 요약하면 다음과 같다. 시점이 화자의 위치에 있을 경우 종점이 화자를 향하면 '来'를 사용하고, 종점이 화자가 아닌 다른 곳을 향한다면 '去'를 사용한다. 이 시점은 이동이 가능하며 그것을 어디에 둘 것인가는 화자가 결정한다.

## 2.2 시점 II: 청자의 위치

청자는 대화의 다른 한쪽을 차지하는 중요한 참여자에 속한다. 화자는 때때로 청자를 중심으로 하여 대화를 진행시키는 경우가 있다. 첫째, 의문문인 경우와 둘째, 상대가 연장자이거나 직장의 상사 등이어서 존경을 표시해야 하는 경우가 그러하다.

### 2.2.1 의문문의 경우

의문문은 성격상 청자가 화자로 되는 대답을 요구한다. 따라서 화자의 질문을 종종 청자의 입장에서 진행되게 된다. 즉 사물의 이동을 청자의 입장에서 관찰하는 것이다. 다음 예문에서 이 사실을 확인할 수 있다. 다음 문장이 A와 B 사이의 전화 대화에서 발화되었다고 가정하자.

(12) A: 小明来了吗?
　　　샤오밍 왔니?
　　B: 来了.
　　　왔어.

여기에서 화자는 이동을 보는 시점을 청자인 B의 위치에 놓고 이동물인 '小明'의 이동을 관찰하고 있다. 이동대상의 종점이 청자의 위치이므로 시점과 종점이 일치한다. 그러므로 '来'만이 선택될 수 있다.

화자의 시점은 청자의 과거 위치로 이동할 수도 있다.

(13) A: 昨天的晚会, 小明来没来?
　　　어제 저녁 파티에 샤오밍이 왔던?
　　B: 来了.
　　　왔더군.

(13)은 두 가지 해석이 가능하다. 하나는 화자가 그 모임에 참석한 경우이고, 또 하나는 화자가 그 모임에 참석하지 않은 경우이다. 참석한 경우라면, 사람이 너무 많아서 미처 '小明'이 왔는지 안 왔는지를 확인하지 못했을 경우에 위와 같이 질문할 수 있다. 그러나 청자는 어제(사건시) 저녁 파티(종점)장소에 반드시 있어야 한다. 이러한 전제하에서 화자는 시점을 청자의 위치에 두고 질문을 던지고 있는 것이다. 이때 이동물인 '小明'이 그 시점으로 향하기 때문에 '来'를 선택한 것이다. 만약 청자도 그 모임에 참가하지 않았으리라고 가정했다면 '来'를 사용하지 않고 다음과 같이 '去'를 사용할 것이다.

(14) A: 昨天的晚会, 小明去没去?
　　　어제 저녁 파티에 샤오밍이 갔니?

　　　　B: 去了.
　　　　　 갔어.

화자의 시점은 청자의 미래 위치로 이동할 수 있다. 다음 예문을 보자.

　　(15) A: 明天的晚会, 小明来不来?
　　　　　 내일 저녁 파티에 샤오밍이 온다던?
　　　　 B: 他说来.
　　　　　 온다더라.

(15)도 두 가지로 해석할 수 있다. 한가지는 화자가 참석하는 경우이고 또 한가지는 화자가 참석하지 않는 경우이다. 그러나 어떠한 경우이건 청자는 반드시 그 자리에 참석한다는 것이 전제되어 있다.

### 2.2.2 상대 존칭인 경우

다음과 같이 화자나 제3자의 이동이 문제로 될 경우에도 '来'를 사용할 수 있다

　　(16) 我马上过来(你这边).
　　　　 제가 곧 (당신에게) 가겠습니다.

물론 (17)에서 '来' 대신 '去'를 사용해도 문법적으로 저촉되지 않는다(Huang, 1977).

　　(17) 我马上过去(你那边).
　　　　 제가 곧 (당신에게) 가겠습니다.

Huang에 의하면 (16)과 (17)의 유일한 차이는 '来'를 사용할 경우에 그 밑바탕에

존경의 색채을 깔고 있다는 것이다. 화자는 청자의 위치를 대화의 중심으로 간주하고 있는데, 이것은 괄호 안에 있는 '你这边'이라는 표현을 삽입할 수 있다는 것에서 알 수 있다. 만약 청자에 대한 존경을 염두에 두지 않는다면, 청자를 종점으로 하는 화자의 이동에는 반드시 '去'를 사용해야 한다는 것이다.7) 이것은 다시 말하면, 존경성이 개재될 경우 화자는 이동을 보는 시점을 청자의 위치로 이동시키므로 '来'를 사용하며, 그렇지 않은 경우에는 시점을 이동시키지 않으므로 '来'가 아닌 '去'를 사용한다고 할 수 있다.8)

이동대상이 화자가 아니고 제3자일 경우에도 위와 동일한 맥락에서 '来' 대신 '去'를 사용할 수 있다.


(18) a. 他等一下会到你那边来.
　　　그 사람이 잠시 후에 당신에게 갈 겁니다.
　　b. 他等一下会到你那边去.
　　　그 사람이 잠시 후에 당신에게 갈 겁니다.


(18)의 a와 b는 이동물 '他'(그 사람)가 청자 쪽으로 이동한다는 면에서 볼 때, 기본적인 의미는 차이가 없다. 그런데 이동을 관찰하는 시점이 (18a)에서는 청자 위치에 놓여있고 (18b)에서는 '他'의 위치에 있다. 시점이 청자의 위치에 있다는 것

---

7) 일상 대화에서 다음과 같이 상대에 대한 존경을 전제하지 않고서도 시점을 상대방 위치에 놓고 '来'를 사용하는 경우가 있다.
　ⅰ) (밖에서 아이가 문을 두드릴 때)
　　　来了, 来了.
　　　간다, 가
　물론 이 문장은 상대가 어른이라 할지라도 그대로 사용될 수 있다.
8) 蒋国辉(1988)는 '我要到你那儿去'와 '我要到你那儿来'가 의미상 차이가 없다고 했는데, 엄밀히 따진다면 전자의 경우는 화자도 곧 종점의 위치에 위치할 것임을 함의하지만 후자는 이런 함의가 없다는 면에서 차이가 있다.

은 청자의 입장에서 사물의 이동을 관찰하는 것을 의미한다. 이것은 곧 청자에 대한 배려로 이해된다. 그 이유는 이동물을 청자와 대치하는 장소에 두는 것이 아니라 청자와 같은 쪽에 위치시킴으로써 청자가 느끼는 이동물과의 심리적 거리를 없앰으로써 청자로 하여금 거리를 잴 필요를 느끼지 않게 하기 때문일 것이다.[9]

다음과 같은 경우도 역시 청자에 대한 화자의 배려를 근거로 설명할 수 있을 것이다.

(19) a. 你们坐下来休息吧.
    앉아서 좀 쉬세요.
   b. *你们坐下去休息吧.

(19)에서 화자는 서 있을 수도 있고 앉아 있을 수도 있다. 만약 앉아있는 경우라면 당연히 '来'만 쓸 수 있다. 시점이 화자에 놓여 있고 종점 또한 화자의 위치이기 때문이다. 그런데 화자가 서있는 경우 (19a)는 성립하는데 오히려 (19b)는 성립하지 않는다. 그 이유는 다음과 같다. 문맥으로 볼 때 청자는 장시간 서서 노동을 했을 수가 있다. 이때 '坐下'(앉다)라는 동작은 청자에게 이로운 것이다. 화자는 자신의 시점을 청자가 서있는 현재 위치에 두지 않고 장차 앉게 될 미래 위치에 가져다 놓고 청자에게 그 쪽으로 이동할 것을 권유하고 있는 것이다. 다음 문장도 유사한 예를 보여준다.

(20) a.?你给我坐下来!
    b. 你给我坐下去!
       너 앉아!

---

9) 시점 이동의 필요에 대해서는 간략하긴 하지만 박양규(1987)이 참조된다.

우리의 검증에 의하면, (20)은 둘 다 가능하지만 a보다는 b가 더 자연스럽게 들린다. 그 이유는 '给我'를 사용한 (20)이 화자가 청자에게 강요하는 명령문이기 때문이다. 즉 여기에서는 청자에 대한 배려를 발견할 수 없다. 따라서 이 때에는 '去'를 사용하는 것이 자연스러운 것이다.

이상의 논의를 요약하면, 화자는 특별한 상황에서 이동을 보는 시점을 청자에게로 옮길 수가 있다. 이때 이동의 종점이 청자를 향하면 '来'를 사용하고 이동의 종점이 청자를 향하지 않으면 '去'를 사용한다.

## 2.3 시점Ⅲ: 화자의 집

화자의 집은 보통 화자의 일부로 간주되는 경우가 많다. 그러므로 화자의 시점은 상황에 따라서 매우 쉽게 그곳으로 이동한다. '화자의 집'에는 화자가 거주하는 주택 이외에 화자의 직장, 사무실, 잘 아는 장소 등 화자와 특별한 관련을 가지고 있는 장소가 모두 포함된다.[10]

다음 예문을 보자.

(21) 你有空儿, 来看看我们的新居吧.
    틈이 있거든 우리 새 집 좀 보러 오렴.

(21)은 화자와 청자가 우연히 길을 가다가 만나서 나누는 대화 중의 일부이다.

---

[10] 화자의 시점의 하나로 '화자의 집'이 설정되어야 하는 까닭은 그 장소가 화자와 갖는 긴밀한 관계 때문이다. 이에 대한 좀더 자세한 논의는 전수태(1986), 박양규(1987)를 참고할 것. 전수태(1986)는 화자의 집뿐만 아니라 청자의 집도 하나의 기준으로 제시하였다. 그러나 중국어에서는, '청자의 집'은 화자의 시점이 '청자의 위치'에 놓이는 경우(본고 2.2)와 함께 논의될 수 있는 것으로 생각된다.

이때 화자와 청자는 모두 화자의 집이 아닌 다른 장소에 위치한다. 그런데도 '去'가 아닌 '来'가 사용되었다. 그 이유는 이 문장이 상대방이 자기 집에 오는 그 시각에 화자가 자기 집에 있을 것임을 전제로 하여 발화된 것이기 때문이다. 만약 이러한 전제가 없다면 이 문장에서는 '来'를 사용할 수 없다. 그러므로 (22a)는 비문이다. 그러나 (22b)와 같이 '去'를 사용하면 적격한 문으로 된다.

(22) a. *明天我不在家, 你有空儿, 来看看我们的新居吧.
?내일 나는 외출할 건데 틈이 있거든 우리 새 집 좀 보러오렴.
b. 明天我不在家, 你有空儿, 去看看我们的新居吧.

다른 예를 보자. 刘月华(1980)에 의하면, 문장 안에 화자를 지칭하는 '我'가 출현한다면 '基点'(우리의 용어로 바꾼다면 '시점')이 화자('我')의 현재 위치와 일치되어야 한다. 따라서 만약 다음 문장이 화자인 '我'가 북경에 있는 경우에 발화된 것이라면 비문법적이라는 것이다.

(23) 我听说夏天的松花江很美, 到哈尔滨旅行的人都喜欢到松花江来.
내가 듣기에, 여름철의 쏭화강은 (풍경이) 아름다우며, 하얼빈에 온 사람들은 모두가 쏭화강에 오기를 좋아한다고 한다.

이에 대해서 蒋国辉(1988)에서는, 화자가 북경에 있다고 해서 항상 '去'를 써야 하는 것은 아니라고 했다. 우선 화자가 '去'를 선택했다면 그것은 화자의 생활 경험(哈尔滨에 간 적이 없다)과 심리상태(哈尔滨 사람과 동질의식이 없다)가 그렇게 하도록 만든 것에 불과하다. 만약 哈尔滨 사람에게 이 말을 하도록 한다면, 비록 자신이 북경에 있다 하더라도 동사 '来'를 쓸 가능성이 얼마든지 있다는 것이다.

우리는 이것도 역시 '화자의 집'으로의 시점 이동 여부로 설명할 수 있다고 생각한다. 만약 시점을 계속 북경에 두고 있다면 당연히 刘月华와 마찬가지로 '去'가 선택되어야 하지만, 만약 시점이 松花江으로 이동한다면 '来'를 사용해야 한다.

이상의 내용을 요약하면, 시점이 화자의 집에 놓여있는 경우에는 종점이 화자의 집을 향하면 '来'를 사용하고, 그렇지 않으면 '去'를 사용한다.

이상에서 우리는 공간이동에 있어서, 화자의 시점과 이동물의 종점이 일치하는 경우에는 '来'를 사용하고, 일치하지 않는 경우에는 '去'를 사용한다는 사실을 확인할 수 있다.

## 3. 시간의 이동

시간이란 추상적인 개념이다. 그런데 인간의 언어를 분석해보면 인간은 이 추상적인 개념을 구체적인 하나의 사물로 인식하고 있는 것으로 보인다. 다음 예문을 보자.

(24) a. 飞机飞得很快.
비행기가 빨리 날아간다.
b. 时光流逝得很快.
세월이 빨리 흘러간다.

(24a)에서 이동하는 것은 구체적인 사물인 '飞机'(비행기)이다. (24a)가 나타내는 뜻은 이 '飞机'의 이동이 매우 빠르다는 것이다. (24b)에서 이동하는 것은 '时光'(시간)이다. (24b)가 나타내는 뜻은 이 '时光'이라고 하는 '이동물'의 이동이 매우 빠르다는 것이다. 즉 '时光'이라고 하는 추상적인 개념의 이동이 마치 구체적인 사물이 이동하고 있는 것처럼 묘사되고 있는 것이다.

시간에 대한 인간의 인지방법에는 크게 두 가지가 있다. 한가지 방법은 인간은 멈추어 있고 시간이 이동하는 것으로 생각하는 것이고, 또 한가지 방법은 시간이 멈추어 있고 인간이 움직이는 것으로 생각하는 것이다.(이기동, 1977:148)[11] 중국어에서는 우리말과 마찬가지로 통상 첫째 방법을 많이 이용하는 듯하다.[12] 다음 예를 보자.

(25) a. 你真的希望我一去不返了?
 당신은 정말로 내가 떠나가서 (다시는) 돌아오지 않기를 바라는 거예요?
 b. 时间一去不复返.
 시간은 한 번 가면 다시 돌아오지 않는다.

(25a)에서 이동하는 것은 '我'이다. 시점이 발화시의 현재 위치에 있고 종점은 현재 위치가 아닌 다른 곳이므로 '去'가 쓰였다. 마찬가지로 (25b)에서 이동하는 것은 '时间'이다. 이 '时间'의 이동을 관찰하는 현재 위치에 시점이 위치하고 있고 종점이 현재 위치가 아닌 다른 곳에 있으므로 역시 '去'가 쓰였다. 이상의 관찰에 의하면 시간의 이동에 대한 인식이 일반 사물의 이동에 대한 인식과 근본적으로 다르지 않음을 알 수 있다.

이기동(1977)에서는 인간은 이러한 시간이 보통 과거에서 현재를 거쳐 미래로 이동하는 것으로 인식한다고 하였는데, 우리의 관찰에 의하면 오히려 미래에서 현재로 다가와서 과거로 흘러가는 것으로 인식하는 것으로 보인다. 다음의 문장이 이

---

11) Huang(1977)은 전자를 시간 이동 은유(moving time metaphor)라고 하고 후자를 자아 이동 은유(moving ego metaphor)라고 했다.
12) 물론 시간이 고정되어 있고 인간이 이동하는 것으로 인식하는 예도 있다.
 ⅰ) 我们已经进入了二十一世纪.(Huang, 1977)
 우리는 이미 21세기에 들어섰다.

를 예증한다.

(26) a. 夏天就要来了.
여름이 다가온다.
b. 夏天过去了.
여름이 지나갔다.

(26a)를 그림으로 나타내면 다음과 같다.

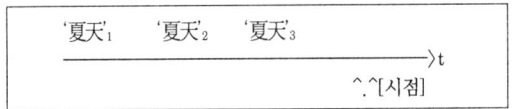

관찰자의 위치에서 볼 때 '夏天'이라는 개념은, 마치 하나의 구체적인 이동물처럼, '夏天$_1$' 쪽에서 '夏天$_2$'를 거쳐 '夏天$_3$'의 위치로 이동하고 있는 것으로 인식된다. 그 방향은 관찰자의 위치를 향하고 있다. 즉 이동을 지켜보는 시점과 종점의 방향이 일치한다. 그러므로 '来'를 사용한 것이다.

또한 (26b)를 그림으로 나타내면 다음과 같다.

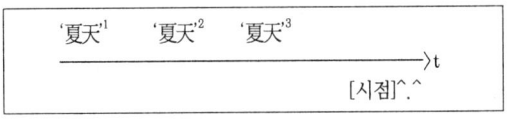

'夏天'이라는 개념은 현재 '夏天$^1$'과 '夏天$^2$'의 흔적을 남기며 '夏天$^3$'의 위치로 이동하고 있다. 이것은 관찰자의 위치에서 볼 때 마치 하나의 물체가 멀어져 가는 것으로 보인다. 즉 시점과 종점이 일치하지 않는다. 그러므로 '去'를 사용한 것이다.

이상의 관찰을 통해, 시간은 과거에서 현재를 거쳐 미래로 가는 것이 아니라 미래에서 현재를 향하여 '와서' 과거로 향하여 '간다'고 말할 수 있는 것이다.

이상의 관찰을 정리하면 다음과 같다. 시간의 이동이라 할지라도 그 이동 방향이 시점을 향하면 '来'를 사용하고 시점에서 멀어지면 '去'를 사용한다.

## 4. 사태의 지속

행위의 지속을 나타내는 데도 동사 '来'와 '去'가 쓰인다. 공간 이동이나 시간의 흐름을 나타내는 경우와 마찬가지로 행위의 지속을 나타내는 데도 시점과 종점의 일치 여부에 따라 '来' 또는 '去'가 선택된다. 다음 예문을 보자.

(27) a. 这种风俗就一直継续下来了.
　　　 이러한 풍속은 줄곧 계속되어 내려왔다.
　　 b. 这种好的制度要継续下去.
　　　 이러한 좋은 제도는 계속 (유지)되어 가야 한다.

우선 (27)에서 동사 '継续(계속하다)는 동작이나 행위가 지속된다는 뜻만을 나타낼 뿐 그 방향이 어느 쪽인가는 함의하지 않는다. 동사 '下'는 지속되는 방향이 위에서 아래로 향함을 나타낸다. 동사 '来'가 쓰인 (27a)는 '这种风俗(이러한 풍속)이 과거의 어느 때부터 화자가 이 문장을 발화할 때까지 지속되어 왔다는 것을 의미한다. 반면에 '去'가 쓰인 (27b)는 '这种好的制度(이러한 좋은 제도)가 어느 때부터 존재했는지는 모르지만 현재 존재하며 앞으로도 계속 존재해가야 한다는 의미를 담고 있다.13)

그런데 여기에서도 추상적인 사태(state-of-affairs)의 지속은 사실상 구체적인 사물의 이동으로 인지되고 있다. (27a)를 그림으로 나타내면 다음과 같다.

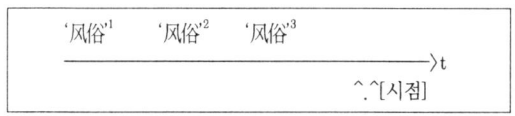

즉 '风俗'라는 추상적인 사태가 '风俗'¹에서 '风俗'²를 거쳐 현재 위치인 '风俗'³까지 와 있는 것이다. '风俗'¹과 '风俗'²는 '风俗'³이 지나온 흔적이다. 그것의 이동이 이동을 바라보는 관찰자의 위치를 종점으로 하고 있으므로 '来'가 사용된 것이다.

또한 (27b)를 그림으로 나타내면 다음과 같다.

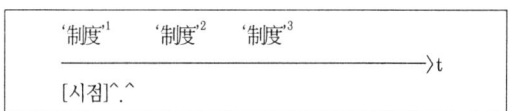

이 그림은 '制度'라는 추상적인 사태가 '制度'¹에서 '制度'²를 거쳐 '制度'³쪽으로 이동해 가고 있음을 나타낸다. '制度'¹과 '制度'²는 이동과정에서 생기는 흔적이다. 그것의 이동이 시점에서 멀어지므로 '去'가 사용된 것이다.

다음의 예문도 동일한 사실을 보여준다.

(28) 这一个伟大的传统已经由他们继承了下来, 并且将一代一代地永远传下去. (汤廷池, 1978)

---

13) '去'가 쓰인 (27b)는 이미 발화시 이전부터 그러한 사태가 존재했음을 함의한다.

이 위대한 전통은 벌써부터 그들에 의해 계승되어 내려왔고 또
한 한 세대 한 세대씩 영원히 전해 내려갈 것이다.

陈望道(1938)는 다음의 '去'가 '지속'을 의미한다고 하였다.

(29) 信口说去
입에서 나오는 대로 말해가다.

(29)는 시점을 발화시의 화자의 위치에 두었을 때 말하는 행위가 (27)에 대한 그림처럼 흔적을 남기며 화자로부터 멀어져 가는 것으로 인식됨을 나타낸다.

우리의 검증에 의하면 다음의 예도 지속을 의미하는 것으로 해석된다.[14]

(30) a. 随他说去, 别理他.
그가 말하는 대로 내버려두세요.
b. 让他玩去.
그가 노는 대로 내버려두세요.

요약하면, 행위의 지속을 표현할 경우, 화자가 지정하는 어느 참고점을 시점으로 하여 그곳이 종점으로 되면 '来'를 사용하고 그곳이 기점으로 되면 '去'를 사용한다.

---

14) 呂叔湘(1980)은 이때의 '去'가 '让, 随'등 단어와 함께 사용되어 '任凭'(맡기다)의 뜻을 지닌다고 하였는데, 이는 납득하기 어려운 설명이다.

## 5. 상태의 변화

'來'와 '去'의 공간 이동의 개념은 상태 변화의 개념으로 확장된다. 이들이 상태변화의 의미를 나타낼 때에도 역시 시점과 종점의 일치 여부에 따라 각기 다르게 선택된다. 그 이유는 상태변화 또한 마치 구체적인 사물이 이동하는 것처럼 인식되기 때문이다.

상태 변화는 우선 객관적으로 시점을 설정할 수 있는 경우와 그렇지 않은 경우로 나누어 살펴볼 수 있다. 전자의 경우는 정상 상태와 비정상 상태로 나눌 수 있다. 이때 시점은 보통 정상 상태에 놓인다. 후자의 경우는 시점이 화자의 주관적 판단에 따라 설정된다. 이때는 보통 상태변화가 이행되어 나가기를 바라는 쪽에 화자의 시점이 놓인다.

### 5.1 시점 I: 정상 상태

사물이 놓여 있는 상태는 크게 정상적인 상태(normal state)와 비정상적인 상태(abnormal state)로 나눌 수 있다. 그런데 모든 사물이 유동하듯 이러한 상태도 항상 고정불변인 것은 아니다. 그리하여 정상 상태에서 비정상 상태로, 비정상 상태에서 정상 상태로의 변화가 일어나게 된다. 이때 화자는 보통 시점을 정상 상태 쪽에 놓고, 변화의 종점이 정상 상태에 놓이면 '來'를 쓰고 그렇지 않으면 '去'를 사용한다.[15]

---

[15] 이기동(1977)과 Huang(1977) 참조.

다음의 예를 살펴보자.

(31) a. 那个病人的体温渐渐降下来了.
저 환자의 체온이 점점 내려온다.
b. 那个病人的体温渐渐降下去了.
저 환자의 체온이 점점 내려간다.

(31a)는 환자의 체온이 정상 체온보다 높이 올라갔다가 다시 정상 체온으로 내려올 때 사용할 수 있는 문장이다. 만약 환자의 체온이 정상 체온보다 더 떨어진다면 이때는 (31b)라고 말할 것이다. 여기에서 흥미 있는 사실 하나는 '降下'는 철저히 객관적인 변화만을 나타내고, 그 변화에 어떤 가치나 의미를 부여하는 것은 '来'와 '去'라는 것이다. 또한 다음 문장을 보자.

(32) 蛇得到温暖, 苏醒了. 它一醒过来就咬了农夫一口.(朗读 1-18)
뱀이 따스한 기온을 받고는 소생했다. 그 뱀은 깨어나자마자 농부를 물었다.

(32)는 겨울에 뱀이 얼어죽을 뻔했다가 다시 소생한 상황에서 발화된 것이다. 이때 '醒过来'라고는 쓸 수 있지만 '\*醒过去'라고는 말할 수 없다.16) 왜냐하면 일반적으로 정상상태에는 시점이 놓일 수 있지만 비정상적인 상태에는 시점이 놓일 수 없기 때문이다. 또한 (33)에서도 '昏迷过去'는 가능하지만 '\*昏迷过来'는 불가능하다.

(33) a. 他又昏迷过去了.
그가 또 정신을 잃었다.
b. \*你又昏迷过来了.17)

---

16) 이와 같은 '来'와 '去'의 비대칭적 성격에 대해서는 좀더 깊은 연구가 필요하다.

이상을 요약하면 다음과 같다.18) 상태변화의 경우, 화자는 보통 시점을 정상 상태 쪽에 놓고, 변화의 종점이 정상 상태에 놓이면 '來'를 쓰고 그렇지 않으면 '去'를 사용한다.

## 5.2 시점 II: 바라는 상태

화자가 어떤 상태 변화를 바라거나 기대할 경우가 있다. 그런데 상태변화는 화자가 바라는 쪽으로 진행될 수도 있고 바라지 않는 쪽으로 진행될 수도 있다. 전자의 경우 '來'를 사용하고 후자의 경우 '去'를 사용한다. 다시 말하면, 화자가 어떤 상태의 변화를 희망한다면 화자는 변화를 관찰하는 시점을 변화가 진행되기를 희망하는 편에 위치시킨다. 그리고 그 변화가 그 시점으로 진전되면 '來'를 쓰고 그 시점과 반대쪽을 향하면 '去'를 쓰는 것이다.

다음 예를 보자.

(34) a. 米价渐渐涨上来了.
쌀값이 점점 올라온다.
b. 米价渐渐涨上去了.
쌀값이 점점 올라간다.

---

17) 물론 Chao(1968)가 말한 바와 같이 특수한 상황을 가정한다면 (33b)가 전혀 불가능한 것은 아니다. 즉 술에 취한 사람이 둘이 있을 때 먼저 취한 사람이 나중에 취한 사람에게 '你也昏迷过来了'(당신도 정신을 잃었었군요)라고 할 수 있다. 그러나 실제의 세계에서는 불가능한 것으로 보아야 할 것이다.
18) Huang(1977)에 의하면, 정상 상태라는 관념이 적용되는 것은 상태변화 동사에 한정된다. 만약 동사가 동작성 동사라면 이러한 상태변화 의미를 가질 수가 없다.

(34)는 어느 경우에나 쌀값이 오르고 있음을 나타낸다. 그러나 그 사태에 대한 평가는 다르다. (34a)는 저곡가 시대에 쌀값이 오르기를 고대하는 농부가 할 수 있는 말이다. 그러나 (34b)는 동일한 상황에서 농부가 할 수 있는 말이 아니다. 오히려 쌀값이 내리기를 바라는 사람의 입장에서 말한 것으로 보아야 한다.

또한 다음 예를 보자.

(35) a. 火坑漸漸冷下来了.
온돌이 점점 식어온다.
b. 火坑漸漸冷下去了.
온돌이 점점 식어간다.

(35a)는 온돌이 지나치게 뜨겁다가 점차 온도가 적당한 수준으로 내려온다는 의미를 지니고 있고, (35b)는 온돌이 적당히 따뜻한 상태에서 계속 그 온도 아래로 식어 내려간다는 의미를 지니고 있다. 동사구 '冷下'는 객관적인 상태 변화를 의미한다. 그런데 그 상태 변화는 그것을 체험하는 사람에 따라 긍정적으로 받아들여질 수도 있고 부정적으로 받아들여질 수도 있다. 이러한 주관적 가치 판단을 보여주는 것이 '来'와 '去'인 것이다.

위의 문장을 다음과 같이 서술할 수 있다. (35a)에서 화자는 온돌의 온도가 내려오기를 희망하고 있다. 이때 온도의 변화를 관찰하는 시점은 현재 온도의 아래쪽에 있다. 그리고 온도 변화의 종점은 아래에 있는 시점을 향하고 있다. 그러므로 자연스럽게 '来'가 선택된다. (35b)에서 화자는 온도가 더 이상 내려가지 않기를 바라고 있다. 이때 온도의 변화를 관찰하는 시점은 현재 온도의 위쪽에 있다. 그런데 온도 변화는 이 시점에서 멀어지고 있다. 그러므로 '去'를 선택하는 것이 자연스러운 것이다.

이상의 상태 변화도 하나의 이동으로 간주할 수 있다. 그렇다면 이상의 논의를 다음과 같이 요약할 수 있다. 상태 변화의 이동방향이 시점을 향하면 '来'를 선택하고 시점에서 멀어지면 '去'를 선택한다.

## 6. 맺음말

이상에서 우리는 '来'와 '去'의 다양한 의미와 이들 사이의 선택조건에 대해 살펴보았다. 이상의 내용을 요약하면 다음과 같다.

첫째, '来'와 '去'는 이동 동사로 공간 이동의 의미 외에 시간의 이동과 행위의 지속, 상태의 변화 등을 나타낸다.

둘째, 각각의 경우에 있어서 '来'와 '去' 사이의 올바른 선택을 예측하게 해주는 원리는 다음과 같다.

> (36) 이동의 종점(Goal) 방향과 화자의 시점이 일치하면 '来'를 선택하고 일치하지 않으면 '去'를 선택한다.(=(5))

우리는 이러한 원리가 '来'와 '去'가 지니고 있는 각각의 의미 모두에 적용된다는 것을 예를 통하여 입증하였다.

# 제8장
# 인지의미론에 의한 '过'의 의미 분석

## 1. 들머리

### 1.1 문제의 제기

본고는 다의어의 하나인 '过'의 의미를 분석하여 하나의 형태소가 다양한 의미를 나타내게 되는 과정을 연구함으로써 중국어 문법 연구에서 인지 언어학적 접근의 가능성과 필요성을 밝히는 데 있다.[1] 분석의 대상으로 '过'를 선정한 까닭은 그것이 문장의 주요 술어로 사용될 뿐만 아니라 의미가 허화된 조사로 사용되는 등 의미와 기능의 모든 면에서 대단히 다양한 모습을 나타내고 있기 때문이다.

현대 중국어에서 '过'는 다음과 같이 다양한 문맥에 출현하여 상이한 의미를 나타낸다.

---

[1] 하나의 단어가 문맥에 따라 여러 가지 의미로 사용되는 다의(polysemic) 현상은 일반 언어의 보편적 특성 중의 하나로서, 우리가 사용하는 말 중에 다의어가 아닌 것이 거의 없다고 할 수 있다.

(1) a. 我们正在过着长江大桥.
    b. 把昨天的事在脑子里过了一遍.
(2) a. 明天早晨六点钟的火车, 你可千万别睡过了.
    b. 干起活儿来, 他抵得过两三个人.
(3) a. 他吃过饭就出去了.
    b. 我曾经去过北京.

(1)은 '过'가 주요 술어로 쓰인 예인데 (1a)에서는 '사람이 구체적인 장소를 지나가다'라는 의미를 나타내고 (1b)에서는 '사건이라는 추상적인 이동물이 인간의 사유가 이루어지는 추상적인 장소인 머리 속을 지나가다'라는 의미를 나타낸다. '지나가다'라는 의미는 동일하지만 이동물의 성격과 이동 장소가 다르다. (2)는 '过'가 다른 동사의 뒤에 보어로 쓰인 예인데, (2a)에서는 어느 기준을 '초과하다'는 뜻을 나타내고 (2b)에서는 어느 수준을 '능가하다'라는 의미를 나타낸다. 둘 다 '어느 기준을 넘다'라는 의미이면서도 뉘앙스가 다르다. (3)도 '过'가 다른 동사의 뒤에 쓰인 예이지만 (2)와 달리 동사적인 의미를 찾기가 어렵다. (3a)에서는 '吃'라는 동작이 완결되었음을 나타내고 (3b)에서는 베이징에 간 행위가 과거에 발생했었음을 나타낸다. 언어학자들은 (3b)의 '过'를 과거 경험을 나타내는 조사로 분류한다.

이상에 제시한 '过'의 여섯 가지 용법들이 공유하는 특성을 찾는다는 것은 불가능한 것 처럼 보인다. 특히 (3)의 경우에는 어휘적인 의미마저 허화되어 (1)이나 (2)와는 전혀 별개의 형태소로 보이기까지 한다. 하나의 형태소가 이와 같이 다양한 용법을 보일 수 있는 까닭은 무엇일까? 게다가 《现代汉语词典》(北京:商务印书馆, 1997)에서는 (1-2)의 '过'와 (3)의 '过'를 별개의 표제어로 나누어 기재함으로써 이들이 다의어가 아니라 별개의 단어인 동음이의어로 보는 입장을 보이고 있는데 이것은 올바로 처리된 것일까?

이에 대해 중국어학계의 전통적인 입장은 '引伸'이란 말로 모든 것을 대신한다. 본래 가지고 있던 의미를 끌어다가 상황에 따라 적절히 변형하여 사용했다는 것이다. 그러나 어떤 식으로 변형하여 사용했는지는 명확히 밝히지 않고 있다는 점이 문제이다. 또한 의미의 '허화'라는 말 이상의 설명이 없다. 그리고는 (1-2)의 '过'와 (3)의 '过'의 용법이 확연히 다르다는 것을 보여 주기 위해 노력하고 있다.2)

본고에서는 '过'의 모습을 이들과 다른 관점에서 관찰하고 설명하려 한다. 그리하여 '过'가 외견상으로는 문맥에 따라 상호관련성이 희박한 대단히 상이한 의미를 나타내고 있지만 그것들은 여전히 동일한 하나의 배경을 바탕으로 의미가 확장된 것이며, 또한 의미가 확장될 때에도 일정한 규칙에 따른다는 것을 밝히고자 한다. 그리고 이러한 접근 방법을 통해야만 (3b)와 같이 특수하게 기능하는 '过'의 성격도 올바로 파악할 수 있다는 것을 보이고자 한다.3) 이에 대한 분석은 인지 문법의 정신과 분석 방법에 따라 진행될 것이며, 결과적으로 중국어의 다의어 분석뿐만 아니라 다른 문법 현상을 관찰하고 기술하고 설명하는 데에도 인지 문법이 유용하고 필요함을 보여 주게 될 것이다.

## 1.2 다의어 생성 원리

인지 문법에서는 다의어의 생성이 의미 확장과 원형 범주 이론의 두 가지 장치에 의해 이루어지는 것으로 본다.4) 전자는 다의어의 내부에서 각각의 의미 항목이

---

2) 吕叔湘(1980), 刘月华(1983, 1988b), 房玉清(1992a), 孔令达(1993) 참조. 특히 孔令达(1993)에서는 (3a)와 (3b)의 '过'가 서로 성격이 확연히 다르다는 것을 여러 가지 통사적인 장치를 통해 정교하게 보여주고 있다.
3) 그렇다고 하여 차이점을 무시하자는 것이 아니다. 의미나 통사적 관련성도 당연히 탐구해야 한다. 그러나 여기에서는 관련성에 더 관심을 둠으로써 다의어의 생성과정을 탐색하고자 하는 것이며, 이를 통하여 언어의 본질에 더 접근할 수 있다고 믿는 입장을 취하는 것이다. 심지어 동음어까지 다의어 중의 하나로 보고, 그 생성과정을 살펴 봄으로써 언어의 역사적 변화 과정을 더 명확히 관찰하고 예측할 수 있을 것이라는 것이 우리의 믿음이다.

어떤 관련을 갖는가를 따지며, 후자는 서로 관련성이 없어 보이는 것들이 어떻게 하나로 묶일 수 있는가를 설명한다.

### 1.2.1 의미 확장 이론

우리는 새로운 대상이나 개념에 직면할 때 다음 두 가지 방식으로 대응하게 된다.5) 첫째, 그러한 경험에 적합한 새로운 낱말을 만들어내는 일이며, 둘째, 기존 낱말의 적용 범위를 넓히는 일이다. 첫 번째 방식은 외적으로 낱말 수를 끊임없이 증대시켜 왔고, 두 번째 방식은 낱말의 의미를 다양하게 확대시켜 왔다. 다의어는 후자의 방식에 의해 생겨나는 것이다. 인지문법에서 다의어의 의미 확장을 설명할 수 있는 개념으로 적용 영역의 전환과 윤곽/배경 이론이 있다. 우선 전자에 대해 살펴보자.

어떤 개념을 이해하기 위해 기본적으로 필요한 개념적 영역을 인지 영역이라고 한다. 그런데 A영역의 사건이나 상태와 새로운 B영역의 사건이나 상태의 유사성이 인지되면 A영역에서 쓰던 표현을 빌어 B영역의 사건이나 상태를 표현한다. 가령 물이나 공기가 혼탁하지 않고 투명한 것을 일컫는 '맑다'라는 형용사가 '소리가 맑다', '사람이 맑다'와 같이 소리나 사람의 인간됨을 표현하는 데 쓰이는 것이 그 예이다. 이러한 것을 영역의 전환이라고 한다. 이렇게 적용 영역을 전환시킴으로써 의미가 확장된다.

의미의 확장에 관여하는 또 하나의 장치는 배경(base)-윤곽(profile) 이론이다.

---

4) 인지 문법에 대해서는 Lakoff 등의 논문을 번역한 정춘회(1992), 인지언어학의 초기 이론을 번역 정리한 이기동 편(1983), 인지언어학의 제창자인 Langacker의 여러 논문을 옮겨 놓은 이기동·김종도 옮김(1991), 국어학자의 입장에서 인지언어학의 전반적인 내용을 소화하여 엮어낸 임지룡(1997) 등을 참고하였다.
5) 임지룡(1997:238ff) 참조.

예를 들어 [직각삼각형의 빗변]이라는 개념을 이해하기 위해서는 먼저 [직각삼각형]을 이해해야 한다. (4)에서 직각삼각형이 전제되지 않은 b를 우리는 빗변이라고 하지 않고 그냥 사선이라고 한다. 빗변은 직각삼각형을 '배경'으로 하여 b의 부분만 '윤곽'으로 드러난 것이라고 정의할 수 있다.

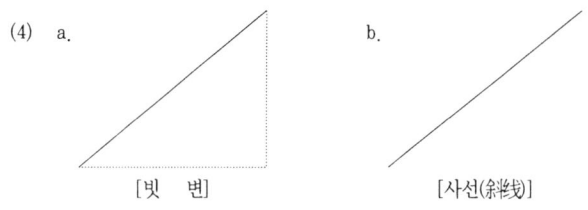

(4)  a.                    b.

   [빗 변]              [사선(斜线)]

우리는 직각삼각형에서 빗변뿐만 아니라 밑변을 부각시킬 수도 있고 높이를 부각시킬 수도 있으며 직각 부분을 부각시킬 수도 있다. 이렇게 하여 드러난 부분만 본다면 서로 관련성이 전혀 없어 보이지만 그 배경을 본다면 모두가 동일한 뿌리를 바탕으로 하고 있음을 분명히 알 수 있다. 이렇듯 주어진 바탕에 윤곽을 부여하는 것은 단어의 의미 확장의 원인이 되는 인지 작용 중의 하나이다. 예를 들어 동사 '下'는 '下船'에서는 '배에서 내리다'가 되고 '下地'는 '땅으로 내려오다'로 쓰인다. 전자는 목적어가 기점이 되는 반면, 후자는 종점이 된다. 이것은 '下'의 기본 의미인 '높은 곳에서 낮은 곳으로 이동하다'에서 어느 부분이 윤곽으로 사용되었는가에 따라 결정된다. 즉 아래로 이동하기 위해 원래 있던 장소에서 분리되는 부분이 윤곽으로 부각되면 전자의 의미로 쓰이게 되고 아래로 이동하여 어느 장소에 도달하는 부분이 윤곽으로 부각되면 후자의 의미로 사용된다는 것이다.[6] 이와 같이 동일한 배경을 바탕으로 다양한 윤곽이 부각되는 과정을 겪음으로써 단어의 의미가 확장

---

6) 박종한(1994) 참조.

되어 나갈 수 있는 것이다.

### 1.2.2 원형 범주론

단어의 내부에서 새로운 의미가 생성되는 것이 의미의 확장이라면, 단어의 외부에서 볼 때 새로운 의미가 생성되는 것은 곧 그 단어의 범주화 활동이라고 할 수 있다. 즉 유사한 성질을 지닌 새로운 의미를 자신의 범주 안에 포함시켜 나가는 과정을 범주화라고 하는데, 다의어도 범주화 활동의 결과로 이해할 수 있다는 것이다. 그러므로 우선 범주화의 과정에 대해 이해할 필요가 있다.

형식주의 언어학에서는 모든 범주들이 경계가 명확하게 구별되며 [+]와 [-]의 이원론적 구분을 원칙으로 하며, 일련의 항목이 같은 범주를 형성하기 위해서는 모든 항목이 공통적으로 공유하는 자질이 있어야 한다고 한다.[7] 여기에서는 범주는 속성이나 자질의 고정 집합으로 정의된다. 이 속성들은 범주구성원의 자격을 결정하는 필요충분 조건들이므로 이 점에 있어서 절대적 예측 가능성을 제공한다. 그래서 만약 어떤 개체가 모든 기준자질을 소유하면 그것은 그 범주의 구성원이 되고, 그렇지 않으면 그것은 구성원이 아니다.[8] 예를 들어 '네 변과 네 각이 모두 같은 사각형'을 '정사각형'이라고 정의하거나, '하나의 점에서 같은 거리에 있는 점의 집합'을 '원'이라고 정의하는 것이 전형적인 예이다. 그런데 이러한 입장은 현실 세계의 도처에서 문제에 부딪친다. 예를 들어 [조류]를 '날개를 가지고 하늘을 날 수 있으며 알을 낳는 짐승'이라고 규정할 경우 타조와 펭귄을 조류에 넣을 수 있겠는가? 날개를 가지고 하늘을 날 수는 있지만 알을 낳지 못하는 박쥐는 또 어디에 포함시켜야 할 것인가? 언어의 세계도 마찬가지이다. 여지껏 중국의 언어학자들에게 난

---

7) 이효상(1993:30) 참조.
8) 이기동·김종도 역(1991:142)에서 재인용. 이 밖에 Nida(1975[1991: 11, 132])에서도 동일한 의견을 보이고 있다.

제로 남아 있는 품사 구분 문제만 보더라도 각종 품사 사이에 칼로 무우를 자르듯 명쾌하게 경계를 짓는 것이 불가능하다는 것을 쉽게 알 수 있다. 범주를 나누기 위해 어떤 기준을 내세우더라도 항상 적지 않은 예외에 부딪치게 되는 것이다. 결국 몇 개의 기준을 설정하여 범주를 구분하려 하면 예외적 현상과 피할 수 없다는 것이다.

인지문법에서는 범주를 '이다/아니다'로 양분하지 않음을 원칙으로 한다. 이러한 입장의 중추적 이론을 제공하는 것이 Eleanor Rosch의 원형(prototype)에 의한 범주 설정이다.9) 원형에 의한 범주 설정이란, 우리들이 인식하는 범주는 그 범주에서 가장 전형이라고 생각되는 예를 표준으로 삼아 그 전형에 가까운 정도의 차이에 의해 범주성이 결정된다는 것이다. 예를 들면, '새'라는 범주에 '새'로 인식되는 모든 것들이 똑같이 공유하는 자질이 있어서 '새냐 아니냐'를 선별적으로 파악하는 것이 아니라, 우리 주위에서 흔히 볼 수 있는 제비나 참새를 가장 전형적인 '새'로 인식하고 그 전형에 가까운 정도에 따라 '새답다' '새답지 않다'라고 비선별적으로 판단한다는 것이다. 닭이나 타조 등은 새의 전형에서 조금 떨어지는 예이고, 펭귄은 더 멀리 떨어져서 이에 대한 사전 지식이 없는 사람의 경우에는 그것을 새의 범주에 넣어야 할지의 여부를 판단하는 데 많은 시간이 걸린다.10) 이러한 원형범주화 이론을 다의어에 적용할 경우, 다의어는 원형의미와 확장의미를 중심으로 하나의 범주를 구성하게 된다. 원형의미(prototype meaning)란 다의적 범주를 대표

---

9) 이효상(1993:30-31) 참조.
10) 이기동·김종도 역(1991:142-3) 참조. 이러한 범주화 활동의 결과가 사람마다 모두 똑같은 것은 아니다. 범주화 행위를 하는 사람들의 생활 환경과 인지 능력에 따라 달라질 수 있다. 매일같이 '갈매기'와 벗하여 사는 섬 지역의 어린 아이는 '새'의 원형으로 '갈매기'를 들 가능성이 많고, '독수리'가 새의 주종을 이루는 지역의 사람들은 '독수리'를 새의 원형으로 제시할 가능성이 많다. 이와 같이 한 개체가 구성원의 자격을 가지는지의 여부는 범주화하는 자의 지각 능력과 관용성에 따라 달라질 수 있다.

할 수 있는 기본적이고 전형적인 의미를 말하며, 확장 의미(extened meaning)란 파생적이고 전이된 의미를 말한다. 이러한 입장을 취함으로써 다의어의 성격을 보다 명확히 이해할 수 있다.

## 2. 동사 '过'의 의미 확장NP

'过'의 용법은 크게 문장의 주요 술어로 쓰이는 경우와 다른 동사의 뒤에 출현하는 경우로 나눌 수 있다. 본 장에서는 '过'가 문장의 주요 술어로 쓰이는 경우를 중심으로 의미 확장 양상을 살펴보기로 한다.11)

### 2.1 원형 의미NP

동사 '过'가 문장에서 주요 술어로 쓰일 때 그것은 문맥에 따라 다양한 의미를 나타낸다. 이 의미들은 기본적으로 원형 의미를 바탕으로 확장된 것으로 볼 수 있으므로 우선 원형 의미의 내용을 알아보고, 이를 바탕으로 어떻게 새로운 의미들이 첨가되는가를 알아보아야 할 것이다.

'过'의 원형 의미는 사전에 기재되어 있듯이 '한 지점에서 어떤 공간을 경유하여 다른 지점으로 이동'하는 것이라고 할 수 있다.12) 다음은 '过'의 이러한 의미를 잘

---

11) '过来'와 '过去'는 본고에서 다루지 않는다. 이들의 용법은 '过'와 '来', '去'의 의미와 기능을 합치면 대개 추론이 가능하다고 보기 때문이다.

보여주는 전형적인 예라고 할 수 있다.

(5) 游行队伍正好从我家门前过.
(6) 过马路, 就能看到人民剧场.

(5-6)은 행위자인 사람이 이동물이 되어 일정한 거리를 통과한다는 뜻을 나타내고 있다. 이때 그 공간상의 거리를 '가로질러 지나간다'는 것이 '过'의 중요한 의미 특성이다.13) '过'의 원형 의미를 그림으로 나타내면 다음 쪽의 <그림 1>과 같이 될 것이다.

이 그림에서 ●○는 이동물(Theme)을 가리키고 t는 시간을 가리키며 네모 안은 이동의 영역을 나타낸다. 이 중에서 ○는 이동물이 관심 영역의 밖에 있음을 표시하고 ●는 이동물이 관심 영역의 안에 있음을 나타낸다.

<그림 1>

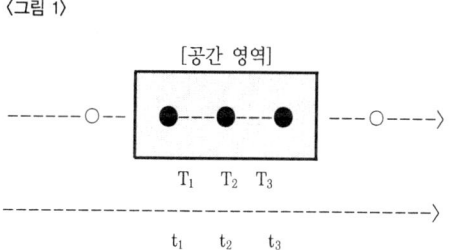

이 그림은 시간이 $t_1$에서 $t_3$로 변화함에 따라 이동물이 $T_1$에서 $T_3$로 이동함을 보

---

12) '过'의 원형의미는 사전의 첫머리에 나와 있는 것으로 삼으려 한다. 대체로 한 단어의 여러 의미 중에서 가장 많이 그리고 오랫동안 쓰인 의미가 사전의 첫머리에 놓이기 때문이다. ≪现代汉语词典≫ "过guò": ① 从一个地点或时间移到另一个地点或时间;经过某个空间或时间.
13) 만약 길을 따라 간다면 다음과 같이 전치사 '沿着'를 써서 표현해야 한다. '沿着马路一直 走, 就能到市场了.'

여준다. 이러한 원형적 쓰임을 바탕으로 하여 '过'의 의미가 다양하게 확장된다.

## 2.2 영역의 전환

다의어 내부에서 의미가 확장되는 방법 중의 하나는 적용되는 영역을 전환하는 것이다. 다음은 이동 영역이 공간에서 시간으로 전환된 예이다.

(7) 你回广州过春节吗?
(8) 我爸爸正过着幸福的晚年.

중국인들은 '설을 쇤다'는 것을 '설 기간'을 사람이 통과하는 것으로 개념화하여 이같이 표현한다. 즉 이동물 '你'나 '我'가 '春节'와 '幸福的晚年'이라는 시간 영역을 통과하는 것으로 표현하는 것이다. 그러므로 이것은 <그림 1>과 동일한 배경에서 이동 영역만 '시간'으로 전환된 것으로 이해할 수 있다. 이런 예는 많이 있다.

(9) 他今年回家过年.
(10) 小俩口儿和和气气地过日子.
(11) 过节後咱们就开始做.

이동물이 사람에서 동물로 바뀔 수 있고, 또한 이동물이 [시간] 자체일 수도 있다.

(12) 这种鸟儿在哪儿过冬?
(13) a. 冬天过了, 春天就来了.
    b. 时间过得真快.

(12)에서는 새가 겨울을 나는 것을 마치 새가 겨울이라는 시간 영역을 그 길이

만큼 통과하는 것으로 개념화하여 표현하고 있다. (13a)에서는 '冬天'과 '春天'이 이 동물이 되어 계절의 순환이라는 영역을 이동하는 것으로 개념화하였고, (13b)에서는 시간 자체가 이동물이 되어 시간 영역 속을 이동하는 것으로 개념화하여 '过'로 표현하고 있다. 이와 같이 공간 영역에서 쓰이는 표현이 시간 영역으로 전환되어 쓰이는 것은 모든 언어에서 공통적인 현상이다.14)

이상의 예는 <그림 1>과 동일한 배경에서 이동 공간과 이동물을 상이한 영역의 것으로 바꾸어 적용하면서 조금씩 의미가 확장되어 가는 것을 보여 준다.

<그림 2>

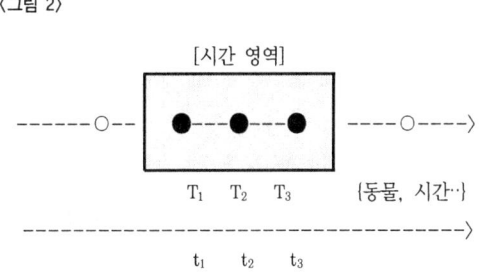

## 2.3 상이한 윤곽과 영역의 전환: [초과]

'过'는 공간이나 시간 영역에서 어떤 범위를 [超过]한다는 의미를 나타내기도 한다. 다음 예를 보자.

(14) 树长得过了房檐.
(15) 病势很重, 看来过得了今天也过不了明天.

---

14) 우리말에서도 '세월이 가다', '입시철이 다가오다'와 같은 예가 있다.

(14)에서 '过'는 집의 처마를 기준으로 할 때 나무의 키가 그 기준을 넘어섰음을 나타내고 있다. (15)에서는 시간상의 어떤 기준점을 초과한 것을 나타낸다. '过'는 또한 다음과 같이 특정의 인위적 기준을 넘어섰음을 표현할 때에도 사용된다.

(16) a. 他扔铅球过不了这条线.
　　　b. 这台电视机要多少钱? 总不会过千吧?

이것은 다음의 <그림 3>과 같이 '过'의 원형 의미를 배경으로 하되 그 중에서 이동 공간을 넘어선 지점이 윤곽으로 활성화된 것으로 이해할 수 있다.

〈그림 3〉

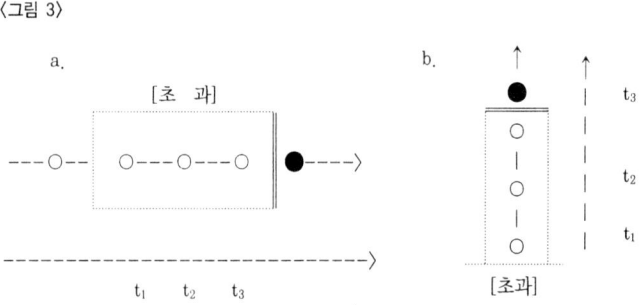

<그림 3a>에서 ‖는 공간적, 시간적, 또는 어떤 인위적 기준을 의미하고, ●는 그 기준을 넘어선 상황을 나타낸다. 예문 (12)는 상태 변화가 수평이 아니라 수직 방향으로 일어나고 있다. 이것은 수평 공간에서 수직 공간으로 적용 영역이 전환된 것으로 볼 수 있다. <그림 3b>는 이것을 그림으로 나타낸 것이다. 이와 같이 동일한 배경에서 상이한 부분이 윤곽으로 드러나면서 의미의 확장이 이루어진다는 것을 알 수 있다.

## 2.4 의미의 파생: 사동사

이제까지 논의한 '过'는 주어 자신이 바로 이동물이었다. 그런데 다음 예문에서는 주어는 동작을 일으키는 자이고 목적어가 그 동작을 받아 이동하는 물체이다.

(17) 这几件衣服我已经过了好几遍水了.

엄밀히 따지면 (17)의 '过'는 앞서 다룬 것과 성격이 전혀 다르므로 동음이의어로 처리해야 할 것이지만, 이것도 역시 인지 문법적으로 설명이 가능하므로 함께 논의하도록 하자. 다음은 (16)과 동일한 양상을 보여 주는 예이다.

(18) a. 货物正过着秤呢.
　　　b. 这豆子要过过筛子.
(19) a. 这些鱼先用油过出来.
　　　b. 你怎么用生水过起面条来了.

(18)의 공통점은, (19)에서 알 수 있듯이, 이동 공간이 의미론적으로 [도구]의 역할을 한다는 것이다. 즉 이동물이 이 도구들의 위나 속을 통과하는 것으로 이해하여 '过'를 쓴 것이다. 어느 장소에 가는 것은 경험상 그 장소와 관련된 일을 하는 것이다. 예를 들어 은행에 간다는 것은 예출금을 하러 간다는 것을 의미한다. 어느 도구의 위나 내부를 지나간다는 것은 그 도구의 원래 기능을 발휘한다는 것이 된다. 다음의 예도 동일한 방식으로 설명할 수 있다.

(20) a. 这篇课文我又过了一遍. (温习或阅读)
　　　b. 把今天的事在脑子里又过了一遍.[15]

교과서 위를 지나간다는 것은 그 내용을 학습 또는 복습한다는 것을 의미하게 된다. 또한 오늘 일을 머리 속에서 되뇌인다는 것은 곧 다시 한번 반추해보는 것을 의미하게 된다.

'过'의 이러한 용법은 <그림 1>의 원형에 행위를 가하는 행위자(Agent)가 출현한 것으로 볼 수 있다. 이것은 다음과 같이 표시할 수 있다.

<그림 4>

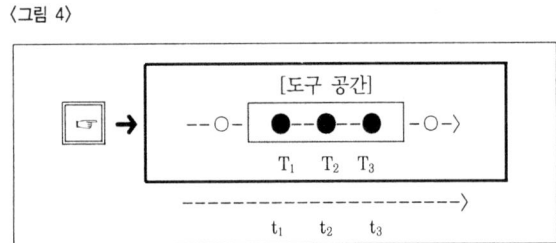

[☞]➔는 행위자가 이동물로 하여금 $T_1$에서 $T_2$로 움직이도록 행위를 가한다는 것을 나타낸다. 여기에서는 원형 의미에 없던 참여자가 하나 더 늘었다. 이것은 의미의 확장이 아니라 새로운 기능이 파생된 것으로 보아야 한다. 일반적으로 자동사가 타동사로, 능동사가 사동사로 파생되는 것은 이와 같이 원형을 바탕으로 하여 참여자가 하나 더 추가되는 것으로 설명할 수 있다.

이상에서는 의미의 확장이 원형 의미를 배경으로 하여 영역 전환 또는 특정 윤곽의 활성화를 통하여 이루어짐을 알 수 있었다. 이렇게 만들어진 의미들이 서로 공통점이 드러나지는 않지만 어떤 식으로든 원형 의미와 관련을 맺기 때문에 '过'로 범주화될 수 있다고 말할 수 있다. 아울러 사동사적 의미 파생도 인지 문법의

---

15) 수량사로서 '遍'을 사용한다는 것은 곧 '过'의 [공간 이동]의 의미 부분이 여전히 윤곽으로 쓰이고 있음을 말해 준다.

관점에서 설명할 수 있음을 확인할 수 있었다.16)

## 3. 방향보어 '过'의 의미 확장

앞에서 '过'가 문장의 주요 술어로 기능할 때 원형 의미로 부터 어떻게 주변 의미가 확장되는가를 논의하였다. 이 '过'는 다른 동사의 뒤에 출현하여 방향보어로 기능하기도 하고 또는 의미가 더 허화되어 조사로 기능하기도 한다. 본 장에서는 '过'가 방향보어로 기능하는 경우를 논의 대상으로 하기로 한다.

우선 예상할 수 있는 것은 방향보어 '过'의 용법의 출현이 역사적으로 동사 '过' 에 비해 늦기 때문에17) 처음 생성 당시 방향보어 '过'의 의미는 기본적으로 그 때 주요 술어 '过'가 지니고 있던 의미와 차이가 없으리라는 것이다. 그리고 나서 다른 동사의 뒤에 출현한다는 새로운 환경상의 제약에 의해 또 다시 의미 확장의 길을

---

16) 본고는 '过'의 의미 확장 양상을 관찰하여 규칙을 추출하는 데 필요한 한도 내에서 그 의미를 다루었다. 다의어의 생성 양상을 분석하여 이면에 존재하는 규칙을 추론하는 데 목적이 있을 뿐, '过'가 나타낼 수 있는 모든 문맥 의미를 논의하는 데 목적이 있는 것이 아니기 때문이다. 사실 이론적으로 어느 표현의 모든 의미를 다 기술하는 것은 불가능하다. 언어는 살아 움직이는 것으로서 언중의 입에 오르내리면서 끊임없이 새로운 의미가 추가되고 기존의 의미가 도태되는 과정의 한 가운데 있기 때문이다. 그러므로 이미 만들어진 의미와 의미 사이에서도 새로운 의미가 만들어 질 수 있고, 중심에서 주변으로 가는 끝도 열려 있어서 의미의 허화와 함께 새로운 문법 요소도 만들어질 수 있다. 이를 증명하는 좋은 예를 ≪现代汉语词典≫ 1980년 판과 1997년 판의 비교를 통해 얻을 수 있다. 원래 1980년 판에는 '过guò'가 모두 7개의 의미 항목으로 구성되어 있었는데 1997년 판에는 10개로 늘어났다. 이것은 그동안의 언어 변화와 그에 대한 연구 성과를 반영한 것이다.

17) '过'가 다른 동사의 뒤에 쓰이는 보어 용법은 대체로 唐代에 시작되어 宋代에 자리를 잡는다는 것이 역사언어학자들의 견해이다. 王力(1989:99), 刘坚·江蓝生(1992:103-110) 등 참조.

걷게 되는 것이다. 물론 이것도 역시 기본적으로는 '过'의 원형 의미에 바탕을 두고 이루어진다는 것이 본고의 생각이다.

## 3.1 원형 의미의 실현

다음에서 '过'는 사람이나 사물이 동작에 따라 어떤 지점을 经过하거나 혹은 한 지점에서 다른 지점으로 이동함을 표시한다.

(21) 马队从村口走过.
(22) 他们穿过操场, 向教室楼走去.

(21)에서는 이동물이 마을 입구를 가로질러 이동했고, (22)에서는 운동장을 가로질러 이동한 것을 보이고 있다. 이때 특기할 만한 것은 동사는 단지 이동의 방식을 의미하고 오히려 '过'가 목적어를 선택하면서 문장에서 주요한 역할을 하고 있다는 것이다.[18] 그러므로 이때의 '过'는 <그림 1>의 원형 의미가 그대로 실현된 것으로 볼 수 있다.

물론 원형에서 조금씩 멀어진 예가 당연히 존재한다. 우선 '过'의 원형 의미는 지면 접촉 이동이라고 할 수 있는데, (23)에서와 같이 수면 위 이동을 나타낼 수 있고 (24)와 같이 공중 이동을 나타낼 수도 있다. 이것은 그만큼 동사 뒤에 출현하는 '过'의 적용 영역이 다양해졌음을 의미한다.

(23) 我游不过这条河.

---

18) 李临定(1984) 참조.

(24) a. 休息的时候, 天空飞过一群大雁.
　　 b. 飞机飞过了秦岭.

'过'는 단지 A지점에서 B지점으로 일정한 간격(거리)를 통과하는 의미만 나타낼 뿐 '上, 下, 进, 出'처럼 이동의 방향까지 지시하지는 않는다. 그래서 특정의 이동방향을 함의할 경우에 단독으로는 잘 쓰이지 않고 '来, 去'와 함께 쓰는 것이 일반적이다.

## 3.2 영역의 전환: [공간→시간, 추상적 공간]

동사 '过'에서와 마찬가지로 방향보어 '过'도 이동 영역이 공간에서 시간, 추상 공간으로 확장 적용될 수 있다.

(25) 忍一忍, 熬过高考, 我们痛痛快快玩一场!
(26) 脑子里闪过了很多想法.

胡裕树·范晓 编(1995:101)에서 말했듯이 (25)의 '过'는 어떤 시간대를 지나간다는 뜻을 나타낸다('过'是'度过某个时间'). (26)은 추상 이동물이 추상적 공간을 이동하는 것을 나타낸다. 이 때의 '过'는 기본적으로 <그림 2>와 동일하다.

한 가지 보충할 사항은 '过'가 단독으로는 상태의 변화를 나타내는 데 쓰이지 않는다는 것이다. 예를 들어 '明白过来, 昏过去'에서 인지 영역이나 정신 영역에서의 상태 변화는 '过'보다 '来'와 '去'가 나타내는 의미로 보여진다. 특히 '醒过来'와 같은 것은 '过'를 생략하고 '醒来'라고 말할 수 있지만 '醒过'라고는 말하지 않는 것으로 볼 때 더욱 그러하다.

## 3.3 윤곽의 축소: [소폭 이동]

'过'는 (27)과 같이 비교적 짧은 이동 거리를 표시하고자 할 때 사용한다.

(27) a. 小王接过奖状走下台去.
b. 他递过一块热毛巾给我.

또한 (28)과 같이 신체의 동작과 관련된 움직임을 표시하는 데 쓰인다.

(28) a. 他回过头看见了我.
b. 他侧过身子一声都不吭.
c. 请再翻过一页.
d. 他翻过身脸朝里又睡了.

(28)에 대해 呂叔湘(1980)에서는 사물이 동작을 따라 방향을 바꾸는 것을 표시한다. 상용하는 동사는 '翻', '转', '扭', '掉', '回', '侧' 등 소수 몇 개에 제한된다고 하였다.

필자는 이 의견에 동의하지 않는다. 원래 '过'는 '가로질러 지나다'의 의미이므로 인지상 단거리라는 느낌을 준다. 이러한 의미 특성은 '过'의 의미 확장에 영향을 미칠 것으로 생각된다. 즉 이러한 [폭이 넓지 않음]의 의미에 바탕을 두고 위와 같이 보다 짧은 이동을 표현하는 기능이 생성된 것으로 보는 것이다.19) 또한 (27)과 (28)

---

19) 그렇다고 하여 원거리 이동에 쓰이지 않는다는 말은 아니다. 가로질러 원거리를 이동하는 데에도 쓰일 수 있기 때문이다. 예를 들면, '早在1519年, 一枝西班牙船队自东向西航行, 跨过大西洋, 渡过太平洋, 穿过印度洋, 用了近三年时间, 围绕地球整整一周, 回到了西班牙.'(≪听和说≫, 339) 이것도 '过'의 의미 확장 결과의 하나로 보아야 할 것이다.

은 이동 폭에 있어 하나의 공통점을 가지고 있다. 그것은 이동 범위가 신체가 미치는 범위 내로 한정된다는 것이다. (28)에 대해 呂叔湘은 '过'가 '방향을 바꾸는 것을 표시한다'라고 했는데, 실제로 방향을 바꾸는 것을 표시하는 것은 그 앞의 동사이고 '过'는 단지 그 동작으로 인한 짧은 폭의 이동을 표시하는 것으로 해석하는 것이 합리적이다.[20] 다음의 <그림 5>는 이것을 도식화한 것이다.

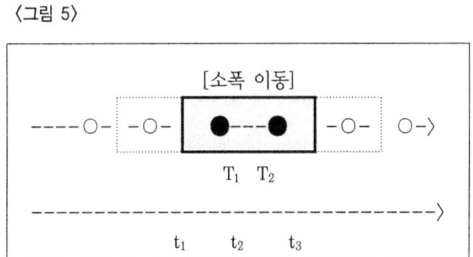

〈그림 5〉

점선은 원형적 쓰임에서의 이동 공간을 의미하고 실선은 (27-28)에서 윤곽으로 사용된 부분을 나타낸다.

'过'는 공간 이동만 의미할 뿐 어느 쪽으로 이동하는지는 함의하지 않는다. 그래서 (27-28)에서는 이동의 방향이 어느 쪽인지 분명하게 알 수 없다. 이동 방향을 명확히 표시하고자 할 때는 '来, 去'를 사용한다.

(29) a. 你把脸转过来.
     b. 你把书翻过来.
(30) a. 他把身子转过去.
     b. 他把报纸翻过去.

---

20) 만약 [제거]라면 '开'나 '下'를, 좀 먼 곳으로 옮긴다면 '到'를 사용하여 표시할 것이다.

이상을 요약하면, '过'는 짧은 이동 폭을 나타내는 기능을 하는데, 이것은 '过'의 원형 의미에서 공간 속의 이동 영역이 더 축소됨으로써 생성되었다는 것이다.

## 3.4 종점 초과 부분이 윤곽: [초과]

### 3.4.1 [초과]

동사 '过'의 의미 중에서 동작이 종료된 지점의 뒷부분이 윤곽으로 부각되면서 어느 기준의 [초과]라는 의미로 확장된다는 것을 언급했다. 이렇게 확장된 의미는 '过'가 방향보어로 쓰일 때에도 나타난다.

(31) a. 哟, 我们坐过了站了!
　　　b. 咱俩光顾说话, 已经走过新华书店了.
(32) 明天早晨六点钟的火车, 你可千万别睡过了.
(33) 他使过了劲儿, 把瓶盖拧裂了.

(31)은 목적한 장소가 기준이 되어 그 지점을 넘어서 지나친 것을 의미한다. (32)는 시간이 기준이 되고 (33)은 상식적으로 생각되는 적절한 정도가 기준이 된다. 여기에서 [초과]의 의미에는 부정적인 뉘앙스가 담겨 있으며, 앞뒤 문맥만 통한다면 다양한 동사들이 이러한 문맥에 출현할 수 있다.

(34) a. 老师让你读第一段, 你都读过了.
　　　b. 人家就让你锄到这儿, 你锄过垅了.
　　　c. 墨线打过了一点儿.

(31-34)의 '过'는 <그림 3a>와 동일하게 도식화할 수 있다. 때로는 형용사의 뒤

에 쓰여 초과를 표시하기도 한다.


    (35) a. 向日葵已经长得高过人头了.
         b. 技术革新的浪潮一浪高过一浪.
         c. 现在的技术比起以前来, 不知要强过多少倍.


이 때에는 <그림 3b>와 같이 수직 이동에서의 초과로 개념화하여 '过'로 표현한 것이라고 생각할 수 있다. 다만 이때에는 '부정적인 뉘앙스'가 없고, 중립적인 입장에서 사실을 묘사하는 기능만 한다.21) 아무튼 이러한 상황도 원형과 연관이 있으므로 '过'로 범주화한다고 할 수 있다.

### 3.4.2 [능가]

'过'가 나타내는 [초과]의 뉘앙스가 긍정적으로 평가되는 경우도 있다.


    (36) 你能说过他? ― 我可说不过他.
    (37) 你能跑过我 ― 我怎么跑得过你呢?
    (38) 一台机器的生产能力抵得过几十个人.
    (39) 干活儿你干不过他.
    (40) 打毛活儿谁也打不过他.


이러한 의미는 '过'의 원형 의미에는 없던 것인데 [초과]의 의미에서 더 확대된 것으로 해석할 수 있다. 이것은 <그림 5>에서처럼 수평 이동상의 초과가 수직 이동상의 초과로 영역 전환되면서 비로소 출현 가능했던 것이 아닌가 생각된다.

---

21) 형용사는 단음절이고 또한 적극적인 뜻을 나타내는 것(예:长, 高, 强 등)에 한한다. 소극적인 의미의 형용사는 일종의 기준 미달이라고 할 수 있는데, 기준 미달에는 [초과]라는 표현이 어울리지 않기 때문이다.

이러한 쓰임은 대단히 활발하여 의미만 통한다면 거의 모든 동작동사와 결합하여 이러한 용법을 나타낼 수 있는 것으로 보인다.22) 그러나 (36-40)과 같이 조동사 '能'이나 가능보어 '得/不'를 써서 표현하는 것이 더 일반적이다. 이와 같은 유표적 (marked)인 상황을 볼 때 '过'의 이러한 용법은 원형적 쓰임과는 거리가 있다고 할 수 있다.

이상에서 '过'가 방향보어로 쓰일 때 의미가 확대되어 가는 모습을 관찰하였다. 동사 '过'의 경우와 비교할 때, 동사 '过'가 나타내던 원형 의미와 주변 의미가 모두 실현되었으며, 나아가 다른 동사의 뒤에 붙어 출현한다는 새로운 환경에 의하여 좀 더 의미 확장을 겪는 것이 관찰되었다. 즉 경유 과정의 폭이 줄어들어 [신체가 닿을 수 있는 범위 내의 짧은 이동]을 표현하는 데 '过'가 사용되었고, [초과]의 의미가 부정적인 뉘앙스뿐만 아니라 [능가]라는 긍정적인 뉘앙스까지도 표현하게 되었다.

## 4. '过'의 의미 허화와 기능 확장

앞장에서는 '过'가 다른 동사의 뒤에 출현하여 방향보어로 쓰일 때의 의미 확장에 대해 알아보았다. 이 장에서는 동사의 뒤에 출현하는 '过'가 어휘적 의미를 상실하고 문법적 기능을 하는 것으로 알려진 경우를 살펴보기로 한다. ≪现代汉语词典≫에 의하면 다른 동사의 뒤에 출현하면서 의미가 허화된 '过·guo'를 다음 두 가지로 나누어 기재하고 있다.

---

22) ≪动词用法词典≫을 보면 이러한 [능가]의 용법으로 쓰인 예가 많이 보인다.

(41) a. 用在动词後, 表示完毕.
   b. 用在动词後, 表示某种行为或变化曾经发生, 但并未継续到现在.

(41a)를 편의상 '过₁'이라 하고 (41b)를 '过₂'로 부르기로 하자.

## 4.1 특정 윤곽의 부각: [완결]

다음은 '过₁'의 예인데 방향보어 '过'와는 상당히 다른 용법을 보임을 알 수 있다.

(42) 这本书我看过了, 你拿走吧.
(43) 行李检查过了, 没问题.

기존의 연구에 의하면 여기에서 '过'의 주된 기능은 이동의 의미를 나타내는 것이 아니라 동사의 동작이 완전히 끝났음('完毕')을 보이는 것이다. '过₁'은 발생한 사건이 이미 종결되었음을 표시하기 때문에 다음과 같이 미완결된 사건에 대해서는 '过₁'을 쓸 수 없다.23)

(44) a. 这个会开了三天了, 再有两天就闭幕了.
   b.*这个会开过三天了, 再有两天就闭幕了.

이것을 呂叔湘(1980:216)에서는 동태(动态)를 나타내는 조사로서 [동사+결과보어]식의 일종이라고 하였으며,24) ≪現代汉语词典≫에서도 동사의 용법을 지닌 '过와

---

23) 刘月华(1988b) 참조. 이 문장을 써서 미완결된 사건을 표시하고자 할 때는 '了'를 쓴다.
24) 刘月华 외(1983[1987:190])에서는 보어로 보고 있다.

별도의 항목으로 설정함으로써 그것을 동사 '过'의 동음이의어로 본다는 태도를 분명히 밝히고 있다.

'조사'라면 어휘적 의미를 상실하고 문법적 기능만 한다는 것인데, 그렇다면 이때의 '过'은 동사 '过'의 원형 의미나 기능과는 전혀 무관한 것일까? 오로지 동작의 완결만 의미한다는 것인데, 그렇다면 다음과 같이 '完'이나 '好'와 바꾸어 써도 의미상의 변화가 없어야 하는 것이 아닐까?

(42′) 这本书我看完了, 你拿走吧.
(43′) 行李检查好了, 没问题.

(42-43)과 (42′-43′)는 둘 다 문법적으로 성립하는 문장으로서 외관상으로는 의미상의 차이도 없는 것으로 보인다. 그런데 다음과 같이 좀더 복잡한 환경에서는 그 차이를 드러낸다.

(45) 他们把原稿一页一页的看{过了, *完了, *好了}.
(46) 他把行李一个一个地检查{过了, *完了, *好了}.

(45-46)은 부사어를 써서 한 지점에서 다른 지점으로의 전이를 나타내도록 환경을 만든 다음 동사 뒤에 '过'과 같이 사건의 종결을 의미하는 '完'과 '好'가 출현할 수 있는가를 살펴 본 것이다. 그 결과 '过'만 이러한 환경에 출현할 수 있고 나머지는 불가능하였다. 그 이유는 어디에 있을까? 필자는 그것이 부사어들이 나타내는 '일정한 시·공간적인 경유 과정'에 부합되느냐의 여부에 의해 결정되는 것이라고 생각한다. '过'은 그러한 의미가 있어서 이에 부합되지만 '完'과 '好'는 단지 사건의 종료만을 나타내기 때문에 그러한 의미와 배치된다는 것이다. 이상의 논의를 통해 '过'은 동작의 완결을 나타내면서도 그 이면에는 동작의 진행 과정을 함의하고 있

다는 것을 알 수 있다. 이것은 <그림 6>과 같이 나타낼 수 있다.

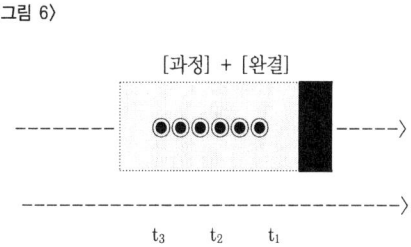

〈그림 6〉

이동 공간 내부에 빗금을 친 것은 그것이 여전히 관심의 대상으로 부각되고 있음을 나타낸다. 이동물을 ●로 표시한 까닭은 이때의 동작이 매끄럽게 연결된 것이 아니라 동일한 동작이 반복적으로 진행되는 것으로 생각되기 때문이다. $t_1$ 이후에 이동물의 흔적이 없는 것은 '过'이 동작의 완결을 나타내기 때문이다. 그리고 이동 공간 테두리를 점선으로 하고 마지막 부분만 진하게 표시한 것은 이 때의 '过'의 의미상의 초점이 역시 이동 공간 부분보다는 완결 부분에 있음을 나타내기 위함이다.[25]

그러나 이러한 [경유 과정]의 의미가 항상 문맥에 드러나는 것은 아니다. 이를 보여 주는 가장 전형적인 예가 (47)이다.

(47) a. 吃过了吗?
b. 吃了吗?

---

25) '走, 跑'나 '推, 踢'같은 이동 동사의 경우에는 이런 식으로 잘 안 쓰일 것같다. 왜 그럴까? 아마 '过'가 이동의 방향을 지시하는 기능이 없기 때문일 것이다. 이동 동사에 필요한 것은 또 다른 이동의 의미가 아니라 이동의 방향이기 때문이다. '过' 뒤에 '来'를 쓰면 '那么多地方我跑不过来.'와 같이 '过'의 이동 공간 부분이 문맥에 드러난다. 그러나 반드시 가능식 문형에서나 그런 것이고 또 '去'를 써서는 안 된다는 것을 볼 때 확실히 '过'의 이러한 용법은 '过'의 원형적 쓰임에서 거리가 먼 것으로 판단된다.

(47a)의 '过'은 단지 동작의 완결만을 의미하는 것으로서 [경유 과정]의 의미를 찾아내기 어렵다. (47b)와 같이 '过'을 생략해버려도 통사적으로나 의미상으로 전혀 차이가 발생하지 않는다는 것이 하나의 증거이다. 이 때의 '过'은 순전히 동작의 완결만 표시하는 것으로 시제와도 무관하여 (48)과 같이 과거에 완료된 사건뿐만 아니라 (49)와 같이 가까운 과거에 완결되어 그 상태가 발화시각 현재까지 이어지는 사건이나 (50)과 같이 미래에 완결되는 사건을 묘사할 때에도 쓰인다.

(48) 昨天我吃过饭就散步去了.
(49) 我已经吃过饭了, 咱们散步去吧.
(50) 明天我吃过饭就去散步.

이와 같이 '过'은 단지 동작의 완결만을 표시하며 시제와는 무관한 것이라는 뜻에서 다음의 <그림 7>과 같이 도식화할 수 있다.

<그림 7>

어떤 동작이 끝났다는 것은 그 이전에 그 동작을 진행하는 과정이 있었음을 전제하므로 역시 원형 의미를 배경으로 하여 완결 부분이 윤곽으로 드러난 것이라고 말할 수 있다.26) 여기에서는 시간(t) 요소를 삭제했는데, 이것은 '过'이 시제와는 무관한 것임을 나타내기 위해서다. 이것은 <그림 6>에 비해 또 다시 의미가 허화

---

26) 胡裕树·范晓(1995:101): "完毕也就是度过了某个点(事件的终结点)."

되고 기능이 확대되었다는 것을 보여 준다.

이제까지의 논의를 요약하면 다음과 같다. '过'는 어휘 의미가 허화되어 동작의 [완결]을 나타내는 기능을 한다. 그리하여 완결된 사건 전체를 하나의 덩어리로 인식하게 한다. 이러한 기능은 시제와 무관하여, 과거·현재·미래에 완료된 사건을 묘사하는 데 두루 쓰일 수 있다. 한편 문맥에 따라서는 '过'의 원형 의미가 지니고 있는 [이동의 영역]도 윤곽으로 드러날 수 있다.

## 4.2 다른 영역과의 교차: [과거 완결]

### 4.2.1 '过₂'와 '过₁'의 관계

'过₂'란 다음과 같이 동사 뒤의 '过'가 소위 과거의 경험을 표시한다고 일컬어지는 경우를 말한다.

(51) 我们走过不少地方, 就是没有到过桂林.
(52) 这本小说我没看过.
(53) 我们曾经吃过广东菜.

(51-53)은 모두가 시제상 과거의 시점에 발생했던 사건을 표시한다. 이러한 문맥에 '过'가 쓰일 수 있다는 것은, 이미 4.1에서 논의했듯이, 전혀 이상한 것이 아니다. 왜냐하면 완결을 나타내는 '过'은 과거든 미래든 관계없이 쓰일 수 있기 때문이다. 그런데도 많은 중국어법학자들이 이와 같이 과거를 나타내는 문맥에 쓰인 '过'를 4.1의 '过'과 구별하여 기술하려고 노력하고 있다. 예를 들어 孔令达(1986), 房玉清(1992a) 등에 의하면 '过₁'과 '过₂'는 다음과 같이 체계적인 대립을 보인다.

첫째, '过₁'은 '그다지 멀지 않은'('不久') 과거에 발생했던 사건을 표시하고 '过₂'는

'비교적 먼'('较远') 과거에 발생했던 사건을 표시한다.27)

    (54) a. 昨天我吃过饭就散步去了.
         b. 我们吃过广东菜.

둘째, 가까운 과거에 발생했던 사건을 나타내는 '已经'은 '过'과만 결합하고 비교적 먼 과거에 발생했던 사건을 나타내는 '曾经'은 '迀'와만 결합한다.

    (55) a. 我已经吃过饭了.
         b. 我们曾经吃过广东菜.

셋째, '了'는 '过'과만 결합하고 '迀'와는 결합하지 않으며, '等__再~'와 '把' 구문에도 '过'만 출현할 수 있고 '迀'는 불가능하다.

    (56) a. 晚饭已经吃过了.
         b.*我们曾经吃过广东菜了.
    (57) a. 我们已经把晚饭吃过了.
         b.*我们曾经把广东菜吃过.
    (58) a. 等晚饭吃过了, 再出去玩儿吧.
         b.*等曾经吃过广东菜, 再回国.

넷째, '过'이 쓰인 문맥의 사건은 특정적인 것이고 '迀'가 쓰인 문맥의 사건은 특정적인 것일 수도 있지만 총칭적(generic)인 것일 수도 있다.28) (59)에서 '过'은 단지 어느 구체적인 동작이 완결된 것을 표시하는 것으로만 이해되지만, (60)은 모

---

27) 房玉清(1992a:19), 孔令达·周国光·李向农(1993) 참조.
28) 孔令达(1986) 참조.

두 중의적이다.

(59) a.已经跳过舞了.　　(60) a.曾经跳过舞
　　 b.已经演过戏了.　　　　 b.曾经演过戏
　　 c.已经开过车了.　　　　 c.曾经开过车

(60)은 과거 어느 시점에 춤을 추거나 연기를 하거나 차를 운전한 사실이 있었다는 일반적인 의미와 아울러 과거 어느 시점에 어떤 직업에 전문적으로 종사한 적이 있었다는 의미를 표시할 수 있다. 즉 '曾经跳过舞'는 '曾经当过舞蹈演员'과 동일하며 '曾经开过车'는 '曾经当过司机'와 동일한 의미로 해석할 수 있다는 것이다. 다음은 이상의 기술을 표로 정리한 것이다.

〈표 1〉

|  | 过₁ | 过₂ |
|---|---|---|
| 출현 위치 | 동사 뒤 | 동사 뒤 |
| 의 미 | 완 결 | 완 결 |
| 시 제 | 근 과거, 현재, 미래 | 먼 과거 |
| [曾经___] | X | O |
| [已经___] | O | X |
| [___了] | O | X |
| [等__再…] | O | X |
| [把___] | O | X |
| 총칭적 사건 | X | O |

이상의 논의만 본다면 '过₁'과 '过₂'는 출현 위치와 완결이라는 의미 이외에는 공통점이라고는 전혀 없는 별개의 형태소인 것처럼 보인다. 그래서 기존의 연구는 주로 차이점을 부각시켜서 '过₁'과 '过₂'를 별개의 형태소로 구분하는 데 노력을 경주하고 있는 것이다. 그런데, 시제를 바탕으로 나눈 '过₁'과 '过₂'가 통사적인 면에서

완벽하게 상보적 분포를 이룬다는 것이 함의하는 것은 무엇일까? 혹시 이러한 관찰 결과를 다른 각도에서 해석할 수는 없을까?

우선 위의 검증 틀에 대해 문제를 제기하지 않을 수 없다. '了'와 '把, 等…再…'는 '过'의 특성을 추출하는 데 적절한 틀로 생각되지 않는다. 왜냐하면 이들은 이미 '已经'과는 함께 쓰일 수 있지만 과거 시제를 나타내는 '曾经'과는 함께 쓰일 수 없기 때문이다. 사건의 총칭성 문제도 역시 '曾经'이나 '已经'의 시제적 성격과 관련이 있는 것으로서 '曾经'이 나타내는 과거 완료의 기능으로 인해 함축적으로 해석되는 것이지 '曾经'이나 '过'가 자체 내에 함의하는 것은 아니다. 결국 이상의 검증틀은 이미 '曾经'과 '已经'에 대해 중립적이지 않기 때문에 그것으로 '过'과 '过'를 구별하는 데 사용할 수는 없다는 것이다. 그렇다면 남는 것은 '曾经'과 '已经' 뿐이다. 그런데 '曾经'은 비교적 현재로부터 멀리 떨어진 과거에 발생했던 사건을 묘사하는 데 쓰이는 말이고 '已经'은 어떤 사건이 현재와 가까운 과거에 발생하고 완결되어 그 결과가 현재까지 지속되는 사건을 묘사하는 데 쓰이는 말이다. 이 말은 곧 과거나 현재라고 했던 구별이 '过'이나 '过'에서 비롯된 것이 아니라 '曾经'과 '已经'의 어휘적 의미에 의해 결정되는 것이었음을 말해 준다. 결국 '过'과 '过'만 가지고 판단할 수 있는 사실은 아무 것도 없다. 유일하게 남는 것은 이들이 [완결]이라는 의미를 공유한다는 것이다. 그렇다면 '过'와 '过'이 별개의 것이 아니라 한 몸이라는 것이다. 원래가 동일한 형태소인데 어떤 환경에 출현하느냐에 따라 다르게 부른 것에 불과하다는 것이 된다. 즉 가까운 과거나 미래를 나타내는 문맥에 쓰인 것을 '过'라고 이름 붙이고, 현재보다 먼 과거를 나타내는 문맥에 쓰인 것을 '过'라고 이름 붙인 것에 불과하다.29) 아래는 <표 1>의 두 부분을 하나로 합친 것이다. 마치

---

29) 이것은 마치 똑같은 '김한길'이란 사람을, 소설을 쓸 때는 '소설가 김한길'이라고 하고 TV에 대변인으로 나왔을 때에는 '정치가 김한길'이라고 부르는 것과 같다. 그러면서도 우리는 결코 그가 등장하는 장소가 다르다고 하여 별개의 두 사람이라고 말하지 않는다.

정표로 나누었던 고리를 합친 것처럼 완벽하게 들어맞지 않는가?

⟨표 2⟩

| 출현위치 | 过(过₁+过₂) |
|---|---|
|  | 동사 뒤 |
| 의 미 | 완 결 |
| 시 제 | 모든 시제 |
| [曾经___] | O |
| [已经___] | O |
| [___了] | O |
| [等_再…] | O |
| [把___] | O |

결국 '过₁'이나 '过₂'는 하나의 몸뚱아리였으며, 따라서 '过'의 원형 의미를 배경으로 생성된 것이라고 결론지을 수 있다. 이것은 <그림 8>과 같이 표현할 수 있다. 이 그림은 완결된 사건이기만 하면 시제와 무관하게 '过'로 표현할 수 있음을 보여 준다.

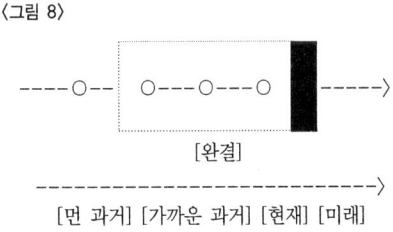

⟨그림 8⟩

[완결]

[먼 과거] [가까운 과거] [현재] [미래]

이제까지의 논의에서, 소위 과거의 경험을 나타낸다는 '过₁'도 '过₂'과 마찬가지로 '过'의 원형 의미를 배경으로 하여 [완결] 부분만 윤곽으로 드러나 쓰인 것임을 알 수 있었다.

### 4.2.2 영역 교차에 의한 의미 기능 확장: [과거 완결]

앞에서 '过'의 생성 배경을 규명하였지만 그렇다고 하여 '过'를 취소하고 '过'로 통합하여 사용해야 한다는 주장을 하기에는 아직 이른 것으로 보인다. '过'와 관련된 모든 문제가 해결된 것은 아니기 때문이다. 다음 예를 보자.

(61) a. 那本书我看过.
　　 b. 那本书我曾经看过.
　　 c. 那本书我已经看过了.

(61b)를 보면 책을 보는 사건이 있었던 것은 명백히 과거라는 것을 알 수 있고, (61c)를 보면 그 사건이 발생한 때가 가까운 과거라는 것을 알 수 있다. 그런데 (61a)는 어떠할까? 중국인들의 가장 일반적인 판단은, 앞뒤 문맥이 전혀 없는 상태에서 (61a)는 그 사건이 (61b)와 마찬가지로 과거에 발생했다는 것이다. 이것이 시사하는 바는 상당히 크다. 가장 중립적인 문맥, 즉 무표적(unmarked)인 문맥에서 현재나 미래 완결이 아닌 먼 과거 완결로 이해된다는 것은 곧 '过' 자체에 이런 기능이 내재되어 있기 때문이라고 밖에는 설명할 방법이 없는 것이다. 이것이 가까운 과거나 미래로 이해되기 위해서는 '已经__了'나 '等__再…'와 같이 별도의 요소가 첨가되어야 한다. 인지 문법의 유표성(markedness) 원리에서 본다면 원형 범주의 중심에 가까울수록 단순하고 일반적이며 멀어질수록 복잡하고 특수한 성격을 띤다.[30] 그렇다면 (61)을 시제라는 범주의 입장에서 본다면 가장 원형적인 것은 (61a)라고 할 수 있다.[31] 따라서 이때의 '过'는 상적인 측면에서의 [완결] 의미 이외에 시제 범주에서의 [과거 시제]를 수행하는 요소로서 따로 분리시키지 않으면 안 된다.

---

30) 이효상(1993)과 임지룡(1997:398ff) 참조.
31) 이를 근거로 하여 중국어의 시제 체계를 과거와 비과거의 이원 체계로 나누는 것을 고려해 볼 수 있다.

원형 범주론에서 구성원 사이의 사용 빈도를 보면 원형에 가까울수록 자주 많이 사용하고 멀수록 적게 사용한다. 그렇다면 '过₁'과 '过₂'의 사용 빈도는 어떠할까? 孔令达・周国光・李向农(1993)에서 중국의 아동들이 '过'의 용법을 습득하는 과정을 조사하였는데 그 결과는 다음과 같다.

〈표 3〉 2~5세 아동의 '過' 사용 상황

| 나이 | 2 | 2.5 | 3 | 3.5 | 4 | 4.5 | 5 | 합 | % |
|---|---|---|---|---|---|---|---|---|---|
| 동사 过 | 0 | 3 | 5 | 7 | 6 | 8 | 7 | 36 | 12.3 |
| 过₁ | 6 | 7 | 11 | 13 | 12 | 16 | 19 | 84 | 28.8 |
| 过₂ | 0 | 7 | 27 | 30 | 34 | 38 | 36 | 172 | 58.9 |
| 합 | 6 | 17 | 43 | 50 | 52 | 62 | 62 | 292 | 100.0 |

이를 볼 때 처음에는 '过₁'부터 익히지만 곧 바로 '过₂'의 사용 빈도가 압도적으로 우세를 보인다는 것을 알 수 있다. 이것은 '过₂'가 이미 하나의 독립된 범주를 구성하고 있다는 것을 의미한다. 이런 점에서 볼 때 '过₂'는 점차적으로 독립된 범주를 구성해 나가는 경향이 있음을 인정할 필요가 있다는 것이다.32)

이제까지의 논의를 요약해 보자. '过₁'과 '过₂'는 원래 동일한 배경 하에 생성되었으며 모두 동작의 [완결]을 나타내는 기능을 한다. 그런데 [완결]을 나타내는 '过'가 현재와 가까운 과거나 미래를 의미하는 환경보다는 과거 시제를 나타내는 환경에 자주 출현하다보니 중국어 사용자들은 의식적으로 과거를 의미하는 문맥에서 '过'를 사용하게 되었다. 그리하여 그것이 습관으로 굳어지고 점차 문법화

---

32) 刘月华(1988b)의 통계에 의하면, '过₁' 및 '过₂'와 다른 동사와의 결합가능성을 조사한 결과 '过₁'의 경우가 훨씬 자유롭고 광범위하였다.

되어 이제는 과거 시제를 표시하는 하나의 표지로 독립시킬 수 있을 정도가 되었다. 그것이 바로 '过'인 것이다.33) '过'는 [완결]이라는 상 범주와 아울러 [과거]라는 시제 범주를 겸하고 있다. 이것을 도식화하면 다음과 같다.

〈그림 9〉

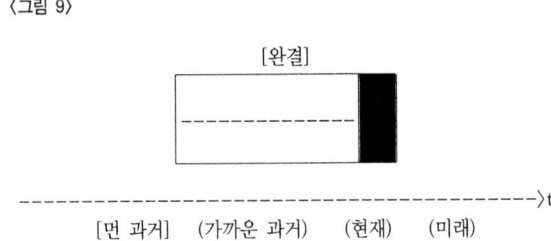

이런 점에서 '过'는 '过'의 원형 의미에서 상당히 멀리 떨어져 있으며, 바로 이 때문에 기존의 사전에서 '过'를 따로 동음이의어로 처리한 것으로 볼 수 있다.

## 5. 맺음말

지금까지 인지문법의 관점에서 다의어의 하나인 '过'를 대상으로 의미의 확장 과정을 살펴보았다. 그 결과 '过'는 원형 의미인 '일정한 공간 폭을 가로질러 지나다'를 배경(base)으로 하여 적용 영역의 전환 및 특정 윤곽의 활성화라는 인지 작용을 통하여 다양한 의미로 사용되어 진다는 것을 확인하였다. 이동 영역은

---

33) 李臨定(1990)에서는 아예 '过'를 상 표지로 보지 않고 과거 시제 표지로 보고 있다.

[공간]에서 [시간]과 [추상 공간]으로 확대 적용되며, 이동물 또한 [사람]에서 [동물]로, 그리고 [식물]이나 [시간]과 같은 무생물로 확대 적용된다. 특정 윤곽이 활성화된 경우를 보면 [초과]를 나타내는 부분이 가장 전형적인 예라고 할 수 있다. 즉 이동 공간은 중요하지 않고 그것을 다 지난 다음의 상태만 관심의 영역으로 부각되는 것이다. 이 [초과] 의미는 다시 긍정적인 뉘앙스를 지니는 [능가] 의미로 확장된다. 이동 공간 부분이 축소되어 쓰이는 [근거리 이동]도 윤곽의 활성화의 한 예라고 할 수 있다.

적용 영역의 전환과 특정 윤곽의 활성화가 다의어의 생성에 동시에 관여할 수도 있다. 윤곽의 활성화로 인하여 생성된 [초과] 의미가 또 다시 공간, 시간, 추상적 기준 등 다양한 영역에 적용되는 것이 그 예이다.

[초과]나 [능가]는 기준점을 통과한 다음에 남는 부분이 윤곽으로 드러난 것인데, 이와 달리 이동 과정이 끝난 바로 그 지점만 윤곽으로 부각되어 쓰이는 경우가 있다. 이 때에는 동작의 [완결]을 나타내는데, 부각되는 곳이 '점'으로 표시되는 만큼 어휘적인 의미는 대단히 허화되었다고 말할 수 있다. 물론 이렇게 쓰이는 경우라 할지라도 역시 원형 의미를 배경으로 하여 생성된 것이므로, 경우에 따라 이동 공간까지 윤곽으로 드러나는 경우도 있다. 그 때에는 해당되는 사항을 '모두 완전하게 처리하다'라는 뜻을 나타낸다.

동작의 [완결]이라는 것은 원래 상적인 성격의 것으로 시제와는 다른 문법 범주에 속하는 것이다. 그런데 그러한 의미를 나타내는 '过'가 주로 과거에 발생한 사건을 표시하는 환경에 출현하다보니 자연스럽게 과거 시제 표시 기능까지 떠맡게 되었다. 이렇게 상 범주의 형태소가 시제 범주의 기능까지 하게 되는 것은 일반 언어에서 자주 보이는 현상으로서, 이 단계에 오면 과거 시제 표지로서의 '过'를 인정할 수밖에 없게 된다.

이제까지의 논의를 범주화의 관점에서 다음과 같이 정리할 수 있다. '过'가 문맥에 따라 상이하게 보여주는 의미들, 즉 [공간]이나 [시간] 이동, [초과]나 [능가], [완결] 등의 의미를 본다면 이들 사이에서 공통된 하나의 의미를 찾아내는 것은 불가능하다. 그럼에도 이들이 하나로 묶일 수 있는 까닭, 다시 말하면 하나의 '过'로 범주화될 수 있는 연유는 어디에 있는가? 그것은 이들의 출생 배경이 동일하기 때문이다. 결국 이와 같은 의미 확장은 모두가 원형 의미를 배경으로 하여 연속선을 그리며 점차적으로 발생하는 것이지 결코 돌발적으로 자생하는 것이 아니다. 그리하여 기존의 관점에서는 동음이의어로 처리되었던 이른바 경험 상 표지 '过'도 인지문법의 관점에서 보면 단지 중심에서 꽤 떨어진 위치에 있을 뿐 여전히 '过'의 범주 안에서 하나의 구성원으로 인정되는 것이다.

이러한 분석이 중국어 문법 분석에 대해 갖는 언어학적 의의는 다음과 같다.

우선 '过'의 경우에는 범주의 중심에서 주변으로 멀어질수록 사용 빈도가 더 높아진다는 것이다. 이것은 구체적인 자료 조사를 통해 입증된 사실이다. 중심에서 멀어진다는 것은 그만큼 어휘 의미가 약화됨을 의미한다. 이 사실이 함의하는 바는 여러 가지가 있겠지만, 필자는 특히 방향동사복합어와 결과식 동사복합어의 생성을 설명하는 데 중요한 실마리를 제공할 것으로 생각한다.

또한 이제까지의 논의를 통시적인 입장에서 보면, 통사적 표현이 어휘적 표현으로, 그것이 다시 형태소적 기능으로 변화하는 것을 일목요연하게 관찰할 수 있다. 고립어로서 형태 표지가 발달하지 않은 중국어이기 때문에 이러한 과정은 다른 어느 언어보다도 왕성하게 일어나고 있는 것으로 생각할 수 있다. 이러한 변화는 특히 '过'뿐만 아니라 '来, 去, 上, 下, 起, 开'와 같은 이동동사의 경우에 더 심하게 일어나고 있는데, 어휘 의미의 허화와 아울러 이들이 순수하게 문법적 기능을 하는 쪽으로의 이행이 앞으로도 계속될 것으로 보인다.

본고는 주로 다의어의 생성 과정을 설명하는 데 목적이 있었기 때문에 통사적 측면은 거의 언급하지 않았다. 의미의 확대에 따른 통사적 비대칭성 문제에 대한 연구는 다음으로 미루기로 한다.


　* 이 논문은 일본 中央大学의 远藤雅裕 교수에 의해 번역되어 <认知
　　文法による现代中国语多义语の研究>라는 제목으로 中央大学论集 第
　　21号(2000)에 실린 바 있다.

# 제3부 언어학의 응용: 번역

- **제9장** 중한 번역에서 부딪치는 몇 가지 문제점
- **제10장** 중국어 번역 기법의 모색
- **제11장** 중한 사전의 뜻풀이와 용례

# 제9장
# 중한 번역에서 부딪치는 몇 가지 문제점

## 1. 들머리

본고는 중한 번역의 이론과 기법을 도출하기 위한 전초적인 작업으로서 현재 번역 출판된 자료를 대상으로 중국 문헌의 번역 양상을 관찰하고 오역과 관련된 몇 가지 문제를 기술하는 것을 목적으로 한다.

중한 번역의 역사는 짧지만 양은 넘쳐난다. 중국과 수교한 지 몇 년 되지 않지만 문학, 역사, 사상, 철학, 정치, 경제 등 다방면에 걸쳐 수많은 책들이 번역 출판되었다. 그러나 현재의 번역 수준을 볼 때 경험이 축적된 만큼 질적으로도 향상되었는지 의심스러운 것이 사실이다. 다음의 번역문을 보자.

> 90년대의 중국문예는 일종의 특수한 상황에 처해 있다. 이러한 상황들은 이미 형성된 현실이기는 하나, 그렇다고 해서 운명적으로 정해진 것은 아니다. 그것은 무한대의 가능성들이 현실의 무수한 모순(矛盾)적 역량과의 충돌 속에서 우연적으로 생겨난 결과이다. 그것의 존재이유와 논리는 규율성이나 필연성보다는 사실성(事实性) 혹은 사건성(事件性)으로 설명해야 할 것이다.[1]

첫 번째 문장에서 '일종의'는 군더더기이다. 두 번째 문장은 단어 선택에 문제가 있다. 세 번째와 네 번째 문장은 번역을 했다기보다는 원어의 단어를 발음만 우리 말로 하여 옮겨 놓았다고 하는 편이 옳다. 다음을 보면 그것이 명확히 드러난다.

> 그것은 无限带의 可能性들이 现实의 无数한 矛盾的 力量과의 冲突 속 에서 偶然的으로 생겨난 结果이다. 그것의 存在理由와 论理는 规律性 이나 必然性보다는 事实性 或은 事件性으로 说明해야 할 것이다.

한 마디로 말해 난해하다. 특별히 어려운 내용 같지는 않은데 한자 어휘를 나열함으로써 읽는 사람으로 하여금 내용 파악에 어려움을 느끼게 하고 있다. 하지만 이것이 번역자만의 책임은 아니다. 이런 식의 번역을 용납하는 풍토가 중국학계에서는 오래 전부터 있어 왔기 때문이다.[2]

이런 풍토가 바뀌어야 한다고 생각하는 사람은 적지 않다. 그런데 아직 구체적 대안을 마련하는 데까지는 이르지 못하고 있다. 그 주된 원인은 번역 상황에 대한 구체적인 분석이 충분히 진행되지 못했기 때문인 것으로 보인다. 문제가 있다는 것은 아는데 그 구체적인 모습을 제대로 그려내지 못하고 있는 것이다. 모르면 두렵지만 알면 해결책이 나온다. 해답은 문제 안에 내포되어 있다는 것이 그 동안의 경

---

1) 본고에서 오역으로 인용된 예의 출전은 원서의 서명만 밝히고 번역서의 역자나 서명, 출판사 등은 밝히지 않기로 한다. 본고의 목적이 특정 번역서의 오역을 지적하는 데 있는 것이 아니라 중한 번역 이론과 기법을 도출하기 위한 기초적인 작업을 하는 데 있기 때문이다. 아울러 인용문의 띄어쓰기나 맞춤법은 번역서의 원문을 그대로 옮기기로 한다. 위의 글은 ≪九十年代中国文艺境遇三题集≫(≪文艺争鸣≫ 1994.1)을 옮긴 글의 도입부를 발췌한 것이다.
2) 고대 중국 문헌을 옮기던 때부터 시작된 토씨 달기식 번역이 조선 시대의 유가 경서나 불교 경전의 국역 사업을 거치면서 강화되었고, 지금의 고문헌 번역 작업들도 역시 대개 그런 식으로 진행되고 있다. 현대문 번역이 그 틀 위에서 시작되었다는 것이 불행의 시작인데, 이에 대한 뼈아픈 반성이 없이 지금에 이르고 있는 것이 현실이다.

험적 진리가 아닌가. 그래서 본고에서는 우선 문제가 무엇인지부터 알아보려 하는 것이다.

중국어문학계에서 중한 번역의 문제는 오문의(1996)에서 처음으로 제기된 것으로 생각된다. 이 논문에서는 각기 다른 세 사람이 우리말로 옮긴 루쉰(魯迅)의 ≪伤逝≫의 번역문을 비교 검토하고 있다. 물론 그 이전에 중한 번역에 관한 논저가 전혀 없는 것은 아니다. 이미 최기천(1988)이나 장의원(1993)과 같이 하나의 저서로 출판된 것들이 있다. 하지만 출판 지역이 중국의 옌볜(延边) 지방이라는 점 때문에 우리가 곧바로 참조하기에는 적지 않은 한계가 있다. 책에 제시된 예문의 상당수가 특정 사상서에서 발췌한 것이며, 번역문의 경우 한국어의 표준말 규정에 맞지 않는 표현이 많다. 한편, 영한 번역에 관한 저서가 몇 권 나와 있는데, 영어와 중국어 및 한국어 언어 체계의 차이로 인하여 그 방식을 그대로 중한 번역에 적용하는 데는 어려움이 있다. 결국 중한 번역과 관련된 문제를 해결하기 위해서는 지금이라도 우리 스스로가 나서야 될 형편에 있는 것이다.

앞서 말했듯이, 이상적인 중한 번역 이론과 기법을 마련하기 위해서는 우선 기존의 번역 출판물을 검토할 필요가 있다. 잘된 번역은 잘된 대로 잘못된 번역은 잘못된 대로 나누어 정리하다 보면 어떤 규칙을 추출할 수 있을 것이기 때문이다. 본고에서는 라오서(老舍)의 소설 ≪骆驼祥子≫와 다이허우잉(戴厚英)의 ≪人啊, 人≫(香江出版有限公司, 1989)의 번역본을 주된 분석 대상으로 삼았다.[3] 앞의 책은 한중 수교 이전에 번역 출판된 것이고 뒤의 책은 근래에 번역 출판된 것인데, 둘 다 문학적으로 높은 평가를 받고 있기 때문에 이 책들을 선정한 것이다. 그 밖에 중국어 독해에 관한 책 등 번역과 관련이 있는 책들도 함께 검토 대상으로 삼았다.[4]

---

[3] 본고에서 인명이나 지명 등 고유명사의 한글 표기는 문교부(1986) 안을 따랐다. 문교부 안의 내용은 본고 제5장을 볼 것.
[4] 본고에서는 문학 작품을 주요 분석 대상으로 하였지만, 사실 역사책이나 철학 사상쪽의 번

이상의 자료를 검토한 결과 밝혀진 오류의 양상은 크게 어휘 부분, 문법 부분, 문장 층위에서 직역에 의한 오역 부분, 외래어 표기 문제 부분으로 나눌 수 있다. 각각의 주제를 차례대로 살펴보기로 하자.

## 2. 어휘와 관련된 문제

하나 하나의 단어를 정확하게 옮기는 것은 번역의 기초에 속한다. 이것이 제대로 되어야 문장의 전체 의미를 제대로 전달할 수 있다. 여기에서는 특정 낱말의 오역과 관련된 문제를 살펴보기로 한다.

### 2.1 중국어 어휘의 음역에서 빚어지는 오역

한국과 중국은 모두 동일한 한자 문화권에 속하기 때문에 우리말의 한자 단어와 중국어의 단어는 동일한 것이 대단히 많다. 《중한사전》을 펼쳐 보면 이러한 예를 얼마든지 찾아 볼 수 있다. 이것은 한국인의 중국어 학습에 긍정적으로 작용하기도 하지만 부정적으로 작용하기도 한다. 같은 글자로 이루어진 단어라 해도 중국어에서 나타내는 의미와 한국어에서의 의미가 다른 경우가 있는데, 이것들이 중한 번역

---

역서는 문제가 더 심각하다. 한자어에 토씨만 우리말로 다는 음역식 번역으로 인하여, 오히려 번역문 자체를 해독하는 데 더 많은 정력을 들여야 하는 것들이 비일비재하다. 본고에서 지적하는 문제들이 이 책들에서도 똑같이 발견된다고 말 할 수 있다.

에서 문제를 일으키는 것이다. 다음의 우리말 번역문을 먼저 읽어보자. 우리나라 사람으로서 과연 이렇게 말하는 사람이 있을까?

(1) 矛盾既然已经被认识, 那就有可能被解决. 我和荆夫都期待着你的矛盾早日解决.
　　X 모순이 이미 인식된 이상 해결은 가능합니다. 나도 젠후도 당신의 모순이 하루라도 빨리 해결되기를 기대하고 있습니다.
　　《人啊, 人》5)

중국어의 '矛盾'은 우리말에서 문맥에 따라 '모순'이란 뜻 이외에 '(해결해야 할) 문제, 갈등' 등의 의미를 나타낼 수 있다. (1)에서는 '문제'란 뜻으로 사용되었으므로, 다음과 같이 옮겼어야 했다.

⇨ 문제가 무엇인지 밝혀졌다면 그것은 해결할 수 있는 것입니다. 저와 징푸(荆夫)는 당신의 그 문제가 하루 빨리 해결되길 바라고 있습니다.6)

이런 예는 대단히 많다. 아래에서 중국어의 '文章'은 우리말에서 '문장'이 아니라 '글'로 옮겨야 하고 '认识'는 '처음으로 만나다'라는 뜻이므로 '처음으로 알게 되었다'로 옮기는 것이 적절하며, '亲爱'는 '친애하는 국민 여러분'의 '친애'가 아니라 '사랑하다'로 옮기는 것이 자연스럽다.7)

---

5) 번역문 앞에 'X' 표시를 한 것은 그 번역문이 잘못되었거나 또는 어색하다는 것을 뜻한다. 《人啊, 人!》은 앞으로 《人啊》으로 줄여 쓰기로 한다.
6) 예문의 번역과 관련하여 한 가지 밝혀 두어야 할 것이 있다. 필자가 제시한 수정안이 완전 무결한 번역은 아니라는 것이다. 이것은 하나의 대안에 불과할 뿐 더 좋은 번역이 얼마든지 가능할 것이다. 여러분의 지적을 바란다.
7) text를 의미하는 중국어의 '文章'을 sentence를 뜻하는 '문장'으로 옮기는 예는 중국 유학을

(2) 游若水的<u>文章</u>我倒很有兴趣, 不知道他写的是什么.
　　　☒ 나는 오히려 요 뤄쉐의 문장에 흥미가 끌렸다. 도대체, 무엇을 썼을까. ≪人啊≫
　　　⇨ (그러한) 유뤄수이의 글에 나는 오히려 흥미가 끌렸다. 도대체 뭐라고 썼을까.
(3) 我是在欢迎新生的时候<u>认识</u>孙悦的.
　　　☒ 나는 신입생 환영식 때에 손 유에를 <u>알았다</u>. ≪人啊≫
　　　⇨ 나는 신입생을 맞이하는 날 쑨위에를 <u>처음으로 알게 되었다</u>.8)
(4) "憾憾, 我<u>亲爱的</u>女儿! 我找回了我的灵魂, 那就是你!"
　　　☒ "한한, <u>친애하는</u> 딸이여. 나는 나의 영혼인 너를 되찾았단다!" ≪人啊≫
　　　⇨ "한한, <u>사랑하는</u> 내 딸아. 아빠는 이제 아빠의 영혼을 되찾았단다. 바로 네가 나의 영혼이야!"

위의 예들은 한국어의 한자어와 형태는 같지만 의미가 다른 중국어 어휘를 소리만 바꾸어 번역에 그대로 사용함으로써 오역이 빚어진 경우다. 다음 예도 역시 이런 오역의 한 예이다. 한국어 사전에 없는 단어를 그대로 썼으므로 역시 오역이라고 할 수 있다.

(5) 他们的跑法也特别, <u>四六步儿</u>不快不慢, 低着头, 目不旁视的, 贴着马路边儿走.
　　　☒ 달리는 식도 특별나다. 고개를 숙이고 앞만 똑바로 바라보며 <u>4・6보</u>로 빠르지도 느리지도 않게 한길 가로 붙어서 달린다. ≪骆驼祥子≫9)

번역문에서 '4・6보'로 달린다고 했는데 도대체 어떻게 달리는 것일까? 도저히

---

　　경험한 이들의 글에서 흔히 볼 수 있다.
8) 참조: "你去认识他吧!"(가서 저 사람과 인사 나누세요.)
9) ≪骆驼祥子≫는 앞으로 ≪骆驼≫로 줄여 쓰기로 한다.

알 수 없다. 그런데 왜 이런 식으로 번역을 했을까? 혹시 번역 당시의 사전에 나오지 않았던 것일까? 그러나 확인한 바에 의하면 ≪새중한사전≫(휘문출판사, 1975)에도 풀이가 들어 있었다. '장단에 맞추어 걷는 리드미컬한 걸음걸이'라는 것이다. 한편 '고개를 숙이고 앞만 똑바로 바라보며' 달린다는 것도 이상하다. 여러분이 실제 해 보면 알겠지만 실제 가능한 동작으로 여겨지지 않는다. (5)는 다음과 같이 고치는 것이 더 정확하고 자연스러울 것이다.

⇨ 달리는 방법도 특이하다. 아주 율동적으로 너무 빠르지도 느리지도 않게, 고개를 숙인 채 곁눈질하지 않고 한길 가로 붙어서 달린다.

이상에서 좀 익숙한 단어라고 해서 함부로 한자음을 그대로 써서는 안 된다는 것을 알 수 있다. 한자음을 그대로 쓰는 것은 많은 경우 번역을 포기한 것과 같다. 최대한 바르고 자연스러운 우리말로 옮겨줄 필요가 있다.

## 2.2 자주 쓰이는 중국어 단어의 오역

대부분의 단어는 그것이 쓰인 문장의 앞뒤 문맥에 따라 몇 가지 상이한 의미를 나타낸다. 단어의 다의성(polysemy) 때문이다. 그런데 번역자가 단어의 여러 의미 중에서 가장 자주 쓰이는 기본 의미만을 떠올리고, 'A에는 B!'라는 것처럼 거의 조건반사식으로 써 넣음으로써 오역이 발생하는 경우가 있다. 예를 들어 '说는 '~에게 말하다'라는 뜻과 아울러 '~를 나무라다'라는 뜻이 있다.[10] 그런데 다음 예를 보자.

---

10) 说 shuō ①用话来表达意思, ②解释, ③言论;主张, ④责备;批评, ⑤指说合;介绍, ⑥意思上指. ≪现代汉语词典≫

(6) 你和我差不多, 谁也别说谁.
   ☒ 당신과 나는 별 차이가 없으니, 서로 상대방에 대해 말하지
   마라. ≪短文读解中国语≫.11)
   ⇨ 당신이나 나나 오십보 백보니 피차간에 상대방을 비난하지
   맙시다.

'说'에 대한 번역이 잘못되었을 뿐더러 경어법면에서도 대단히 어색하다.
이런 식의 오역은 중한 번역문에서 흔히 보인다. '了解'의 의미를 흔히 '이해하다'로 알고 있는데, 이런 뜻 외에도 '알아보다, 조사하다'가 있다. 이것을 염두에 두고 (7)의 원문과 번역문을 읽어보자.

(7) "他还在忙着解决≪马克思主义与人道主义≫一书的出版问题. 已经
   有了一点头绪, 上级党委派人来了解情况了. 我们是乐观的."
   ☒ 그는 지금 아직도 ≪마르크스주의와 휴머니즘≫ 출판 문제
   해결을 위해서 바쁜 나날을 보내고 있습니다. 이미 실마리는
   잡혀 있지요. 상급 당 위원회가 사람을 파견해서 정황을 양
   해해 주고 있습니다. 우리들은 낙관하고 있어요. ≪人啊≫

여기에서는 '了解'의 첫째 뜻풀이나 둘째 뜻풀이도 아닌 전혀 엉뚱한 말로 상당히 희한하게 옮겼다. '정황을 양해하다'니? 우리의 주위에서 이런 표현을 쓰는 것을 들은 적이 있는가? 혹시 '정황을 이해하다'가 이상하니까 '양해'로 바꾼 것은 아닐까? 여기서 '了解'는 '이해하다'가 아니라 '알아 보다, 조사하다'의 의미로 쓰인 것이다. 상급 당 위원회에서 사람을 보내 상황을 조사하도록 조치를 취했다는 것이다. 명백한 오역이다. 아울러 이런 맥락에서 볼 때 '실마리가 잡힌' 것이 아니라 '한 가

---

11) 이 책에 대해서도 굳이 자세한 출판 정보를 밝히지 않기로 한다. 이 책의 이름은 다음부터
   ≪短文≫으로 줄여 쓰기로 한다.

닥 해결 가능성이 생긴' 것이다. 어느 한 부분이 잘못 이해되면 그것을 정당화하기 위해 2차, 3차의 오역이 발생한다.

> ⇨ 그는 아직도 ≪마르크스주의와 휴머니즘≫이란 책의 출판 문제 때문에 바쁘게 지내고 있습니다. 상부의 당 위원회에서 사람을 보내 상황을 조사해 갔기 때문에 한 가닥 해결 가능성이 생겼습니다. 그래서 우리는 이 문제가 잘 해결되리라 낙관하고 있습니다.

## 2.3 어색한 번역어

번역은 우리나라 사람을 위하여 하는 것이기 때문에 번역문은 당연히 최대한 정확하고 자연스러워야 한다. 특히 우리말에 있는 단어라면 가급적 한자어보다는 순수한 우리말을 선택해 쓰는 것이 좋다. 다음 예에서 우리말 부분을 먼저 읽어보자.

> (8) "…罵吧, 吳春! 就是你打我, 我也不会还手的." ≪人啊≫
> ☒ "매도해 주게, 우 치윤! 나를 때린다 해도 얻어 맞겠네."

여러분은 누군가 "나를 매도해 주게"라고 말하는 것을 들은 적이 있는가? 아마 없을 것이다. 그런 면에서 이 문장은 한글 자모를 사용하기는 했지만 한국어라고 하기 어렵다. (8)은 다음과 같이 옮겼어야 한다.

> ⇨ 꾸짖어 주게나, 우춘! 자네가 나를 때린다 해도 대들지 않겠네.

이와 같이 한자 단어를 사용함으로써 번역문이 어색하게 된 예는 얼마든지 있다.[12] 다음은 모두 ≪人啊≫의 예이다.

(9) a. 나는 꿈의 세계를 반추했다.
　　　⇨ 나는 꿈을 다시 되뇌어 보았다.
　　b. 나는 담뱃대를 건넸다. "응, 금연할께."
　　　⇨ 나는 담뱃대를 건넸다. "응, 끊을게."
　　c. 이 손 유에를 옛날과 똑같이 열애할 수 있을까?
　　　⇨ 이러한 쑨웨이를 예전처럼 뜨겁게 사랑할 수 있을까?
　　d. 손 유에는 원망스럽다는 듯이 나를 일별하고서 일어나서 나
　　　갔다.
　　　⇨ 쑨웨는 불만에 가득 찬 눈으로 나를 흘겨보고는 그 자리
　　　를 떠났다.

때로는 그 사회에 어울리지 않는 번역어를 써서 독자의 판단을 흐리게 하는 경우도 있다. 다음은 15살의 어린 소녀가 그 옛날 자기 엄마를 좋아했던 허징푸(何荆夫) 아저씨와 대화를 나누는 대목이다.

(10) "那你和妈妈是朋友, 是不是?" …"我始终把你妈妈当朋友." "妈妈呢? 也把你当朋友, 也'始终'吗?"
　　　☒ "그럼 아저씨는 엄마의 보이프렌드였군요?" …"나는 네 엄마를 쭉 걸 프렌드라고 생각하고 있었단다." "엄마는? 역시 아저씨를 보이 프렌드라고 생각하고 있었나요? 역시 '쭉'?" ≪人啊≫
　　　⇨ "그럼 아저씨와 엄마는 친한 사이였군요? 그렇죠?" …"나는 네 엄마를 줄곧 친한 사이로 생각했지." "엄마는요? 역시 아저씨를 친한 사이로 생각하셨나요? '줄곧' 말예요."

'朋友'를 영어까지 써가며 '걸 프렌드'니 '보이 프렌드'라고 옮기는 것은, 문화대혁

---

12) ≪人啊≫의 번역문을 보면 한 자짜리 한자어를 쓴 예도 보인다. '얻어도 거만해지지 않고 잃어도 우울해지지 않는 경지에 달한다는 것', '그러한 인물이 우리들에게 존경의 염을 품게 하는 것' 등이 그러하다. 특히 두 번째 예는 몇 해 전 일본 정치가가 식민지 시절의 만행을 반성한다며 말하는 '통석의 염'이란 말을 생각나게 한다.

명(1966~1976) 직후의 사회 분위기를 생각할 때, 전혀 적절한 표현이 아니다. 말한 마디 잘못하면 주자파(走资派)나 간첩으로 몰리던 때가 바로 엊그제 일인데, 이들의 입에서 이런 말이 나올 수 있으리라고는 상상도 할 수 없기 때문이다. 우리나라와 문화적 단절이 극심하던 시절인데 이런 어휘를 씀으로써 낯설음이 친근함으로 탈바꿈하여 마치 유사한 환경에 있는 것처럼 독자를 착각에 빠뜨리고 있다. 낯선 문화는 낯설게 전하는 것이 번역자의 임무이기도 하다.

## 2.4 ≪사전≫의 한계에서 비롯되는 오역

어느 사전이든 한 단어가 나타낼 수 있는 모든 의미를 다 담아낼 수는 없다. 다양한 문맥을 모두 추적한다는 것이 불가능하기 때문이다. 그래서 사전은 일반적으로 해당 단어의 가장 기본적이며 자주 사용되는 의미를 중심으로 기술한다. ≪现代汉语词典≫이든 ≪중한사전≫이든 모두 그러하다.13) 이 때문에 때로 번역자가 어려움을 겪는 경우가 생긴다. 다음 예에서 '敷衍'의 번역 방법을 생각해 보자.

(11) 有了自己的车, 他可以不再受拴车的人们的气, 他无须敷衍别人.
 X 자기 차만 있으면 더이상 차주에게 수모를 당하는 일 없을 터이고 남에게 <u>얼렁뚱땅 적당히 얼버무려 넘기는</u> 짓 할 필요도 없게 된다. ≪骆驼≫

우리말에서 '부연(敷衍)'은 '(이야기 등에서) 알기 쉽게 뜻을 첨가하여 자세히 넓

---

13) 중한 번역계에서 오역이 양산되는 상황에 대해 ≪중한사전≫도 그 책임을 면할 수 없다. 스스로가 뜻풀이나 용례의 번역에 있어 적지 않은 오류를 담고 있기 때문이다. 이에 관한 논의는 이 책에 수록된 <중한 사전의 뜻풀이와 용례>를 참고할 것.

혀서 말함'이란 뜻이다. 중국어의 '敷衍'은 목적어를 선택하는 타동사로서 우리말의
'敷衍'과는 다르다. 중한사전에는 '(일을 하는데) 성실하지 않게 (대강대강)하다, (사
람을) 무성의하게 대하다'라고 풀이되어 있다.14) 이러한 뜻풀이로는 (11)을 만족스
럽게 옮기기가 쉽지 않다. (11)의 번역문에서는 사전의 뜻풀이를 약간 변형시켜서
'남에게 얼렁뚱땅 적당히 얼버무려 넘기다'로 옮겼다. 그런데 도대체 무엇을 그렇게
한다는 말인가? 문맥을 보건대 이해가 되지 않는다. 박덕준 교수(가톨릭대)는 이
문맥에서 '敷衍'은 '구차하게 신세를 지거나 아쉬운 소리를 하다'로 옮기는 것이 타
당하다는 의견을 제시하였다. 필자도 이 의견에 동의한다.

⇨ 자기 인력거만 있으면 더 이상 차주에게 수모를 당하는 일도 없을
터이고 남에게 <u>아쉬운 소리를 할</u> 필요도 없게 된다.

이와 같이 때로는 ≪现代汉语词典≫이나 ≪중한사전≫만으로는 의미 파악이 어
려운 경우가 있다. 이럴 때는 할 수 없이 중국인, 제일 좋기로는 중국어와 한국어
모두에 두루 능통한 이의 도움을 받는 것이 좋다.
다음에 (12)에서 '价儿'의 번역에 주의하면서 원문과 번역문을 대조해 보자.

(12) 人与车都有相当的漂亮, 所以在要<u>价儿</u>的时候也还能保持住相当的
尊严.
   X 사람과 인력거가 모두 꽤 말쑥한 편이고, 그래서 <u>자기 몫</u>을
요구할 때에도 어지간한 정도까지는 체통을 지킬 수 있다.
≪骆驼≫

'자기 몫'이라면 보통 여러 사람이 함께 일을 한 다음에 받은 보수 중에서 자기

---

14) 敷衍 fūyan ①做事不负责或待人不恳切, 只做表面上的应付 ②勉强维持. ≪现代汉语词典≫

노동의 대가에 해당하는 부분을 말한다. 그런데 (12)에서 '价儿'은 인력거 끌고 나서 그 대가를 요구하는 것인데, 인력거 끄는 것은 혼자서 하는 일이지 공동 작업이 아니다. 그렇다면 '价儿'에 대한 번역에 문제가 있는 것이다. 이 단어는 ≪現代汉语词典≫이나 ≪중한사전≫에 등록되어 있지 않다. ≪北京话儿化词典≫을 찾아 보니 마침 '价钱'이라고 풀이되어 있고 '要价儿(卖主向买主要的价钱)'이라는 우리에게 꼭 필요한 예문이 있었다. 이 풀이를 (12)에 적용한다면 '价儿'은 '품삯'으로 옮기는 것이 적절하다고 생각한다.

⇨ 사람과 인력거 모두 꽤 말쑥한 편이어서 <u>품삯</u>을 요구할 때에도 제법 당당할 수 있었다.

이상에서 어휘와 관련되어 벌어지는 오역의 양상에 대해 살펴보았다. 다음에는 두 언어의 문법상의 차이에 대한 이해 부족에서 비롯되는 오역에 대해 살펴보자.

## 3. 문법상의 문제

번역자가 한국어와 중국어의 문법 특성과 그 차이를 모르면 오역이 생길 수밖에 없다. 본 장에서는 이 가운데 어순 문제, 시제 문제, 우리말 조사의 선택 문제를 중심으로 오역의 양상을 살펴보기로 한다.[15]

---

15) 중국어와 한국어의 문법적 특성에 대한 전반적인 기술로는 박종한(1998a)를 볼 것.

## 3.1 어순 문제

중국어와 한국어는 기본 어순이 다르다. 중국어는 SVO 어순 유형에 속하고 우리말은 SOV 어순 유형에 속한다. 한 언어에서 동사(또는 형용사) 술어와 주어, 목적어의 배열 순서는 다른 부가 성분의 어순에도 영향을 미친다. 이것은 나아가 복문에서 중심 문장과 보충 문장의 배열 순서에도 영향을 미친다는 것이 필자의 생각이다.

우선 두 언어는 명사구 내의 어순에서 차이를 보인다.

 (13) 我¹对於我国献身科学的青年们²的希望是什么呢? 首先, 要循序渐进.
  ⇨ 과학의 발전에 공헌하려 하는 우리나라의 젊은이들에게² 내가¹ 바라는 것은 무엇인가? 첫째는 서두르지 말고 한걸음 한걸음씩 단계적으로 나아가야 한다는 것이다.

원문의 순서대로 '내가 우리나라의 과학의 발전에 공헌하려 하는 젊은이들에게 바라는 것'으로 옮겨도 큰 문제는 없겠으나 주어인 '내가'와 술어인 '바라는 (것)'이 너무 멀리 떨어져서 의미 해독에 영향을 준다. 그래서 우리말에서는 '내가'를 피수식어인 '바라는 것'에 가까이 붙이는 것이 좋다. 번역 출판물을 보면 이런 기본적인 원리를 무시하고 옮긴 것이 적지 않다.

 (14) 我对她的爱是纯洁的. 我要让她知道我的爱.
  ☒ 나의 그녀에 대한 사랑은 순수하다. 그녀에게 내 사랑을 알리고 싶었다. ≪人啊≫
  ⇨ 그녀에 대한 나의 사랑은 순수하다. 그녀에게 내 사랑을 알리고 싶다.

우리말에서는 '나의 그녀에 대한 사랑'이 아니라 '그녀에 대한 나의 사랑'이라고 해야 한다.

또한 수량사가 포함된 명사구 내에서도 어순의 조정이 필요하다. '一朵小黄花'는 '한 송이 작은 국화 꽃'(≪人啊≫)보다는 '작은 노랑꽃 한 송이'가 정확하고 자연스러우며 '一辆三轮车'는 '한 대의 세 발 자전거'(≪人啊≫)보다는 '세 발 인력거 한 대'가 더 자연스럽고 정확하다.

다음으로 복문의 경우를 보자. 몇 개의 절로 구성된 복문을 우리말로 옮겨야 하는 경우가 많이 있다. 정확하고도 자연스럽게 옮기려면 중국어 모어 화자(native speakers)의 표현 습관과 우리말의 표현 방식의 차이를 알아야 한다. SVO 어순 유형에 속하는 중국어는 주어 다음에 나오는 동사(또는 형용사) 술어에서 곧 바로 '한다, 안 한다', '이다, 아니다'가 표시된다. 반면에 SOV 어순 유형에 속하는 우리말에서는 주어와 목적어 등을 말한 다음에 마지막 부분에서 그것을 '하겠다', '안하겠다'가 표현된다. 즉 문장의 핵심이 중국어에서는 앞쪽에 있지만 우리말에서는 문장의 뒷쪽에 출현한다는 것이다. 이러한 표현 방식의 차이가 복문에서도 그대로 반영되는 것으로 보인다. 몇 개의 절을 연결하여 하나의 주장을 펼치는 글에서 의미상의 중점이 어디에 있는가를 보면, 중국어는 대개 앞쪽에 있는 반면에 우리말은 대개 뒷쪽에 있다.16) 다음 예를 보자.

(15) 我想要求留在C城¹, 和她在一起².
　　　☒ C시에 남아서¹ 그녀와 같이 있게 해 달라²고 요구하려고 생각했다.(직역) ≪人啊≫
　　　⇨ 그녀와 같이 있기 위해서² C시에 남도록 해달라¹는 요구를 하려고 생각했다.

---

16) 어떤 주장을 담은 글이 아니라 단지 발생한 사건을 서술하는 글에서는 사건의 발생 순서대로 문장이 구성된다. 이때에는 우리말 어순과 동일하다.

(15)를 우리말로 옮길 때 위와 같이 두 가지 번역이 가능하다. 하지만 중국어에서 의미상의 중점이 1에 있다는 점까지 살려서 번역한다면 ≪人啊≫의 번역이 더 정확하다. 화자가 처한 1950년대 사회주의 중국이라는 시대와 공간을 생각할 때, 현실적으로 직업을 배분하는 책임자에게 C시에 남아서 '그녀와 같이 있게 해 달라'고 요구할 수 있을 만큼 낭만적이지는 않았다는 것도 간접적 증거의 하나가 된다.17)

다음의 예 역시 의미상의 중심이 앞쪽에 있는 경우이다.

(16) 看着那高等的车夫, <u>他计划着怎样杀进他的腰去</u>¹, <u>好更显出他的铁扇面似的胸, 与直硬的背</u>²; 扭头看看自己的肩, 多么宽, 多么威严!
　　X 고등인력거꾼들을 바라보며 <u>어떻게 허리를 묶어야 날씬하게 들어가도록하여</u>¹ <u>펼친 강철 부채와도 같은 가슴, 곧게 벋은 등을 더욱 드러낼 수 있나</u>² 가늠을 해보고, 고개를 돌려 자기 어깨를 둘러보았다. 아아 얼마나 넓직하고 위엄이 넘치는지!
　　≪骆驼≫

'好'는 '以便'의 뜻으로서 앞 문장에 새로운 의미를 보충하는 기능을 한다. 이 의미를 제대로 전달하기 위해서는 우리말에서는 이 부분을 앞쪽으로 옮겨야 한다. 그래야 중심 부분과 보충 부분이 명확하게 구분되어 드러나기 때문이다.18)

　　⇨ 고급 인력거꾼들을 바라보며 <u>활짝 펼친 강철 부채같은 가슴과 곧고 단단한 등판을 잘 드러내려면</u>² 허리를 <u>어떻게 묶어야 하는가</u>¹를

---

17) 물론 이 번역문도 '그녀와 같이 있을 수 있도록² C시에 남게 해 달라¹고 요구하려 했다'와 같이 조금 더 간결하게 고칠 수 있다.
18) 문장부호 ';'는 거의 마침표의 구실을 한다. 의미상으로는 대조를 나타내든가 보충을 나타내든가 하지만 통사적으로는 거의 별개의 문장인 것이다. 그런데 ≪骆驼≫의 번역본에서는 이를 무시하고 경계를 넘어 뒷 부분의 일부를 끌어다가 함께 묶어 옮겼다. 문장부호도 번역의 대상이란 점을 알아야 할 것이다.

궁리했다. 그리고는 고개를 돌려 자기 어깨를 바라 보았다. 얼마나 넓직하고 위풍당당한가!

## 3.2 시제 문제

중국어는 시제 표현 방법이 단순한 편이다. 한국어에서는 '-었-'으로 과거를 나타내고 '-겠-'으로 미래를 나타내는데, 중국어에는 이러한 형태소가 발달하지 않았다.[19] '已经, 现在, 昨天' 등과 같은 단어를 직접 써서 시제를 표현하기도 하지만 그렇다고 해서 동사의 형태가 변하는 것은 아니다. 때로는 동사의 성질이 시제에 관여하기도 한다. 예를 들어 아무런 시제 표지가 없는 중립적인 문맥에서 상태동사를 쓴 "我讨厌你."(나는 네가 미워)는 이미 발생하여 현재에도 지속중인 사건을 나타내지만 동작동사를 쓴 "我帮助你."(내가 너를 도와 줄게)는 장차 발생하려 하는 사건을 표시한다.[20] 중국어를 한국어로 번역할 때에는 이렇게 눈에 보이지 않는 시제를 문맥 속에서 잡아내어 적절하게 옮겨 주어야 한다.

번역문을 읽다 보면 시제를 제대로 옮기지 못한 곳이 자주 보인다. 다음 예문은 가상의 사건을 놓고 말하는 것인데 번역문은 실제 벌어진 사건으로 옮겼다.

(17) "我的那位同学说, 这稿子要是送到他手里, 他非给退回去不可, 要不然将来算起账来, 算谁的?"
　　　Ⅹ "그 동급생은 원고지가 자기 손에 건네지자 되돌려 보낼 수 밖에 없었지. 그렇게 하지 않으면 언젠가 문제가 되었을 때

---

[19] 시제를 이처럼 세 가지로 나누는 것은 전통적인 견해에 해당한다. 요즘은 시제를 과거와 비과거로 나누는 견해가 보다 우세하다. 이런 견해에서는 '-겠-'을 미래 시제 표지로 보지 않고 양상 표지로 본다.
[20] 李临定(1990:10장) 참조.

자기가 당하게 될 테니까 그랬다고 하더군." ≪人啊≫
⇨ "그 동창생 말로는 원고가 자기 손에 건네지면 되돌려 보낼 수밖에 없다더군. 그렇게 하지 않아서 장차 문제가 되면 누가 문책을 당하겠느냐는 거지."

다음 예문도 시제를 적절히 처리하지 못했다.

(18) "孙老师!…你看何老师这事应该怎样办呢? 妥协吗?"
 ☒ "손 선생님, …호 선생님 일은 어떻게 했으면 좋을 것이라고 생각하십니까? 타협인가요?" ≪人啊≫
 ⇨ "쑨 선생님! …허 선생님 일은 어떻게 해야 하죠? 타협해야 하나요?"

'어떻게 했으면 좋을까?'가 도대체 말이나 되는가? 이 문장은 당연히 '어떻게 해야 하죠?' 정도로 번역했어야 한다.

시제와 관련하여 또 하나 지적해야 할 것은 시제가 일관되지 못하고 왔다갔다하는 경우가 많다는 것이다.

(19) a. 확실히 그는 한 그루의 나무와 닮은 점이 많았다.……자신의 계획도 있고 자기 생각도 가지고 있지만, 좀체로 남에게 떠벌이지 않는다.……그는 천성적으로 말을 하기 싫어하였다. ≪骆驼≫
 b. 그녀는 격려되어 있다. 격려의 정도는 과거 시 류가 우리들을 두들겼던 때보다 몇 단계 더 강화되어 있었다. ≪人啊≫
 c. 첸 유리는 집에 있었다. 그녀는 그 이름처럼 옥같이 우아하고 아름다운 모습을 하고 있다. 벌써 50인데도…. ≪人啊≫

과거와 현재를 자기집 문 넘나들 듯 오가고 있다. 위의 예는 모두 과거 시제로 통일했어야 한다.

시제 부분에서 또 하나 눈에 거슬리는 것은 대과거 시제를 나타내는 '-었었'을 남용하는 것이다. 다음 문장은 과거에 일어난 일을 회상하는 대목이다. 과거에 발생한 사건으로 옮긴 것은 이 때문이다.

(20) "我很喜欢你妈妈. 可是你妈妈不喜欢我, 喜欢你爸爸."
　　　Ⅹ "나는 네 엄마를 좋아했었지. 그러나 엄마는 내가 아니라 네 아버지를 좋아했단다." ≪人啊≫

그런데 문제는 '나는 네 엄마를 좋아했었지'에서 '-었-'을 두 번 사용하여, 이른바 대과거 시제로 번역한 것이다. 우리말에서 '-었었-'은 일상 회화에서 사용 범위가 상당히 제한되어 있다. 일단 '-었었-'을 쓰면 그 다음 문장에는 그것과 반대되는 내용이 뒤따르게 된다.21) '네 엄마를 좋아했었지'라는 말은 '지금은 좋아하지 않는다'는 의미를 함축한다. 그런데 원문의 줄거리는 결코 그렇지 않다. 화자는 여전히 청자의 어머니를 좋아하고 있는 것이다. 따라서 그냥 '좋아했지'라고 옮겼어야 한다.

　　⇨ "나는 네 엄마를 좋아했지. 그러나 엄마가 좋아한 사람은 내가 아니라 네 아버지였단다."

## 3.3 조사 '은, 는'과 '이, 가'의 선택

번역문을 보면 주제를 나타내는 특수조사 '은, 는'을 잘못 사용한 경우가 많다.

---

21) 예를 들어, '윤상이가 이번 대회에서 1등을 했어. 지난 대회에서는 간신히 예선을 통과했었는데 말야.'처럼 대비되는 문맥이 아니라면 '-었었-'을 사용할 이유가 없다.

'은, 는'은 대비적 의미를 나타내고 '이, 가'는 배타적 선택이라는 뜻을 나타내어 서로 기능이 명확히 다르므로 그 쓰임을 명확히 알고 분별하여 써야 한다.

  (21) "以後我们作个朋友, 我会把一切都告诉你的."
    X "우린 이제 친구야, 앞으로는 <u>네겐</u> 무엇이든지 다 말해 줄께." ≪人啊≫

(21)의 번역문에서 '네겐(네게는)'은 '다른 사람은 몰라도 너에게는'이란 뜻을 의미한다. '은, 는'이 나타내는 대조적 의미 때문에 그러하다. 그러나 (21)의 원문에는 그러한 뜻이 들어 있지 않다. 이것은 다음과 같이 옮겨야 한다.

  ⇨ "이제 우린 친구니까 무엇이든 다 <u>네게</u> 말해 줄께."

다음의 예도 마찬가지이다.

  (22) 祥子, 在与'骆驼'这个外号发生关系以前, 是个比较有自由的洋车夫.
    X <u>시앙쯔가</u> '루어투어'라는 별명과 관계를 맺기 전에는 비교적 자유로운 인력거꾼이었다. ≪骆驼≫

번역문을 분석해 보면 주술 관계가 맞지 않는다. '관계를 맺다'의 주어는 있지만 '인력거꾼이었다'의 주어가 사라진 것이다. 왜 이런 일이 발생했을까? 원문을 보면 '祥子' 뒤에 쉼표가 있고 그 뒤에 보충어구와 술어가 있다. 이것은 '祥子'가 문장 전체의 진술 대상, 즉 주제어(topic word)임을 나타내는 것이다. 그런데 이를 주격 조사 '가'로 옮겼다. 이 때문에 번역문이 비문법적으로 된 것이다. 주제어는 보통 '은, 는'으로 표시되는 바, 위의 번역문은 다음과 같이 옮겨야 한다. 두 가지 가능한 예를 제시했는데, 첫 번째보다는 두 번째 번역이 더 나은 것으로 보인다.

⇨ 샨쯔는 '뭐퉈'라는 별명과 관계를 맺기 전까지만 해도 그런대로 자유롭게 생활하던 인력거꾼이었다.
⇨ '뭐퉈'라는 별명과 관계를 맺기 전까지만 해도 샨쯔는 그런대로 자유롭게 생활하던 인력거꾼이었다.

이상에서 문법 지식과 관련된 오역 문제를 기술하였다. 다음에는 번역을 할 때 자주 거론되는 직역과 의역의 문제에 대해 살펴보기로 하자.

## 4. 직역에서 발생하는 오류들

### 4.1 직역 혹은 의역

직역이 좋은가, 의역이 좋은가? 이에 대한 안정효(1996:53)의 답은 아주 명쾌하다. '직역과 의역의 구분은 무의미하다. 구태여 번역을 구분한다면 좋은 번역과 나쁜 번역만 있을 따름'이라는 것이다. 중한 번역의 경우에는 어떨까? 필자의 경험에 따르면, 최소한 직역만 해서는 좋은 번역문을 얻을 수 없다고 본다. 사실 중한 번역의 현장을 살펴보면 글자 그대로 축자(逐字) 번역을 함으로써 빚어진 어색한 번역문을 수 없이 발견할 수 있다. 전형적인 예가 "锻炼身体对健康很有好处"를 '신체 단련은 건강에 도움이 된다'고 옮기는 것이다. '신체 단련'은 군대에서나 쓸까 일반 사회 생활에서는 잘 쓰지 않는 말이므로, '운동을 하다'로 옮겨야 할 것이다.[22] 또 하나의 예는 '고개를 저으면서 말했다'로 옮겨야 할 '摇摇头说'를 '머리를

---

22) 그렇다면 '운동을 하면 건강에 도움이 된다'를 중국어로 옮기면 어떻게 될까? 이 때에는

옆으로 흔들면서 말했다'로 옮기는 것이다. 이런 식의 이른바 직역의 예는 얼마든지 들 수 있다. 다음은 ≪骆驼≫의 예이다.

> (23) 一年就能剩起五六十块! 这样, <u>他的希望就近便23)多多了</u>.
> ☒ 1년이면 5·60원이 모인다! 이렇게 되면 <u>그의 희망은 더 더욱 가까이 다가서는 것이다</u>. ≪骆驼≫

도대체 무슨 말일까? '희망이 가까이 다가서'다니, 희망에 발이라도 달렸다는 말인가? 원문에 너무 집착하다보니 이런 어색한 번역이 생긴 것으로 보인다.

> ⇨ … 이렇게 되면 그의 꿈이 훨씬 더 빨리 이루지게 된다.

다음은 점입가경(渐入佳境)이다. 금방이라도 전쟁이 일어날 것같은 일촉즉발의 상황에 위험을 무릅쓰고 손님을 태우고 清华 쪽으로 가느냐 마느냐 주저하고 있을 때 샹쯔는 다음과 같이 속으로 생각한다.

> (24) <u>两块钱是两块钱</u>, 这不是天天能遇到的事.
> ☒ <u>2원은 2원이지</u>, 그렇고 말고. 이런 기회가 어디 날마다 생기는 것도 아니고 ≪骆驼≫

독자의 입장에서 볼 때 책을 읽다가 이 대목에 이르러 예상되는 것은 '2원이 어딘데', '2원이 어디 애들 이름이냐?'이다. 실제 2원은 매우 큰돈이기도 하다. 위의 (23)을 보라. 1년 꼬박 일해야 5·60원을 모으는 판이 아닌가! 그런데 난데없이 '2

---

'운동을 하다'를 '锻炼身体'뿐만 아니라 '(做)运动'으로 옮겨도 된다. 그러나 '锻炼身体'가 의미상의 포괄 범위가 더 크므로 일반적으로 더 많이 쓰인다.
23) 近便 jìn·bian 路近, 容易走到. ≪现代汉语词典≫

원은 2원이지'라는 엉뚱한 말이 튀어 나왔다. 다음과 같이 옮겨 보자. 문맥에도 맞을 뿐더러 훨씬 간결하고 명쾌하다.

⇨ <u>2원이 어디냐</u>. 이런 일이 날마다 생기는 것도 아니잖은가.

≪短文≫은 이런 식의 직역투로 점철되어 있다.

(25) 如果一个人的品德不好, 他无论多么高明, 也不会对人类有多大贡献.
　　 ☒ 만약에 어느 한 사람의 인품이 안 좋다면, 그가 아무리 고명하더라도, 인류에 대해 많은 공헌을 했을 리 없다. ≪短文≫
　　 ⇨ 인품이 훌륭하지 못한 사람이라면 아무리 재주가 뛰어나다 하더라도 인류 사회에 공헌을 할 수 없을 것이다.24)

중한 번역이 예전처럼 한자말에 토씨를 다는 것과 동일시되어서는 안 된다. 번역이란 한국의 독자를 대상으로 하는 것인 만큼 한국의 독자들이 최대한 쉽게 이해할 수 있도록 우리말 어휘를 제대로 선정하여 우리말 문법에 맞게 써야 할 것이다.

## 4.2 의미 보완의 문제

중국어는 어구와 어구 사이의 논리적인 관계를 일일이 치밀하게 표현하는 언어는 아니다. 담 쌓기에 비유하자면 커다란 돌멩이를 적당히 쌓아서 모양만 갖추면

---

24) 중국어에서 '高明'은 주로 아이디어나 기술상의 뛰어남을 의미한다.(≪現代汉语词典≫ 참조) 여기서는 '品德'(인품)와 대비되고 있으므로 '재주가 뛰어나다'로 옮겼다.

되는 것으로 생각한다. 그 사이에 난 틈은 그다지 고려하지 않는 것이다. 반면에 우리말에서는 돌멩이를 쌓은 다음 그 사이의 틈도 진흙이나 자갈로 꼼꼼히 메꾸는 편이다. 예를 들어 '你来, 我去'는 사용되는 상황에 따라 여러 가지로 해석할 수 있다. '네가 오고 내가 간다', '네가 오면 내가 간다', '네가 오니 내가 간다', '네가 와야 내가 간다…' 등등. 중국어에는 큰 돌멩이 네 개면 되는데, 우리말에서는 큰 돌멩이 이외에 '-가, -고, -니, -면, -야' 등과 같은 작은 돌멩이들이 더 필요하다. 그러므로 중한 번역에서는 어느 때 어느 돌멩이를 더 넣어야 할지 잘 가늠해야 하는 경우가 많다.

(26) 从风里雨里的咬牙, 从饭里茶里的自苦, 才赚出那辆车.
　　 ⓧ 비바람 속에서 이를 악물고 먹을 것 못 먹고 마실 것 참아가며 허리띠를 졸라매서 겨우 자기 인력거를 산 것이다. 《骆驼》

우선 번역문을 분석해 보면 '먹고 마실 것을 참아가며 허리띠를 졸라매'는 행위가 '비바람 속에서' 이루어지는 것으로 이해된다. 원문의 뜻과는 다르게 된 것이다. 또 원문에 없는 '허리띠를 졸라매서'를 보완해 넣었는데 오히려 리듬이 맞지 않는다. (26)은 다음과 같이 옮기는 것이 더 정확하고 자연스러울 것이다.

　　 ⇨ 비바람 속에서도 이를 악물고 뛰어다니며, 먹고 마실 것도 참고 한 푼 두 푼 모은 끝에 그 인력거를 마련한 것이다.

여기에서는 샹쯔가 인력거꾼이라는 것을 배경 지식으로 해서 '뛰어다니고'를 보완해 넣었다. '한 푼 두 푼 모은 끝에'는 '才赚出'의 의미를 살린 것이다. 이와 같이 중한 번역에서는 직역만으로는 결코 자연스런 문장을 얻을 수 없다. 적절히 의역을 하며 비어 있는 부분을 채워 넣어야 한다.

다음도 역시 적절한 보완이 필요한 경우이다.

(27) "这么说, 你刚才的变化是装出来的?"
　　X "그렇다면 방금 너의 변화는 꾸며낸 것이었단 말이냐?"
　　⇨ "그렇다면 아까 달라진 듯하던 너의 태도는 연극이었단 말이냐?" ≪人啊≫

원문을 축자 번역한 첫 번째 문장은 대단히 어색하다. 명사구 '你刚才的变化'를 그대로 '방금 너의 변화'로 옮겨서 주어로 만들었기 때문이다. 이에 비해 두 번째 번역문은 앞의 문맥을 바탕으로 하여 원문을 적절하게 변화시키고 몇 마디 말을 보충하여 매우 자연스럽게 번역하였다.

그러나 필요한 장소에서 적절하게 첨가 번역해야지 불필요하게 많은 말을 집어넣어서는 안 된다.

(28) 我…朝环环摆摆手: "去吧, 环环! 等爸爸到了那一天, 你才…"
　　X 나는…호안호안에게 손을 내저었다: "됐다, 그냥 가렴. 호안호안, 그건 아빠가 죽은 다음에…" ≪人啊≫

번역문에는 원문에 없는 '아빠가 죽은 다음에'라는 말이 들어 있다. 번역자가 임의로 넣은 것이다. 이 대목의 앞에 화자가 자기 아버지의 죽음을 회상하던 장면이 있었지만, 딸은 그것을 전혀 모르고 있는 상황이다. 그런데 어떻게 아버지가 자기 딸에게 '아빠가 죽은 다음에…'라고 말을 할 수 있을까? 번역자가 원문에 충실하지 않고 너무 앞서 나가 빚어진 일이다. 그냥 원문대로 '그건 그때 가서나….'라고 했으면 전혀 문제가 없었을 것이다.

　　⇨ 나는 환환에게 손을 내저었다: "환환, 그만 가렴. 그건 이 다음에 아빠가…."

## 4.3 문장의 번잡함

말을 할 때 같은 말이라면 번잡한 것보다는 간결한 게 좋다. 간결함은 지혜의 산물이라고 했던가. 글도 마찬가지다. 문장이 뭔가 복잡하면 번역에 문제가 있다고 생각해도 크게 틀리지 않는다.

간결함은 특히 구어체 문장을 옮길 때 요구된다. 다음 예를 보자.

(29) "你爱怎么想就怎么想吧, 我可要睡了!"
  ⓧ "그렇게 생각하고 싶으면 그렇게 해. 나는 잘 테니까." ≪人啊≫
  ⇨ "마음대로 생각해. 난 자야겠어!"

두 번째 문장이 할 말을 다 하면서도 훨씬 간결하다. 번역 출판된 글들을 보면 이렇게 손을 보아야 하는 부분이 꽤 많다. 번역문만 가지고 살펴보자.

(30) a. 시 왕의 <u>하는</u> 말은 옳다. ≪人啊≫
  ⇨ 시왕의 말이 옳다.
  b. 그녀의 목소리는 낮았지만 <u>말투에는 단호함이 있었다</u>. ≪人啊≫
  ⇨ 그녀의 목소리는 낮았지만 <u>말투는 단호했다</u>.
  c. "이제 와서 후회해 봐야 늦었어요. <u>손 유에가 재혼하지 않았으리라고 생각할 수 있어요?</u>" ≪人啊≫
  ⇨ "이제 와서 후회해 봐야 소용없어요. <u>쑨위에가 아직 재혼하지 않았겠어요?</u>"

이런 식의 번역은 4.1에서 말한 직역 위주의 번역에서 흔히 나타난다. 일단 번역을 마친 다음에 번역문만을 가지고 이런 것들을 간결하게 다듬을 필요가 있다. 이른바 절차탁마(切磋琢磨)를 하는 것이다. 우리말 능력이 뛰어난 이에게 검토를 부탁

하는 것도 좋은 방법이다.

한 가지 주의해야 할 점은 간결하게 줄인다는 것과 누락시키는 것은 다르다는 것이다. 전자는 어디까지나 불필요한 것을 빼는 것이다. 필요한 성분을 뺀다면 그것은 '누락'시키는 것이 된다.

  (31) "孙悦, 在我死去的时候, 你会不会作这样的一朵小黄花佩戴在胸前?"
    ☒ "손 유에, 내가 죽으면 이런 국화꽃을 만들어서 가슴에 달아 주겠어?" ≪人啊≫

(31)에서 '국화꽃'은 '누가 만들어서 누구에게 달아 준다'는 뜻인가? 번역문은 당연히 '손 유에'가 만들어서 '나'의 가슴에 달아 주는 것으로 이해된다. 그러나 원문은 그런 뜻이 아니다. 스스로 만들어서 자기 가슴에 단다는 뜻이다. 왜 이런 오역이 나왔을까? 번역자 마음대로 주어 '你'를 생략해버리고, 원문에 '주겠어'라는 없는 말을 집어넣었기 때문이다. (31)은 다음과 같이 옮겼어야 한다.

  ⇨ "쑨위에, 내가 죽으면 너의 가슴에 이런 작은 노랑꽃을 만들어 달 거야?"[25]

## 4.4 문장 성분의 기능 변환 문제

때로는 자연스런 우리말을 위해서 원문의 문법 구조와 다르게 번역해야 하는 경우가 있다.[26] 예를 들어, "好吧, 说实话……"를 우리말로 옮긴다면 '좋아, 사실을 이야

---

[25] '黃花'는 '국화'이지만 '小黃花'는 중국의 들판에서 흔히 보이는 자그마한 노란 색 꽃을 가리킨다.
[26] 앞서 논의했던 '어순의 변화'도 넓은 의미로는 여기에 속할 것이다.

기하자…'보다는 '좋아, 사실대로 이야기 하쟈'가 더 자연스럽다. '实话'를 목적어가 아닌 부사어로 번역하는 것이다. 이런 식의 변환 번역을 융통성 있게 구사하지 못하고 마냥 축자 번역만 해서는 좋은 번역이 나올 수 없다. 다음의 번역문을 읽어보자.

> (32) 他没有什么模样, 使他可爱的是脸上的精神. <u>头不很大, 圆眼, 肉鼻子, 两条眉很短很粗, 头上永远剃得发亮</u>.
> ☒ 그는 별로 잘생기지 못했다. 그러나 얼굴에 넘치는 생기로 인해 무척 정다운 느낌을 준다. <u>그리 크지않은 머리통에, 둥그런 눈, 주먹코, 짧으면서 아주 굵은 두 눈썹, 머리는 항상 깨끗이 박박 밀어버려 반들거린다.</u> ≪骆驼≫
> ⇨ 그는 별로 잘생기지 못했다. 그러나 얼굴 전체에 넘치는 생기로 인해 무척 귀여운 느낌을 준다. <u>그리 크지 않은 머리에 동그란 눈, 도톰한 주먹코, 짧으면서도 굵직한 두 눈썹, 항상 깨끗이 박박 밀어버려 반들거리는 머리.</u>

원문의 밑줄 친 부분을 보면 [절-명사구-명사구-절-절]로 구성되어 있다. 이를 ≪骆驼≫에서는 [명사구-명사구-명사구-명사구-절]로 옮겼다. 우리말의 운율을 생각한다면 모두 절로 옮기든가 아니면 모두 명사구로 옮기는 것이 옳다고 생각된다. 필자는 모두 명사구로 옮겼다. 이것이 더 묘사적이고 생동감이 뛰어나다고 여겼기 때문이다.

> (33) 游若水前几年比许恒忠的权力大得多, 作用也坏得多. <u>群众对他的意见很大</u>.
> ☒ 요 뤄쇠는 몇 년 전에는 슈 홍종보다 훨씬 커다란 권력을 쥐고 있었고 한 짓도 훨씬 악질적이었어요. <u>대중들은 그에 대해서 대단한 불만을 갖고 있었습니다.</u> ≪人啊≫

밑줄 친 부분을 직역하면 '그에 대한 대중의 불만이 대단했다'가 된다. 번역문에서는 술어인 '很大'를 관형어로 기능을 변환시켜서 나름대로 고심하여 번역한 흔적이 보인다. 하지만 우리말이 여전히 부자연스럽다. '대단한 불만을 갖고 있었다'는 표현은 꼭 영어의 have 동사를 직역하면서 만들어진 '?그는 좋은 머리를 가지고 있다', '?사자는 네 개의 다리를 가지고 있다'라는 희한한 말투를 연상케 한다. '그는 머리가 좋다', '사자는 다리가 네 개이다'라고 하는 것이 우리말이다. 이런 맥락에서 (33)은 다음과 같이 옮기는 것이 나을 것이다.

⇨ … 사람들은 그에 대한 불만이 대단했습니다. 혹은,
⇨ … 사람들은 그를 대단히 불만스러워 했습니다.

## 4.5 어색한 우리말

앞서 말했듯이 번역은 우리말을 사용하는 독자를 대상으로 하는 것인 만큼 그 문장은 독자들이 읽어서 쉽게 이해할 수 있어야 한다. 우리말이 어색하다면 번역에 문제가 있다고 보고 다시 살펴보아야 한다.

(34) "祝贺你们, 我的朋友! 衷心地祝贺你们!"
　　　X "축하해, 친구여. 자네들을 진심으로 축복해." ≪人啊≫

번역문을 보면 번역자가 과연 한국말을 할 줄 아는 사람인지 의심스럽다. (34)는 "축하하네, 친구들이여. 진심으로 축하하네."가 나을 것이다. 다음 번역문도 참으로 어색하다. 이해는 되지만 답답한 마음이 드는 것을 어쩔 수 없다.

(35) 他们的车破, 跑得慢, 所以得多走路, 少要钱.
　　　X 인력거가 낡았으니 달리는 속도가 느리게 되고 걸음은 더 오

래 걸어야 하지만 차비는 덜 받는다. 《骆驼》
⇨ 인력거가 낡아서 빨리 달릴 수 없으니 먼 길을 가더라도 차비를 많이 받을 수 없다.

번역된 글들을 보면 이와 같이 직역을 고집함으로써 만들어진 어색한 문장들이 수도 없이 발견된다.

(36) ⊠ 일류 전세인력거꾼들 가운데서도 시앙쯔야말로 가히 <u>고귀하리만큼 드문 일품이 아닐 수 없다.</u> 《骆驼》
(37) ⊠ <u>자기가 바라는 바는 모두 실현되지 않는 것이 없을 정도로</u> 그는 총명하고 또 노력을 게을리하지 않았다. 《骆驼》

사실 이제까지 제시한 예보다 더 심한, 상식적으로 납득이 가지 않는 어처구니 없는 오역들이 적지 않다. 특정 어구를 완전히 오역하거나 문법 구조를 잘못 파악한 예 등 종류도 다양하다. 번역자들의 능력과 성실함이 자못 요구된다고 하겠다.

## 5. 외래어 표기법 문제

중한 번역에서 꼭 다루어야 할 것 중의 하나로 인명이나 지명과 같은 고유명사의 한글 표기 문제가 있다. 한중 수교 이전에는 전공 서적이건 신문 잡지건 모두 한자의 우리말 발음으로 적었다. '邓小平'은 '등소평'으로, '江泽民'은 '강택민'으로 적은 것이다. 그러나 수교한 이후부터는 중국어 속의 고유명사도 다른 언어의 고유명사처럼 원어민의 발음에 준하여 표기하게 되었다. '邓小平'은 '덩샤오핑'으로 '江泽民'은 이제 '쟝쩌민'으로 표기하게 된 것이다.[27]

그런데 새로운 문제가 등장했다. 중국어를 모국어로 사용하는 중국인의 발음을 따른다고 하면서도 그 표기 방식이 사람마다 제각기 달라 통일이 되어 있지 않다. 자기 나름대로 표기법을 만들어서 쓰는 사람이 있는가 하면 특별한 기준이 없이 제멋대로 표기하는 사람도 있다. 이러한 상황은 지금까지 제시한 예문 속의 고유명사들이 어떻게 표기되고 있는지만 보아도 잘 알 수 있다.

'통일이 되어 있지 않다'고 말했지만 사실 '통일을 거부하고 있다'고 말하는 것이 더 정확한 표현일 것이다. 왜냐하면, 이미 수많은 전공 학자들이 참여하여 고심 끝에 만들어낸 통일안이 있기 때문이다. 1986년 공포된 문교부 안이 그것으로서, 현재 대부분의 대중 매체에서 이 안을 따르고 있다. 그런데 유독 중국학 관련 전공자들이 이것을 거부하고 있다. 왜 그럴까? 이 질문에 답하는 것은 잠시 보류하려 한다. 일단 본고의 목적은 문제를 지적하는 데 있기 때문이다. 다만 중국어 고유명사 표기법에 관한 한 본고의 입장은 명확하다. 문교부 안을 따른다는 것이다.28) 그 당위성에 대해서는 별도의 글에서 밝히겠다.

문교부(1986)의 외래어 표기법 안은 다음 쪽(72쪽)과 같다.29) 여기에는 일반적인 외래어 표기법에 다음과 같이 중국어에만 적용되는 세칙이 적용되어 있다.

(37) 중국어 고유명사 한글 표기 세칙
　　 제1항 성조는 구별하여 적지 아니한다.
　　 제2항 'ㅈ, ㅉ, ㅊ'으로 표기되는 자음(j, q, z, c, zh, ch) 뒤의
　　　　 'ㅑ, ㅖ, ㅛ, ㅠ' 음은 'ㅏ, ㅔ, ㅗ, ㅜ'로 적는다.

---

27) 이 표기 방식은 문교부 안(1986)에 따른 것이다.
28) 우리나라의 외래어 표기법에 대한 글로는 김완진(1991), 이익섭(1997), 임동훈(1996a), 임홍빈(1996), 허만길(1994)을 참조할 것.
29) 문교부(1986:27, 36) 안을 기본적으로 참조하되 용어를 재조정하였고 웨이드식 로마자와 같이 현재 불필요하다고 생각되는 것을 제외하였다.

[중국어의 한어병음자모와 한글 대조표]

| 성모(声母) ||| 운모(韵母) |||||
|---|---|---|---|---|---|---|---|---|
| 음의 분류 | 한어병음자모 | 한글 | 음의 분류 | 한어병음자모 | 한글 | 음의 분류 | 한어병음자모 | 한글 |
| 쌍순음 | b | ㅂ | 단운모 | a | 아 | 결합운모 (齐齿) | yan(ian) | 옌 |
| | p | ㅍ | | o | 오 | | yin(in) | 인 |
| | m | ㅁ | | e | 어 | | yang(iang) | 양 |
| 순치음 | f | ㅍ | | e | 에 | | ying(ing) | 잉 |
| 설첨음 | d | ㄷ | | yi(i) | 이 | 결합운모 (合口) | wa(ua) | 와 |
| | t | ㅌ | | wu(u) | 우 | | wo(uo) | 워 |
| | n | ㄴ | | yu(u) | 위 | | wai(uai) | 와이 |
| | l | ㄹ | 복운모 | ai | 아이 | | wei(uei) | 웨이(우이) |
| 설근음 | g | ㄱ | | ei | 에이 | | wan(uan) | 완 |
| | k | ㅋ | | ao | 아오 | | wen(uen) | 원(운) |
| | h | ㅎ | | ou | 어우 | | wang(uang) | 왕 |
| 설면음 | j | ㅈ | 附声운모 | an | 안 | | weng(ueng) | 웡(웅) |
| | q | ㅊ | | en | 언 | 결합운모 (撮口) | yue(ue) | 웨 |
| | x | ㅅ | | ang | 앙 | | yuan(uan) | 위안 |
| 설첨후음 | zh | ㅈ[즈] | | eng | 엉 | | yun(un) | 윈 |
| | ch | ㅊ[츠] | 권설운 | er(r) | 얼 | | yong(iong) | 융 |
| | sh | ㅅ[스] | 결합운모 (齐齿) | ya(ia) | 야 | | | |
| | r | ㄹ[르] | | yo | 요 | | | |
| 설첨전음 | z | ㅉ[쯔] | | ye(ie) | 예 | [ ]는 단독 발음될 경우의 표기임. ( )는 자음이 선행할 경우의 표기임. |||
| | c | ㅊ[츠] | | yai | 야이 | |||
| | s | ㅆ[쓰] | | yao(iao) | 야오 | |||
| | | | | you(iu) | 유 | |||

## 6. 맺음말

　이제까지 본고에서는 자기 부정과 반성이 있어야 문제 해결이 가능하다는 전제하에 기존 번역물에 보이는 오역의 양상을 관찰 기술하였다. 오역이 발생하는 원인은 상당히 다양한데 본고에서는 크게 네 부분으로 나누어 살펴보았다. 어휘면, 문법면, 직역과 의역의 문제, 고유명사의 표기법 문제가 그것이다.

　중국어를 한국어로 번역하는 작업은 생각만큼 쉬운 일이 아니다. 단지 중국어를 좀 안다고 누구나 할 수 있는 것은 아니다. 중국어 능력과 아울러 고급의 우리말 구사 능력을 갖추어야 한다. 우리말이 말이 안되면 번역에 문제가 있다고 보아야 한다. 그래서 우리말 문법을 정확히 알아야 하고 아울러 다양한 표현 방법을 알고 있어서 그 상황에 딱 들어맞는 우리말 표현을 그때그때 골라 쓸 수 있어야 한다.

　오역이 미치는 부정적인 영향은 생각보다 크다. 저자와 독자 사이의 의사 소통을 단절시키는 것은 물론이고 독자의 말살이와 글살이를 엉망으로 만든다. 각종 오역으로 가득 찬 글을 읽으면서 독자들은 자기도 모르게 비문법적인 문장에 길들여지게 되는데, 여기에 푹 젖으면 스스로 글을 쓸 때에도 그렇게 이상한 문체로 쓰게 된다. 중국어문학과 학생들의 글을 보면 도처에서 그러한 예를 발견할 수 있다. 번역자의 책임이 무겁다고 하지 않을 수 없다.

　본고의 목적은 특정 번역 작품의 오역을 비판하는 데 있는 것이 아니라 바르고 자연스러운 번역을 위한 이론과 기법을 도출하기 위한 기초적인 작업을 하는 데 있었다. 이러한 작업을 기초로 만들어진 중한 번역의 이론과 기법에 대해서는 바로 다음 논문 <중국어 번역 기법의 모색>을 참조하기 바란다.

# 제10장
# 중국어 번역 기법의 모색

## 1. 들머리

　본고의 목적은 중국어를 한국어로 바르고 자연스럽게 옮기는 데 적용될 수 있는 번역 기법을 모색하는 데 있다. 본고에서는 우선 중한 번역에 적용될 수 있는 기법을 여섯 가지 제시하고, 그것이 적용되는 구체적인 예를 보이려 한다. 하지만 이 여섯 가지는 아직 가설 단계에 있는 것으로서 최종적으로 확정된 것은 아님을 밝혀 둔다.
　우리는 중국어를 배우는 순간부터 의식적이든 무의식적이든 번역과 관련을 맺게 된다. 초기에는 대개 교사의 손을 거친 번역문을 수동적으로 받아들이는 위치에 있기 때문에 대개 커다란 문제 의식 없이 지나간다. 그런데 학년이 올라 갈수록 뭔가 답답함을 느끼게 된다. 대부분의 중국어 강독 시간이 그렇듯이 입으로 한 번역을 실제 글로 옮겨 놓으면 도대체 말이 되지 않는다. 영화 ≪첨밀밀≫(甜蜜蜜. 달콤한 사랑)의 한 대목을 보자. 이 영화는 중국 본토의 우시(无锡)라는 시골에서 온 청년 리샤오쥔(黎小军)과 역시 대륙이긴 하지만 국제적 개방 도시인 광둥(广东)에서 온

당차고 자부심 많은 아가씨 리차오(李翹)가 주인공이다.1) 다음은 리샤오쥔이 리차오의 생활에 감탄을 늘어놓자 리차오가 빈정거리는 대목이다.

  (1) 黎小军 : <u>你什么都懂</u>, 以前上学一定成绩很棒.
     李 翹 : <u>你什么都不懂</u>, 你到底会什么?
     黎小军 : 我? 我会打球.

이것을 글자 그대로 직역을 하면 다음과 같이 될 것이다.2)

  ⓧ 리샤오쥔: <u>너는 무엇이든 다 아는구나</u>. 전에 학교 다닐 때 틀림없
       이 성적이 아주 좋았겠구나.
    리 차 오: <u>너는 무엇이든 다 모르는구나</u>. 너는 도대체 무엇을 할
       줄 아니?
    리샤오쥔: 나? 난 공놀이 할 줄 알아.

이해가 안 되는 것은 아니지만 아무래도 어색하다. 이들의 대화에서 상대방에 대한 태도를 극명하게 보여주는 표현은 '你什么都懂'과 '你什么都不懂'이다. 전자는 선망과 부러움을 담고 있고, 후자는 경멸의 의미를 담고 있다. 이것을 각각 '너는 무엇이든 다 아는구나'와 '너는 무엇이든 다 모르는구나'로 옮겨서는 그 맛을 제대로 전달하지 못한다. 한 마디로 싱겁기 그지없다. 이것을 다음과 같이 옮겨 보자. 훨씬 자연스럽고 팽팽한 긴장감이 그대로 드러남을 알 수 있다.

  ⇨ 리샤오쥔: <u>넌 모르는 게 없구나</u>. 학생 때 꽤나 공부 잘했겠는걸.

---

1) 중국어 고유명사의 우리말 표기법은 문교부(1986) 안을 따른다. 이 안은 박종한(1998c)에 인용되어 있다.
2) 필자의 번역은 가능한 예의 하나로 제시한 것에 불과하다. 이보다 더 좋은 번역도 가능할 것이다. 여러분의 아낌없는 지적을 바란다.

리 차 오: 넌 아는 게 없구나. 도대체 할 줄 아는 게 뭔데?
리샤오췐: 나? 농구 잘 해.

번역문 X와 같이 옮기는 것은 훌륭한 번역이라고 할 수 없다. 눈에 보이는 구조에 얽매여서 직역을 하다 보니 번역문이 너무 어색하게 되었다. 번역문 ⇨는 아주 자연스러운 우리말을 사용하여 원문의 의미를 잘 번역하였다. 이상의 번역에서 알 수 있는 것은 첫째, 구조 이전에 원문의 심층 의미를 파악하도록 해야 하며, 둘째, 그것을 자연스러운 우리말로 옮겨야 한다는 것이다.

이와 같이 원문의 심층 의미를 파악하여 정확하고 자연스럽게 옮긴다고 할 때 근거로 삼을 수 있는 어떤 지침이 필요하다. 지금까지는 특별한 기준이나 이론적인 기반이 없이 번역자 나름의 경험과 순발력에 의존해 왔다면, 이제부터라도 최소한 번역자들이 공유할 수 있는 규범을 마련하고 그에 따라 번역 작업이 이루어져야 한다. 본고에서 하고자 하는 일이 바로 이러한 규범을 마련하는 일이다.

이 작업을 하기 위해 필자는 앞서 박종한(1998a)에서 중국어와 한국어 문법을 대조적인 관점에서 분석한 바 있다. 어순, 전치사와 후치사, 보어, 대명사와 경어법 등 모두 8개 항목을 선정하여 중국어와 한국어의 공통점과 차이점을 기술하였다. 이 글을 보면 중국어와 한국어 문법의 특성에 대해 대략적인 이해가 가능할 것으로 믿는다. 이 글에 이어 박종한(1998b)에서는 중한 사전을 검토하였다. 영한 사전이든 일한 사전이든 중한 사전이든 모두가 번역을 위한 사전임에 틀림없다. 그 나라 말의 어휘와 문장의 뜻을 우리말로 풀이하고 옮겨 놓았다는 점에서 그러하다. 이러한 사전은 번역을 하는 데 중요한 지침서가 되므로 가능한 한 완벽한 용례와 뜻풀이를 제공해야 한다. 그런데 다른 외국어의 번역 사전들이 그러하듯 중한 사전도 역시 적지 않은 문제점을 안고 있다. 위의 글에서는 그러한 문제점들을 지적하고 보다 완벽한 사전을 위한 몇 가지 제안을 하였다. 그리고 박종한(1998c)에서는 국내에 번역 출판된 서적을 선정하여 원문과 번역문을 대조하면서 중한 번역에서 오역이 발생하는 양상을 기술하였다. 어휘 문제, 문법 문제, 직역(直譯) 위주의 번역에서 오는 문제의 세 가지로 나누어 오역 상황과 그 발생 원인을 추적하였다. 이상의 분석을 종합한 결과 중한 번역에 적용되어야 하는 기법(또는 규칙)을 잠정적으로 다음과 같이 6가지로 귀납하였다.

(2) 중한 번역의 6가지 기법
① 순서 바꾸기 ② 더하기 ③ 빼기 ④ 나누기 ⑤ 틀 바꾸기 ⑥ 뒤집기

아래에서 각각의 기법을 자세히 살펴보자.3)

## 2. 중국어 번역의 6가지 기법

### 2.1 순서 바꾸기: 앞뒤 순서를 바꾸어 보자

중국어를 바르고 자연스럽게 옮기기 위해서는 어순에 대한 인식의 전환이 필요하다. 우선 우리는 중국어와 우리말의 어순이 다르다는 것을 알고 있다. 동사와 목적어의 위치에서 본다면 중국어는 동사의 뒤에 목적어가 나오는 SVO 어순 유형에 속하고, 우리말은 동사의 앞에 목적어가 나오는 SOV 어순 유형에 속한다.

---

3) 몇 가지 언급해 둘 사항이 있다. 첫째, 본고에서는 번역 작업의 기초에 해당하는 어휘와 문법 문제는 다루지 않는다. 어휘 문제는 사실 번역 사전과 관련된 것인데 이는 박종한(1998b)에서 다루었고, 문법 문제는 박종한(1998a,c)에서 언급했기 때문이다. 둘째, 각각의 기법에 대한 용례는 많이 들지 않았다. 편폭의 제약 때문이다. 번역 기법에 대한 추가적인 논의와 다양한 용례는 필자의 저서 ≪중국어 번역 테크닉≫을 참고할 것.

(3) [猫]주어    [捉]동사    [老鼠]목적어.
    [고양이]주어  [잡다]동사  [쥐]목적어
    [고양이]주어가 [쥐]목적어를 [잡는다]동사.

또한 중국어는 어순에 의해 구성 성분 사이의 문법적 관계를 표현하기 때문에 어순이 달라지면 의미가 달라지지만, 우리말은 격조사를 통하여 의미관계를 표현할 수 있으므로 어순이 달라져도 기본 의미는 변하지 않는다.

(4) a. [猫]주어  [捉]동사 [老鼠]목적어.
       고양이가 쥐를 잡는다 ≒ 쥐를 고양이가 잡는다.
    b. [老鼠]주어 [捉]동사 [猫]목적어.
       쥐가 고양이를 잡는다 ≒ 고양이를 쥐가 잡는다.

이러한 차이가 번역에 반영되어야 한다는 것은 누구나 알고 있다. 그런데 여기까지만 알아서는 번역을 원활히 수행할 수 없다. 문장 단위에서뿐만 아니라 그보다 작은 단위인 명사구와 그보다 큰 단위인 복문에서도 어순상의 차이가 고려되어야 한다.

## 2.1.1 명사구 내부의 어순을 바꾸어 옮겨 보자

문장 내부에서 동사(또는 형용사) 술어와 주어, 목적어의 배열 순서의 차이는 문장보다 작은 단위인 명사구 내부의 어순에도 반영된다. 예를 들어 '주한중국대사관'을 중국어로는 '中国驻韩国大使馆'이라고 말한다. 우리말과 달리 가장 주된 어구인 '中国'을 맨 앞에 쓰고 나머지를 그 뒤에 쓴다. 이것을 역으로 우리말로 옮긴다면 당연히 '*중국주한대사관'이 아니라 '주한중국대사관'으로 옮겨야 한다.

(5) 中国[1]驻韩国[2]大使馆[3]
    ☒ 중국[1] 주한[2] 대사관[3]
    ⇨ 주한[2] 중국[1] 대사관[3]

이와 같이 문장에서의 어순 차이가 명사구 내의 어순 차이에 반영되고 있다는 것은 참으로 흥미로운 사실이 아닐 수 없다. 다음도 역시 명사구의 번역과 관련된 예이다. 여기에서 주어인 '我对她的爱'는 순서 그대로 '나의 그 여자에 대한 사랑'이라고 옮기는 것은 우리말 어법에 맞지 않으므로 '그 여자에 대한 나의 사랑'이라고 옮겨야 한다.

(6) 我对她的爱是纯洁的. 我要让她知道我的爱. ≪人啊, 人≫
⇨ 그녀에 대한 나의 사랑은 순수한 것이다. 그녀에게 나의 사랑하는 마음을 알리고 싶다.

수량사가 포함된 명사구를 우리말로 옮길 때에도 어순에 주의해야 한다. 다음에서 '三个学生'에 대한 번역은 다음과 같이 네 가지가 가능하다. 이 중에서 어느 것이 가장 자연스러울까.

(7) 李老师, 刚才来过三个学生了.
   a. 이 선생님, 방금 세 명의 학생이 찾아왔었어요.
   b. 이 선생님, 방금 세 학생이 찾아왔었어요.
   c. 이 선생님, 방금 학생 셋이 찾아왔었어요.
   d. 이 선생님, 방금 학생 세 명이 찾아왔었어요.

이익섭·이상억·채완(1997:118)에 의하면 첫째, 한국어에서 '세 명의 학생'은 구어보다는 문어에서 많이 쓰이며,4) 수량사구가 가리키는 대상 전체를 한 단위로 인식할 때 쓰이는 표현이다.5) 둘째, '세 학생'은 중세 한국어에서 쓰이던 표현인데 지

---

4) 어머니가 아이에게 심부름시키며 '*시장에 가서 일곱 개의 오이와 세 쪽의 생강을 사 오너라.'라고는 말하지 않는다.
5) 이 유형이 가장 자연스럽게 사용되는 문맥은 '제목'이다. 예: 열 개의 인디언 인형(추리소설

금은 '두 나라, 세 학교, 네 학생, 다섯 토끼, 일곱 난쟁이'와 같이 관용적으로 굳어진 표현으로만 사용된다. 그래서 '*스물 다섯 토끼'와 같은 표현은 대단히 어색하다. 셋째, '학생 셋'은 단지 셀 수 있는 명사, 특히 사람에 대해서만 사용하는 표현이다. '*토끼 셋이 뛰어옵니다'라고는 하지 않는다. 마지막으로 '학생 세 명'은 현대 한국어에서 가장 널리 쓰이는 것이다. 그러므로 위에서 가장 자연스러운 번역은 (7d)가 된다. 이와 같이 수량어구로 구성된 명사구 '一只老虎'는 '호랑이 한 마리'로, '两张桌子'는 '책상 두 개'로, '三把椅子'는 '의자 세 개'로 옮기는 것이 자연스럽다.

### 2.1.2 복문에서의 어순 변환

다음에 복문의 경우를 보자. 몇 개의 절로 구성된 중국어 복문을 우리말로 옮겨야 하는 경우가 많이 있다. 정확하고도 자연스럽게 옮기려면 중국어의 표현 습관과 우리말의 표현 습관을 알아야 한다. 중국어의 경우 여러 개의 절로 구성된 복문에서 절이 배열되는 순서에는 크게 두 가지가 있다. 하나는 사건 발생 순서, 즉 사건을 인지한 순서대로 기술하는 것이다.

(8) 真是对不起[1], 那会儿临时有个会[2], 走不开[3], 你家又没安电话[4], 我没法通知你[5].
⇨ 정말 미안해[1]. 그때 마침 회의가 있어서[2] 자리를 뜰 수가 없었어[3]. 게다가 너의 집에는 전화가 없잖니[4]. 그래서 너에게 연락할 수가 없었어[5].

일반적으로 사건을 기술하는 문장은 대개 이렇게 그 발생 순서대로 나열한다. 이런 문장은 순서대로 옮기면 되기 때문에 번역할 때 문제될 것이 없다.

---

제목), 7인의 신부(영화 제목).

또 하나는 의미상 핵심적인 어구를 먼저 말하고 그 뒤에 새로운 진술을 부가하는 것이다.

(9) 世界上没有直路, 要准备走曲折的路, 不要贪便宜.
   X 세상에는 곧은길만 있는 것은 아니니, 굽은 길을 갈 태세를 갖추어야지 쉬운 쪽만 추구해서는 안 된다.
   ⇨ 세상에는 곧은길만 있는 것은 아니니, 쉬운 쪽만 찾지 말고 굽은 길을 갈 자세도 갖추고 있어야 한다.

이것을 원문의 절 배열 순서대로 옮긴다면, 틀리다고는 할 수 없지만 결코 자연스럽다고 할 수 없다. (9)를 분석해 보면, '世界上没有直路'는 전체 문장의 주제가 되고 뒷부분은 모두 이에 대한 진술이 되는데, 뒷부분은 다시 '要准备走曲折的路'가 핵심 정보를 전달하고 '不要贪便宜'가 보충 정보를 전달한다. 번역을 할 때, 주제문은 제자리에 있어야 하지만 핵심 정보와 보충 정보를 자리를 바꾸어 옮겨야 한다. 그것이 우리말의 문법에 맞기 때문이다.

이와 같이 중국어에서 어떤 주장을 담은 표현에서는 보다 중요한 정보를 담고 있는 부분을 먼저 말한 다음 보충할 말을 그 뒤에 덧붙이는 틀을 사용한다. 이것은 우리말과 정반대이다. 복문에서 보이는 이러한 어순상의 차이는 단문에서 보이는 어순의 차이와 깊은 관련이 있다는 것이 필자의 생각이다. 즉, 중국어는 SVO 유형의 언어인데, 이러한 언어는 문장에서 핵심 성분에 해당하는 동사의 뒤에 목적어나 보어와 같은 다른 성분을 부가할 수 있다. 그러나 SOV 유형의 언어는 그것이 불가능하다. 모든 보충 성분이 동사의 앞에 놓여야 한다. 이것이 복문의 구성에도 연장 적용되어 중국어의 복문에서는 [핵심 성분-보충 성분]의 어순이 가능하지만, 우리말에서는 반대로 [보충 성분-핵심 성분]의 어순을 사용하는 것이다.6) 하나의 예를 더 보자.

(10) 世界上像北京这样方方正正的城市, 不多见. 全城的街道⁰差不多都是直的¹, 只有少数几条斜街².
⇨ 베이징처럼 네모 반듯하게 짜여진 도시는 세계적으로 드물다. 도시 전체의 길 중에서⁰ 구부러진 것은 몇 개에 불과하고² 대부분이 똑바로 나 있다¹.

'全城的街道差不多都是直的, 只有少数几条斜街'에서 의미상의 핵심은 '全城的街道差不多都是直的'이다. '只有少数几条斜街'는 그 의미를 보충하는 기능을 한다. 따라서 우리말로 옮길 때에는 그 순서를 바꾸어야 한다.

중국어는 중국어답게 말해야 하듯 한국어는 한국어답게 써야 한다. 위와 같이 배열 순서를 바꾸어야 하는 까닭은 바로 여기에서 연유한다.7)

### 2.1.3 관용적인 표현의 어순 바꾸기

때로는 문법상의 차이가 아니라 단순히 표현 습관의 차이 때문에 순서를 바꿔 옮겨야 할 경우가 있다.

(11) 不论刮风还是下雨, 我也要上学去.
☒ 바람이 불든지 비가 오든지를 막론하고, 나는 그래도 등교하러 가겠다.
⇨ 나는 비가 오든 바람이 불든 학교에 가야 해.

우리가 '비바람'이라고 하는 데 중국어에서는 '*雨风'이 아니라 '风雨'라고 한다.

---

6) 이에 대한 보다 상세한 논의는 박종한(1998a)를 볼 것.
7) (11-12)를 다시 분석해 보면, 전체적으로 [주제문-진술문]으로 나뉘며 진술문이 다시 [핵심문-보충문]으로 나뉜다. 우리말도 주제-진술 관계는 우리말과 동일하다고 볼 때 이 부분은 원문의 순서대로 옮기고, 핵심-보충 관계는 우리말 습관과 다르기 때문에 순서를 바꿔 옮기는 것이 올바른 방법인 것으로 보인다. 복문의 차원을 넘어서는 단락 차원의 부분에 대해서는 별도의 연구가 필요할 것이다.

중국어로 작문을 할 때 '비바람'을 '风雨'라고 해야 하듯, 중국어의 '风雨'는 '비바람'으로 옮겨야 한다. 이것은 특정 단어에 국한된 습관적인 표현이므로 개별적으로 암기해야 한다.8) 다른 예를 보자.

 (12) 看他高兴得<u>又说又笑</u>.
   ⇨ 기뻐서 <u>웃고 떠드는</u> 저 사람 좀 봐라.

우리말에서 '웃고 떠든다'는 말을 중국어에서는 '*又笑又说'가 아니라 '又说又笑'라고 한다. 이것을 돌려 말하면, 중국어의 '又说又笑'는 우리말에서 '웃고 떠든다'로 옮겨야 한다는 말이 된다.

다음도 이와 유사한 예이다.

 (13) 不知道<u>什么是人道主义</u>, 就赞成人道主义, 这不是很可笑吗? …真的, 到底<u>什么是人道主义</u>呢? 爸爸你给我解释一下吧! ≪人啊,人≫
   ⇨ <u>휴머니즘이 무엇인지</u>도 모르고 휴머니즘에 찬성하는 것은 우스운 일 아니냐? … 정말이지 <u>휴머니즘이란 도대체 무엇일까요?</u> 아버지, 설명 좀 해 주세요.

'휴머니즘이란 무엇인가'를 중국어로 옮기면 '什么是人道主义'가 된다. 우리말과 어순이 다른 것이다. 이런 맥락에서 볼 때 '什么是人道主义'는 '무엇이 휴머니즘인가'가 아니라 위와 같이 '휴머니즘은 무엇인가'로 옮겨야 한다.

이상에서 어순과 관련된 문제를 살펴보았다. 문장보다 작은 단위인 명사구와 그보다 큰 단위인 복문에서도 어순이 문제가 된다는 것을 지적하였다. 어순 문제라면

---

8) 아울러 중국어에서 주어 '我'는 주절에 위치하는 것이 자연스럽지만 우리말에서는 문장 전체의 맨 앞에 쓰는 것이 자연스럽다.

오로지 문장의 주어, 동사, 목적어의 상대적 순서만을 떠올리던 그 동안의 고정 관념을 깨야 할 것이다.

## 2.2 더하기: 공백을 채우자

우리말과 중국어는 모두 생략을 많이 하는 언어에 속한다. 예를 들어 다음을 보자.

(14) A: ＿＿上哪儿去?
　　　　＿＿어디에 가십니까?
　　 B: ＿＿上市场买菜去.
　　　　＿＿찬거리 사러 시장에 갑니다.
(15) a. 两张北京!
　　　　베이징 행 두 장!
　　 b. 给我两张去北京的火车票!
　　　　베이징 행 기차표 두 장 주세요!

(14)에서 주어는 대화 당사자일 수밖에 없다. 굳이 쓰지 않아도 누구인지 아는 것이라면 생략하는 것이 자연스럽다. (15a)에서는 꼭 필요한 말만 남기고 모두 생략해 버렸다. (15b)가 말이 안 되는 것은 아니지만 쓰지 않아도 되는 잉여적 표현이 너무 많다. 그래서 (15a)보다는 좀 어색하게 느껴진다.

위와 같이 생략의 양상이 동일한 경우에는 번역상 전혀 문제가 안 된다. 그대로 옮겨 주면 되기 때문이다. 그런데 생략의 양상이 다른 경우도 있다. 중국어에서는 생략해야 하지만 우리말에서는 불가능한 경우가 있고, 또한 그 반대의 경우가 있다. 전자의 경우에는 생략된 것을 보태 넣어야 하고 후자의 경우에는 빼야 한다. 여기에서는 우선 전자의 경우를 살펴보기로 하자.

### 2.2.1 문장 사이의 의미 관계를 보여 주기 위하여

중국어에서는 문장 관계를 밝혀 주는 접속사가 있기는 하지만 그것을 쓰지 않고서도 얼마든지 복문을 만들 수 있다. 이때 문장들 사이의 의미 관계는 문맥에 의해 표현된다. 우리말로 옮길 때는 문맥을 잘 파악하여 적절한 연결어미를 덧붙여 주어야 자연스럽게 된다.

> (16) 有一天, 姑娘接到一个好朋友的电话, 两个人好久没见了, 在电话里聊起天儿来, 电话打了足足有一个钟头.
> ⇨ 어느 날, 한 아가씨가 친한 친구의 전화를 받았는데, 두 사람은 오랫동안 만나지 못한 터라, 전화기를 들고 수다를 떨기 시작하더니만 꼬박 한 시간이나 통화를 했다.

원문에는 접속사가 단 한 개도 없는데 우리말에서는 연결 어미가 들어가 있다. 어떤 연결어미를 넣느냐는 앞뒤 문맥에 따라 결정되므로, 원문의 문맥을 정확하게 파악할 필요가 있다. 이렇게 연결어미를 쓰는 것은 중한 번역에서 아주 다반사로 일어나는 것이므로 더 이상 예를 들지 않겠다.

### 2.2.2 중심 성분이 생략된 문장에서의 덧붙이기

중심 성분이 생략된 문장을 옮길 때 (14-15)와 달리 생략된 부분을 공백으로 놔두어서는 안 되는 경우도 많다. 이 때에는 문맥에 맞게 적절히 덧붙여 옮기여 한다. 다음은 두 개의 동사가 하나의 목적어를 공유하는 경우이다. 바꾸어 말하면 하나의 목적어가 생략된 경우이다. 이것을 다시 살리지 않고 번역하기는 쉽지 않다.

> (17) 随着改革开放政策的发展, 中国人的生活已经发生, 并且正在继续发生着巨大变化.
> ☒ 개혁개방 정책의 추진과 더불어 중국인의 생활에는 <u>의미 거대한 변화가 생겼으며 지금도 계속 생기고 있다</u>.

위는 어느 중국어 독해서의 번역이다. 곰곰히 따져 보면 알 수 있듯이, 이 번역문에는 꼭 있어야 할 부분이 빠져 있다는 느낌을 준다. 이 때문에 이미 거대한 변화가 발생했으며 아울러 '그 거대한 변화가' 지금도 계속 되고 있다고 하는 원문의 의미를 충분히 전달하지 못하고 있다. (17)은 다음과 같이 옮겨야 할 것이다.

　　⇨ 개혁과 개방 정책이 진전됨에 따라 중국인들의 생활에 <u>엄청난 변화가 생겼고, [그러한 변화]</u>는 지금도 계속되고 있다.

다음은 두 개의 동사가 하나의 주어를 공유하고 있는 경우이다.

　(18) 两种意见矛盾地存在着和斗争着, 总是先进的意见克服落後的意见.
　　　⇨ 두 가지 모순된 의견이 존재하며 [서로] 경쟁하고 있을 때에는 통상 진보적인 의견이 낙후된 의견을 이기게 되어 있다.

이것도 역시 그대로 직역해서는 우리말이 자연스럽지 못하므로 '서로'라는 말을 사용하였는데, 이 말은 바로 '两种意见'을 대신하는 것이다.

## 2.2.3 자연스럽고 완전한 표현을 위해서
때로 표현 방식의 차이로 인하여 덧붙이기 번역이 필요한 경우가 있다.

　(19) 家珍: 二喜啊. 那个王大夫, 他现在还是光吃米饭, 不吃馒头哇?
　　　　 여보게, 그 왕 의사 선생님은 요즘도 찐빵은 먹지 않고 밥만 먹는가?
　　　 二喜: 不光是不吃馒头, 是面都不吃了.
　　　　 이젠 찐빵뿐 아니라 <u>밀가루[로 만든 건]</u> 다 안 먹는대요.

중국어로는 "是面都不吃了"라고 해도 의사소통에 전혀 문제가 없다. 그런데 이것을 '이제 밀가루라면 다 안 먹어요'라고 옮기면 안 된다. 원문의 '面'이 말 그대로

'밀가루'가 아니라 문맥상 '밀가루로 만든 음식'을 뜻하기 때문이다.

> (20) 別人说得对的, 我们应该欢迎, 并要跟别人的长处学习; 别人说得不对, 也应该让别人说完, 然後慢慢加以解释. (최기천 1988:392)
> ⇨ 다른 사람의 말이 옳으면 우리는 그것을 기쁘게 받아들여야 하고 또한 그의 장점도 배워야 한다. 다른 사람의 말이 옳지 않다 하더라도 그 사람이 할 말을 다 하게 한 후 차근차근히 <u>잘못된 점을</u> 설명해 주어야 한다.

위에서 '解释'를 단순히 '설명하다'로 옮긴다면 독자로서는 도대체 무엇을 설명하라는 것인지 알 수 없게 된다. 원문에 명확히 표현되지는 않았지만 글의 문맥을 볼 때 '解释'의 대상은 '상대방의 잘못된 생각'임을 알 수 있다. 이 말이 중국어에서는 없어도 되지만 우리말에서는 있어야 문장이 통하므로 그것을 명확히 문자로 옮겨 주어야 한다.

이와 같이 번역자는 때로 원문의 의미를 자연스럽고도 완전하게 옮겨 주기 위하여 적절한 표현을 덧붙일 수 있어야 한다.

### 2.2.4 수사 효과를 높이기 위해

원문이 지닌 생동감을 생생하게 표현하기 위하여 때로 의성어나 의태어를 집어 넣어야 하는 경우가 있다.

> (21) 女学生只是笑笑, 拍拍我的肩膀⋯. (장의원 1993:177)
> ⊠ 그 여학생은 그저 <u>잠깐</u> 웃고 내 어깨를 <u>몇 번</u> 칠뿐이었다⋯.

이 번역문이 틀렸다고 말할 수는 없으나 잘 됐다고 보기도 어렵다. 우리말에서는 어떤 감정과 정서로 웃는가에 따라 그 웃는 모양과 소리를 아주 섬세하게 분별하여 생동감 있게 표현한다. 여학생의 싱그러운 웃음을 그저 '잠깐 웃다'라고 너무나 밋밋하게 옮기고, 다정함을 표현하는 '拍拍'도 역시 동사의 중첩형이란 걸 의식하여 너무 곧이곧대로 옮겼다. 이런 경우에 '笑笑'라는 단어를 '미소를 짓는다'에서 '빙그레 웃는다'나 '방긋, 생긋, 해해, 생글생글……' 등으로 섬세하게 번역하는 여유가 필요하다. '拍拍'도 역시 '톡톡 치다'나 '톡톡 두드리다'로 옮기면 훨씬 생동감이 난다.

⇨ 그 여학생은 그저 <u>생글생글</u> 웃으며 내 어깨를 <u>톡톡</u> 치는 것이었다.…

물론 어떤 의태어를 넣는가는 번역자의 판단에 달린 문제이다.

다음 예는 화자의 못마땅한 심정에서 나오는 과격한 동작을 표현하기 위해 동사 '放'과 '摔'의 앞에 '一'를 썼다. 이것을 살려서 옮기려면 어떻게 해야 할까?

(22) 许恒忠和他的儿子竟然还在, 围着饭桌喝茶呢! 不知为什么, 心里陡然来了火, 捺也捺不住! 我把何叔叔的烟袋往我的小桌上一放, 搬过一张椅子往地板上一摔, 坐在屋子正中央.
⇨ 어라! 쉬형중과 그 사람 아들이 아직까지도 있네! 식탁을 싸고 앉아 차를 마시고 있구만. 왠지 몰라도 갑자기 가슴속에서 열이 나 도저히 참을 수 없었다. 나는 허씨 아저씨의 담뱃대를 내 작은 탁자에 '휙' 던져 놓은 다음 의자를 날라다가 바닥에 '쾅' 내려놓고는 방 한가운데 버티고 앉았다.

위와 같이 날카롭게 곤두선 화자의 심적 상황을 표현하는 데는 그것을 일일이 말로 묘사하는 것보다 이처럼 의성어나 의태어를 써서 바로 보여주고 들려주는 것이 더 낫다.

이제까지 덧붙이기에 대해 살펴보았다. 원문에 있는 것만 옮기면 번역자의 임무가 끝난다는 생각은 이제 버려야 한다.

## 2.3 빼기: 군더더기를 제거하자

중국어에서는 꼭 필요한 성분일지라도 우리말로 옮겼을 때 군더더기로 느껴지는 것들이 있다. 이것들은 원문의 의미를 왜곡시키지 않는 범위 안에서 제거하는 것이 좋다.

### 2.3.1 주어나 목적어로 쓰인 인칭대명사를 제거한다

주어나 목적어로 쓰인 인칭대명사 중에서 중국어에서는 생략이 불가능하지만 우리말에서는 가능한 경우가 있다.

(23) 他已经知道了, 你就甭给他写信了.
　　 ⊠ 그 사람은 이미 알고 있으니, <u>당신이</u> <u>그에게</u> 편지할 필요가 없습니다.

번역문의 두 번째 절에서 원문의 주어를 그대로 옮겨줌으로써 오히려 문장 전체가 어색하게 되어 버렸다. 다음과 같이 주어를 생략하는 편이 국어의 문장으로 자연스럽다.

⇨ 그 사람은 이미 알고 있으니 편지할 필요가 없습니다.

특히 서로 마주보고 하는 대화 상황에서는 더욱 그러하다. 중국어에서는 문법상 필요하지만 우리말에서는 필요하지 않다면 빼야 한다. 다음은 영화 《倩女幽魂》의 한 부분이다.

(24) 宁采臣: 你干嘛要走呀?
　　　　　왜 가려는 거죠?

聶小倩: 有一个坏人来了, 不走就没命啦.
　　　　악당이 나타났어요. 도망치지 않으면 큰일나요.
宁采臣: 你一个人太危险了. 我送你回去.
　　　　혼자는 너무 위험해요. 내가 바래다 줄게요.
聶小倩: 不行. 我爹娘不许我跟男人在一起. 他们很凶的.
　　　　안돼요. 부모님이 아주 엄해서 남자와 함께 있으면 큰일나요.

위의 번역문에서는 화자나 청자가 서로 미루어 짐작할 수 있는 주어나 목적어를 모두 생략했다. 우리말 대화문의 성격이 그러하기 때문이다.

## 2.3.2 접속사는 빼고 대신 연결어미를 사용한다

중국어는 접속사를 많이 사용하지만 우리말에서는 그렇지 않다. 심지어 우리말에서는 접속사라는 품사를 따로 설정하지 않는다. 그 대신 연결어미로 문장을 접속시킨다. 그러므로 중국어를 우리말로 옮길 때는 접속사는 빼버리는 것이 자연스럽다.

(25) 如果你不爱吃面条, 我就给你包饺子.
　　　X 만약 당신이 국수 먹기를 좋아하지 않는다면, 나는 당신에게
　　　　 만두를 빚어 주겠다.

초급 단계 학생들의 번역에서 흔히 볼 수 있는 전형적인 번역투의 문장이다. '만약'은 없어도 되는 군더더기이며, 두 번째 절에 나온 인칭대명사들도 우리말에서는 생략이 가능하다.

　　　⇨ 국수를 안 좋아하면 만두 빚어 줄게.

다음도 역시 유사한 예이다.

(26) 虽然他遇到很多困难, 但是他从来不诉苦.
　　　　Ⅹ <u>비록</u> 그는 많은 어려움에 부딪쳤지만, <u>그러나</u> 그는 이제까지
　　　　　고충을 호소하지 않았다.
　　　　⇨ 그는 어려움을 많이 겪었지만 결코 괴로움을 입 밖에 내지
　　　　　않았다.

　실제 어떤 번역서에서 발췌한 이 번역문은 상당히 부자연스럽다. 마치 한문 번역에서 한자말 뒤에 우리말로 토를 단 느낌을 준다. '虽然'과 '但是'를 '비록', '그러나'와 같이 꼬박꼬박 옮겨준 것이나 '고충을 호소하다'와 같이 굳이 한자말을 쓴 것 등등 눈에 거스르는 것이 많다. 중국어의 접속사는 일반적으로 특별히 그 부분이 강조되는 문맥이 아니라면 우리말에서는 빼버리는 것이 좋다.

### 2.3.3 반복되는 어구를 빼고 옮긴다

　중국어에서는 유사한 뜻의 표현을 반복 사용함으로써 그 뜻을 강조하기도 하고 글의 흐름에 힘을 보태는 수법을 자주 쓴다.[9]

(27) 不要<u>空话连篇</u>, <u>言之无物</u>, 自以为是, 夸夸其谈.

　위에서 '空话连篇'(내용이 없는 공허한 말을 늘어놓다)과 '言之无物'(말에 알맹이가 없다)는 뜻이 거의 같다. 이것을 다 우리말로 번역하려 하면 같은 말의 되풀이가 되고 만다. 이럴 때는 강조의 뉘앙스만 남기고 둘 중의 하나를 빼는 것이 자연스럽다.

　　　　⇨ 알맹이 없이 공허한 소리만 늘어놓거나 자기만 옳다고 떠벌리지
　　　　　말아야 한다.

---

[9] 장의원(1993:49, 250) 참조.

다음에서는 유사한 의미의 어구를 네 개나 이어 놓았다. 이것을 곧이곧대로 다 옮기게 되면 너무나 번잡해진다. 역시 강조의 뉘앙스만 남기고 나머지는 적절히 줄여 옮겨야 한다.

(28) 他无法统计他失败了多少次. 他毫不气馁. 吃一堑, 长一智. 失败一次, 前进一步. 失败是成功之母 ; 成功由失败堆垒而成.
　　 ☒ 그는 몇 번이나 실패했는지 모른다. 하지만 결코 기가 죽지 않았다. 한 번 실패를 하면 그만큼 지혜가 느는 것이요, 실패하는 만큼 앞으로 나아가는 것 아닌가. 실패는 성공의 어머니요, 성공은 실패가 쌓여서 이루어지는 것이다.

이와 같이 비슷한 말을 반복 제시하여 강조를 나타내는 방법은, 2.1.2에서 말한 바 있는, 핵심 어구를 말한 다음에 그 뒤에 보충 성분을 끝없이 덧붙일 수 있는 중국어의 특성과 관련이 있다고 보여진다. 원문에서는 같은 뜻의 말을 반복함으로써 강조라는 수사학적 효과를 보일 수 있으나 번역문에서는 중언부언하는 느낌만을 줄 뿐이므로 일부분을 과감히 빼 버려야 한다.

　　 ⇨ 그는 몇 번이나 실패했는지 모른다. 하지만 결코 기가 죽지 않았다. 실패하는 만큼 세상에 대한 지혜가 느는 것이고, 실패는 성공의 어머니라고 하지 않던가!

다음은 약간 다른 예인데 역시 적절한 삭감이 필요한 경우이다.

(29) 现在埋怨他, 批评他, 恨他有什么用?
　　 ☒ 그를 원망하고 그를 비난하고 그를 미워한들 무슨 소용이 있으리?
　　 ⇨ 이제와서 그를 원망하고 비난하고 미워한들 무슨 소용 있으리?

(30) "我很喜欢你妈妈. 可是你妈妈不喜欢我, 喜欢你爸爸."
   ☒ "나는 네 엄마를 좋아했었지. 그러나 네 엄마는 나를 좋아하지 않고 네 아버지를 좋아했단다."
   ⇨ "나는 네 엄마를 좋아했어. 헌데 네 엄마는 내가 아니라 네 아빠를 좋아했단다."

이제까지 빼고 옮기기에 대해 살펴보았다. 이제는 원문에 있는 것은 빼놓지 말고 옮겨야 한다는 관념을 바꾸어야 할 것이다.


## 2.4 나누기: 끊어서 옮겨 보자

### 2.4.1 글쓰기 습관의 차이에서 비롯되는 문제

중국어에서 단문을 여러 개 연결하여 복합문을 만드는 방법으로 두 가지가 있음을 말한 바 있다. 하나는 사건의 발생 순서대로 절을 나열하는 것이고, 또 하나는 주요 핵심어구를 말하고 그 뒤에 보충어구를 부가하는 것이다. 이렇게 만들어진 복합문들을 잘 관찰하여 보면 우리는 한 가지 특이한 현상을 발견할 수 있다. 단문들이 모두 하나의 공통된 주제에 대해 논의하는 것이라면 아무리 길더라도 모두 하나의 문장으로 묶어 버리는 경향이 있다는 것이다. 즉 여러 개의 단문을 계속 쉼표를 써서 연결시킨 다음 맨 마지막에 가서 마침표를 찍는 것이다.

(31) 在开会时大都按等级高低先後发言, 请客时让地位高的人先坐, 进场、出场、走路、上车等均让地位高的人在前面, 除非自己与领导十分熟悉并且自己的年龄大, 否则对领导一律以职务称呼, 某书记、某主任、某厂长等.

이 글의 필자는 이 글이 처음부터 마지막까지 하나의 주제, 즉 중국인의 계층

관념에 대해 말하고 있기 때문에 하나의 복합문으로 묶은 것이다. 그런데 이것을 모두 '~고, ~며, ~고, ~다'로 이어서 옮기는 것은 우리의 글쓰기 습관에 맞지 않는다. 다음과 같이 적절히 끊어서 옮겨야 우리말다운 우리말이 된다.

⇨ 회의를 할 때에는 일반적으로 지위의 높낮이에 따라 순서대로 발언한다. 손님을 초대했을 때에는 지위가 높은 사람을 먼저 앉히며 입장하거나 퇴장할 때, 길을 걸을 때나 차를 탈 때에도 지위가 높은 사람을 먼저 내세운다. (윗사람을 지칭할 경우에는) 자신이 윗사람과 절친한 사이이거나 자신의 나이가 더 많은 경우가 아니라면 일률적으로 직함으로 부른다. 예를 들면 '아무개 서기, 아무개 주임, 아무개 공장장'이라고 하는 것이다.

우리의 글쓰기 습관에서는 한 문장이 지나치게 길어지는 것을 기피하는 경향이 있다. 그런데 중국어에서는 하나의 문장을 주제 단위로 짜기 때문에 일반적으로 길이가 길어지게 된다. 그래서 위와 같이 특별한 접속사를 쓰지 않고서 여러 개의 단문을 이어 붙인 복합문을 얼마든지 발견할 수 있다. 이것이 바로 중국인들의 전형적인 글쓰기 방법이다. 이와 같은 차이가 중한, 또는 한중 번역에 반영되어야 하는 것은 당연하다.

하나의 예를 더 보자. 다음 예의 두 번째 절은 모두 세 개의 어구로 구성되어 있는데, 아래에서는 중간에 한 번 끊어 옮겼다.

(32) 一开始, 观众为我加油助威. 在他们看来, 我已经居於下风, 大多数人都喜欢看居於下风的人得胜.
⇨ (경기가) 시작되자마자 관중들은 나에게 격려의 함성을 보냈다. 그들 눈에는 내가 진작부터 힘이 달려 보인 모양이다. 사람들은 대개 힘이 약한 사람이 이기는 것을 좋아하는 법이니까.10)

## 2.4.2 소리말의 특성을 살리자

소리말[口语]은 글말[文语]과 달리 길이가 짧은 것이 특징이다. 우리말이나 중국어나 마찬가지다. 그런데 중국어에서는 소리말이라고 할지라도 일단 글로 쓰게 되면 역시 같은 주제의 말을 주욱 이어서 하나의 문장으로 짜버린다. 일반적인 글쓰기 습관이 여기에도 적용되는 것이다.

(33) "哎呀, 差点儿忘了, 我还没告诉您呢, 明天上午大使馆有事, 不去不行, 所以, 明天的课又上不成了."
☒ 아참! 하마터면 잊을 뻔했는데, 선생님께 아직 말씀을 안 드렸는데, 내일 대사관에 일이 있는데, 꼭 가야만 해서, 그래서 내일 수업에 또 못 오겠어요.
⇨ 아참! 하마터면 잊을 뻔했네요. 선생님께 말씀을 못 드렸는데, 내일 대사관에 일이 있어서 꼭 가야만 해요. 내일 수업도 못 나올 것 같아요.

끊어서 옮기기는 특히 생생한 소리말을 사용하는 영상 번역에서 중요하다.

(34) 宋子豪: 阿杰! 你没有错, 我们走的路不同, 你走的路是对的. 以前我走错了, 现在重新改过, 不算太晚吧. ≪英雄本色Ⅰ≫
⇨ 아제! 넌 잘못 없어. 서로 길이 달랐을 뿐야. 네가 옳았어. 그 동안 난 잘못된 길을 걸어왔는데 이제 새 출발해도 늦지 않겠지!11)

대화 상황으로 미루어 의사소통에 지장을 주지 않는 경우라면 짧게 끊는 쪽이

---

10) 이 문장은 다음과 같이 순서를 바꿔 옮기기를 할 수도 있다. 어느 쪽을 선택하느냐는 앞뒤 문맥이나 번역자의 개성에 따라 달라지게 된다.
  '… 사람들은 대개 힘이 약한 사람이 이기는 것을 좋아하는 법인데, 그들 눈엔 내가 진작 힘이 딸리는 것으로 보인 모양이다.'
11) 실제 영상 번역에서는 이보다 더 줄여서 옮기게 된다.

우리말에 어울리는 표현 방법임을 알 수 있다.

### 2.4.3 정확하게 끊어야 한다

어디에서 끊느냐에 따라 의미가 달라지는 경우도 있다. 원작자의 의도를 정확히 전달하기 위해서는 역시 정확한 곳에서 끊어야 한다.

> (35) '请你别忘了, 明天是你的生日, 我请了不少客人.'
> (장의원 1993:37-38)

이 예문은 '别忘了'가 어디까지 관계되느냐에 따라 다르게 번역될 수 있다.

> a. [내일이 당신 생일이란 걸] 잊지 마세요. 제가 손님들을 많이 초청했거든요.
> b. 여보, 잊지 마세요. [내일이 당신 생일이라서 제가 손님들을 많이 초청했다는 거 말예요.]

어느 번역문이 맞는가는 앞뒤에 어떤 말이 이어졌는가를 보아야 한다. 가령 앞에 '明天是他的生日, 她怕丈夫忘了, 便说 …'라는 말이 있다면 위의 번역문 중 (a)가 옳을 것이고, '明天是他的生日, 她怕明天客人都来, 丈夫不在家, 便说 …'라는 말이 있다면 (b)가 옳은 것이다.

끊어 옮기기를 잘 하려면 문맥 파악도 중요하지만 그 이전에 문법 구조를 정확히 분석해야 한다. 이러한 기초 단계의 일을 게을리 하면 오역을 피할 수 없다.

> (36) 看着自己的青年的肌肉, 他以为这只是时间的问题, 这是必能达到的一个志愿与目的, 绝不是梦想! ≪骆驼祥子≫
> ⊠ 울끈불끈 솟아난 단단한 근육을 내려다 보며, 이건 단지 시간

문제라고 생각하였으며, 이 목표는 기필코 달성되고야 말리라고 다짐하는 것이었다. 그것은 결코 몽상일 수 없었던 것이다!

원문과 대조해 볼 때 번역문은 끊어서는 안될 자리에서 끊었다. 동사 '以为'의 바로 뒤부터 마지막까지가 모두 동사 '以为'의 목적어인 것이다. 전체를 다 이어서 번역하면 다음과 같이 될 것이다.

⇨ 젊음이 꿈틀거리는 자신의 근육을 바라보며, 이것은 시간 문제일 뿐 결코 몽상이 아니다, 이 목표는 두 말할 나위도 없이 달성 가능한 것이다라고 그는 생각하였다.

적절히 끊어서 옮긴다면 다음과 같이 될 것인데, 이것이 더 나은 것으로 생각된다. 아래에서는 '以为'의 뒷부분을 보다 생동감이 넘치게 직접화법으로 바꾸어 옮겨 보았다.

⇨ 그는 젊음이 꿈틀대는 자신의 근육을 바라보며 생각했다. 이건 시간 문제야. 이 목표는 틀림없이 이룰 수 있는 거야. 결코 괜한 몽상이 아니라고!

이제까지의 얘기를 통해 알 수 있듯이 중국어의 글쓰기는 영어나 우리말과 다르다. 우리말 어법처럼 마침표를 하나의 단위로 옮기려고 했다가는 그 뜻을 제대로 전달할 수 없다. 이와 같이 긴 문장은 의미에 따라 적절하게 끊어 옮겨야 한다.

## 2.5 틀 바꾸기: 문장의 구조를 바꾸어 보자

번역을 하면서 자주 빠지는 함정이 주어는 주어로 술어는 술어로 번역하여 어색

한 번역문을 만드는 것이다.12)

    (37) 她为了提高舞蹈艺术水平, 星期天也不休息. 她的时间几乎都是在练功房里度过的.
         X 그 여자는 무용 실력을 향상시키기 위해 일요일에도 쉬지 않았다. 그 여자의 시간은 거의 연습실에서 보냈다.
         ⇨ 그 여자는 무용 실력을 향상시키기 위해 일요일에도 쉬지 않았다. 그 여자는 대부분의 시간을 연습실에서 보냈다.

  중국어에서는 무생물 주어를 자주 쓰지만 우리말에서는 무생물 주어를 잘 사용하지 않는다. (37)과 같은 문장은 적절히 구조를 바꾸어야 하지 그대로 직역해서는 자연스런 번역이 될 수 없다. 여기서는 '她'를 주어로, '时间'을 목적어로 바꾸었다.
  번역자는 중국어와 한국어의 구조상의 차이를 고려하여 원문의 틀을 적절하게 바꾸어 옮겨 주어야 한다. 아래에서는 이와 같이 원문의 구조를 변환하여 번역하는 방법에 대해 기술하려 한다.

### 2.5.1 두 절 중의 하나를 명사구 속에 내포시킨다

  중국어의 특성 중의 하나는 대명사나 사람을 지칭하는 고유명사 앞에 수식어를 잘 쓰지 않는다는 것이다. 그대신 서술어를 여러 개 사용한다. 이 때문에 문장이 길어지는 경향이 있다. 우리말은 그렇지 않다. 인칭대명사나 고유명사 앞에 수식어를 얼마든지 쓸 수 있다. 번역을 잘 하려면 두 언어의 이러한 차이를 고려해야 한다.

    (38) 这个青年军官精悍俏爽, 声音洪亮.(장의원 1993:286)
         X 이 젊은 장교는 날쌔고 야무지고 잘 생겼고 쾌활하며 목청도 우렁차다.

---

12) 유영란(1991:67) 참조.

⇨ 날쌔고 야무지게 생긴 이 젊은 장교는 잘 생겼고 쾌활하며
목청도 우렁차다.

하나의 주어에 서술어가 여러 개인 문장인데, 이를 그대로 직역하면 틀렸다고는 할 수 없지만 우리말 문장이 너무 길게 늘어지고 짜임새가 없게 된다. 이때는 서술어의 일부를 주어를 수식하는 관형어로 바꾸어 보는 시도를 해 보자. 이렇게 하면 문장이 훨씬 간결하고 힘이 있게 된다.

다음도 역시 하나의 주어에 여러 개의 서술어가 뒤따르는 경우이다. 아래에 세 가지 번역을 제시했다. 원문의 문맥을 볼 때 어느 것이 가장 적절할까.

(39) 秀妮是个乡村姑娘, 又漂亮, 又结实, 又能干, 只是因为个头稍微矮了点, 没有被选上.
    a. 슈니는 시골 처녀인데 예쁘고 건강하고 일도 잘 하지만 키가 좀 작다고 그만 뽑히지 못했다.
    b. 슈니는 시골 처녀이다. 예쁘고 건강하고 일도 잘 하지만 키가 좀 작다고 그만 뽑히지 못했다.
    c. 시골 처녀인 슈니는 예쁘고 건강하고 일도 잘 한다. 그러나 키가 좀 작다고 그만 뽑히지 못했다.

(39a)는 원문 그대로 직역했고, (39b)는 첫 번째 문장과 그 뒤의 문장을 끊어서 옮겼고, (39c)는 '只是' 이후를 끊은 다음 앞 부분만 구조를 바꾸어 옮겼다. 셋 다 내용 전달에 손색이 없지만 우리말의 표현 습관과 원문의 강조점을 고려하면 (39c)가 가장 낫다.

방금 말했듯이 구조 바꾸어 옮기기를 할 때에는 우리말의 습관과 아울러 원문의 강조점을 고려해야 한다.

(40) 他是大企业家, 他名下有三个大公司.

a. 그는 대기업가<u>이다</u>. 그의 수하에는 큰 회사 세 개가 있다.
  b. 그는 대기업가<u>로서</u> 수하에 큰 회사 세 개를 두고 있다.
  c. 대기업가<u>인</u> 그는 자기 명의로 큰 회사 세 개를 두고 있다.

대체로 비교적 긴 복합문의 경우에는 (40a)처럼 나누어 번역한다(2.4 참조). (40b)는 공통 분모인 '他'를 하나 생략하고 합친 것이다. (40c)는 첫 번째 절을 관형절로 바꾸어 두 번째 절에 포함시킨 것이다. 구조를 변형시킴으로써 훨씬 간결하고 자연스럽게 되었다. 다만 앞 부분이 뒷 부분에 비해 강조의 의미가 떨어지므로 상황을 보아서 번역해야 할 것이다.13)

이렇게 다양한 번역 방식이 있다는 것을 알아두고 그때그때 앞뒤 문맥에 따라 적절한 방식을 선택하여 적용하면 훨씬 정확하고도 자연스러운 번역문을 손에 넣을 수 있게 될 것이다.

### 2.5.2 동사구나 절을 명사구로 변형시킨다

중국어와 우리말의 표현 방식의 차이로 인하여, 때로 중국어의 동사구나 절을 명사구로 축소시켜 옮기는 것이 나은 경우가 있다. 간단한 예를 들어 보자.

  (41) 很多人求他帮忙.
      X 많은 사람들이 그에게 <u>도와 주기</u>를 요청하였다.
      ⇨ 많은 사람들이 그에게 <u>도움</u>을 요청했다.

중국어 표현에서 '求'는 '求你帮帮忙'처럼 '你'의 뒷부분이 동사구인 겸어문을 구성한다. 우리말에서는 '도와 주기'와 '도움'이 모두 가능하지만 전자보다는 후자로

---

13) 우리말을 중국어로 옮기는 경우라면 그 반대로 해야 한다. 즉 우리말의 관형어를 중국어에서는 술어로 바꿔야 하는 것이다.

번역하는 것이 훨씬 간결하고 힘이 있다.

다음과 같이 주술 관계를 일관되게 표현하기 위해 구조의 변환이 필요한 경우도 있다.

(42) 他没有什么模样, 使他可爱的是脸上的精神. <u>头不很大, 圆眼, 肉鼻子, 两条眉很短很粗, 头上永远剃得发亮.</u> ≪骆驼祥子≫
⇨ 그는 별로 잘생기지 못했다. 그러나 얼굴 전체에 넘치는 생기로 인해 무척 귀여운 느낌을 준다. <u>그리 크지 않은 머리에 동그란 눈, 도톰한 주먹코, 짧으면서도 굵직한 두 눈썹, 항상 깨끗이 박박 밀어버려 반들거리는 머리.</u>

여기서는 모두 명사구로 옮겼지만, 모두 절로 옮기는 것도 가능할 것이다.

### 2.5.3 명사구를 동사구나 절로 확장시킨다

위에서는 동사구를 명사구로 줄이는 방식에 대해 말했는데, 반대로 명사구를 풀어서 동사구나 절로 확장시키면 문장이 훨씬 자연스러워지는 경우가 있다.

(43) 这个小伙子身高一米八几, 可还是<u>一脸的孩子气</u>.
Ⓧ 이 젊은이는 키가 1미터 80이 넘지만 아직 <u>얼굴 가득한 소년티이다.</u>
⇨ 이 젊은이는 키가 1미터 80이 넘지만 <u>얼굴은 아직 소년티가 물씬 풍긴다.</u>

밑줄 친 부분이 명사구라고 하여 이것을 그대로 '얼굴 가득한 소년티였다'고 축역하는 것은 도저히 말이 안 된다. 한국인으로서 그렇게 말하는 사람은 없다. 이 말은 역시 명사구를 술어로 확장시켜서 '소년티를 벗지 못했다'고 해야 정확하고 자연스럽다.

또한 다음 예를 보자.


(44) 我们主张, 对发展中国家的经济援助, 应当尊重受援国的主权.
　　　☒ 우리는 <u>개발 도상국가에 대한 경제 원조는</u> 원조를 받는 국가
　　　　의 주권을 존중해야 한다고 주장한다.
　　　⇨ 우리는 <u>개발도상국에 경제원조를 할 때에는</u> 원조를 받는 국
　　　　가의 주권을 존중해야 한다고 주장한다.


위의 번역이 가장 좋은 것은 아니다. 주어 '우리'와 술어 '주장한다'가 너무 떨어져서 문장의 의미 파악이 어렵게 되었음을 고려할 때 다음과 같이 '我们主张'을 명사구로 축소시켜 번역하는 것이 더 자연스럽다.


　　　⇨ <u>우리의 주장은</u>, 개발도상국에 경제원조를 할 때에는 원조를 받는
　　　　나라의 주권을 존중해야 한다는 것이다.
　　　⇨ 개발도상국에 경제원조를 할 때에는 원조를 받는 나라의 주권을
　　　　존중해야 한다는 것이 <u>우리의 주장이다</u>.


## 2.5.4 사동문은 능동문으로 바꾼다

　우리말에서는 사동문을 잘 사용하지 않는다. 그래서 중국어의 사동문은 우리말 습관에 맞게 능동문으로 바꾸어 줄 필요가 있다. 특히 주어가 무생물인 경우에는 주의를 요한다. 우리말에서는 무생물 주어를 잘 쓰지 않기 때문이다.


(45) 独特的样子和性格, 使竹子常常出现在古代诗人和画家的笔下.
　　　☒ 독특한 모양과 성격은 대나무로 하여금 옛 시인과 화가들의
　　　　작품 속에 자주 등장하게 하였다.
　　　⇨ 독특한 모양과 특성 때문에 대나무는 옛 시인과 화가들의 작
　　　　품 속에 자주 등장하였다.

여기서는 명사구 주어를 원인 부사절로, 목적어를 주어로 옮겼다. 또한 다음 예를 보자.

(46) 有人说, 高兴使人长寿, 苦恼让人早衰. 我就是因为心情舒畅, 所以越活越年轻了.
　　 ⓧ 어떤 사람이 기쁨은 사람을 오래 살게 하고 고뇌는 일찍 늙게 한다고 말했다. 나는 마음이 편안하기 때문에 젊게 살고 있다.
　　 ⇨ 즐거워하면 오래 살고 걱정하면 일찍 늙는다는 말이 있다. 나는 그야말로 평안한 마음으로 살기 때문에 나이 먹을수록 젊어 보이는 것이다.

여기서는 주어를 조건 부사절로, 목적어를 주어로 옮겼다. 이와 같이 중국어의 사동구문은 구조를 바꾸어 옮겨야 한다.

### 2.5.5 관형어와 부사어 등도 변환 대상이다

때로 관형어를 그대로 직역하는 것보다는 다른 성분으로 바꾸어 옮기는 것이 자연스러운 경우가 있다.

(47) 农民的生活水平有了很大的提高.
　　 ⓧ 농민의 생활 수준에 매우 큰 향상이 있었다.
　　 ⇨ 농민들의 생활이 크게 향상되었다.
(48) 房顶上盖着一层厚厚的雪.
　　 ⓧ 지붕 위에 수북한 눈이 덮여 있다.
　　 ⇨ 지붕 위에 눈이 수북이 쌓여 있다.

초급 과정에서는 대개 'ⓧ'처럼 번역하며, 그것이 옳은 것으로 생각한다. 이제는 이런 고정관념에서 벗어나야 한다.

때로는 부사어를 문장의 중심 술어로 변환하는 것이 자연스러울 수 있다. 주로 원문의 서술 중점이 부사어에 있을 때 그러한데, 이렇게 처리하면 글도 훨씬 더 부드러워진다.

 (49) 他头一回当着我红了脸⋯⋯. (최기천, 1988:467)
   ⊠ 그는 <u>처음으로</u> 내 앞에서 얼굴을 붉혔다.
   ⇨ 그가 내 앞에서 얼굴을 붉히기는 <u>이번이 처음이다</u>.

원문에서 제일 중요한 정보는 그 여자가 내 앞에서 얼굴을 붉힌 것(화를 낸 것)이 '이번이 처음'이라는 것이다. 이러한 의미를 제대로 옮겨 주기 위해서는 '头一回'를 그대로 부사어로 옮기기보다는 중심 술어로 옮기는 것이 낫다. 우리말에서는 부사 '처음으로'보다 '이번이 처음이다'가 훨씬 더 구체적이고 강한 의미 전달력을 가지고 있어서 읽는 이에게 강한 인상을 남기기 때문이다.14)

이제까지 얘기한 바와 같이 이렇게 본래 문장의 구조를 파괴하여 옮겨야 하는 경우가 있다. 원문의 구조를 그대로 보존해야 한다는 그동안의 고정 관념을 과감히 깰 필요가 있다.

## 2.6 뒤집기: 의미를 뒤집어 표현해 보자

중국어와 우리말은 그 표현 방식에 차이가 있는 경우가 많다. 그래서 때로 원문을 직역해서는 원래 의미를 제대로 전달할 수 없으므로 우리말 표현 방식에 맞게

---

14) 2.1.2에서 말한 바 있는, 복문에서 핵심 정보와 보충 성분 사이의 어순 문제와도 관련이 있다.

조정을 가해야 한다. 여기에서는 원문의 의미를 반대로 뒤집어서 표현하는 방식을 소개하기로 한다.15)

### 2.6.1 부정적 표현을 긍정적 표현으로 간결하게 옮긴다

부정을 곧이곧대로 부정적 표현으로 옮기지 말고 때로는 부정의 뉘앙스만 남기고 문장은 긍정적 표현으로 옮기는 것이 나을 때가 있다.

> (50) 他不很爱说话, 别人问了才回答.
> ⊠ 그는 말하기를 그다지 좋아하는 것은 아니어서, 다른 사람이 물어야 비로소 대답한다.
> ⇨ 그는 말하기를 썩 즐겨하는 편이 아니어서 남이 말을 걸어야 응답을 한다.
> ⇨ 그는 과묵한 편이어서 남이 말을 걸어야 입을 연다.

'他不很爱说话'를 곧이곧대로 옮기면 '그는 말하기를 그다지 좋아하지 않다'가 되는데, 사실 너무 장황하다. 이것보다는 위의 두 번째 번역처럼 '그는 말하기를 썩 즐겨하는 편이 아니다'가 낫고, 이것보다는 세 번째처럼 뒤집어서 '그는 과묵한 편이다'로 옮기는 것이 훨씬 간결하고 우리말답다. 이와 같이 뒤집기를 잘 하면 번역문이 보다 간결하고 자연스럽게 변한다는 것을 알 수 있다.

> (51) 小明: 哎呀! 是你呀! 我们有五年没见了吧?
> 이야! 너구나! 우리 5년만에 만나는 거지?
> 玛丽: 是啊! 五年了, 你一点儿都没变, 还是原来的样子.
> 맞아, 5년만이야! 너 여전히 옛날 모습인게 하나도 안 변했구나.

---

15) '뒤집기'란 말은 안정효의 《번역의 테크닉》에서 힌트를 얻은 것이다. 예를 들어 'Wake up!'을 '깨어나!'가 아니라 '졸지 마!'로 옮기는 것이다.(안정효, 1996:114)

원문 그대로 하면 '안 만난지 5년 된다'이다. 이것보다는 위와 같이 '5년만에 만난다'로 뒤집어 옮기는 것이 우리말답다.

> (52) 小　马: 以前我们出生入死都不怕. 难道现在会怕阿成吗?
>         옛날 우린 죽든 살든 겁나는 게 없었지. 그런데 이제 아
>         청이 무섭다는 거야?
>     宋子豪: 你不要逼我. 我不会再干了. 以前的事, 全都过去了.
>         강요하지마. 이제 안 할 거야. 다 지나가버린 과거의 일
>         이야.
>     小　马: 没过去. <u>我还没有死呢</u>. ≪英雄本色I≫
>         아니야. 내가 아직 이렇게 <u>시퍼렇게 살아 있는데</u>.

"我还没有死呢"를 '내가 아직 죽지 않았는데'로 직역할 수 있겠지만 역시 위와 같이 '내가 아직 이렇게 시퍼렇게 살아 있는데'로 옮기는 것이 훨씬 강렬하고 생동감이 있다.

### 2.6.2 긍정적 표현을 부정적 표현으로 뒤집어 옮긴다

다음은 15세 소녀가 엄마와 하는 이야기다.

> (53) "该饿了吧, 去吃饭吧."
>     "不, 妈妈. 我什么也不想吃. 请你把你和爸爸的事告诉我吧, <u>我都这么大了</u>."
>     "배 고프겠구나. 가서 밥 먹으렴."
>     "아니야, 엄마. 나 아무 것도 먹고 싶지 않아요. 그보다 엄마 아빠 일에 대해 말해 주세요. <u>저도 이젠 어린애가 아니잖아요</u>."

"我都这么大了"는 '저는 벌써 이렇게 컸단 말예요'로 옮기는 것보다 '저도 이제 어린애가 아니잖아요'로 옮기는 것이 우리의 표현 습관에 잘 들어 맞고, 또한 원문

이 나타내는 강렬한 요구의 의미가 더 실감나게 느껴진다.

> (54) 人们常说, "小孩子没有理解能力." 但我却对此表示怀疑.
> ⓧ 사람들은 흔히 "애들은 이해력이 없다"고들 말하지만, 나는 그 생각에 <u>의심을 품고 있다</u>.
> ⇨ 사람들은 흔히 "애들은 이해력이 없다"고들 말하지만, 나는 그 생각에 <u>동의하지 않는다</u>.

'怀疑'를 의미 그대로 '의심을 품다'고 옮기는 것은 아무래도 글말투의 어색함을 가릴 수 없다. 이보다는 반대로 뒤집어서 '동의하지 않는다'로 옮기는 것이 훨씬 자연스럽게 느껴진다.16)

이와 같이 긍정문을 부정적 표현을 써서 옮기는 것도 뒤집기 번역이라고 할 수 있다.

### 2.6.3 이런 것도 뒤집기에 속한다

'(只有)~, 才能~' 구문은 원문의 순서대로 옮길 수도 있지만 때로 순서와 표현 방식을 바꾸어 옮기는 것이 더 나은 경우가 많다. 예를 들어보자.

> (55) <u>只有他来</u>[1], <u>才能解决这个问题</u>[2].
> a. 오직 그가 와야만이[1] 이 문제를 해결할 수 있다[2].
> b. 이 문제를 해결하려면[2] 그가 와야만 한다[1].

보통은 (55a)처럼 옮기는데, 물론 오역이라고 할 수는 없다. 그러나 강조점이

---

16) 이렇게 하면 '表示怀疑'가 가지고 있던 '완곡하게 표현하고자 하는 의도'가 사라지게 된다. 그럼에도 직설적으로 '동의하지 않는다'로 옮기는 것이 낫다고 생각하는 까닭은 번역된 우리말의 자연스러움을 최대한 살려야 한다고 보았기 때문이다.

"只有他来"에 있다는 것을 고려할 때 (55b)처럼 옮길 수도 있다는 것을 알아야 한다. 이렇게 옮기는 것은 2.1의 순서 바꿔 옮기기로 볼 수도 있지만, 전제-결과 구문을 가정문으로 옮겼다는 면에서 뒤집어 옮기기의 하나로 보았다.

다음은 이러한 뒤집어 옮기기의 필요성을 보다 명확하게 보여주는 예이다.


(56) 办什么事[0]都不能凭主观想像[1], 要符合实际[2], <u>才能达到目标[3]</u>.
　　 a. 무슨 일을 하든[0] 주관적인 상상에 의거하지 말고[1] 현실에 부합되어야[2] 목표를 달성할 수 있다[3].
　　 b. 무슨 일을 하든[0] 그 목표를 달성하려면[3] 현실에 부합되어야지[2] 주관적인 상상에 근거하여 해서는 안 된다[1].


이 문장의 핵심 의미는, '不能凭主观想像, 要符合实际'이다. 이것이 전제되어야 '达到目标'할 수 있다는 것이다. 이러한 의미까지 고려한다면 (56a)보다는 (56b)와 같이 뒤집어 옮기는 것이 더 정확하다.

이제까지 구조가 아니라 단어의 의미를 뒤집어 옮기는 방식에 대해 살펴보았다. 표현이 복잡하고 어려운 경우 이런 뒤집기 번역이 유용한 경우가 예상외로 많다. 그래서 번역이 안 될 때는 한 번쯤 뒤집어 보는 습성을 키우는 것이 좋다. 사전에 주어진 의미를 그대로 적용하여 옮겨야 한다는 그 동안의 고정 관념을 과감히 깰 필요가 있음을 알 수 있다.


# 3. 맺음말

이제까지 중국어를 바르고 자연스럽게 옮기는 데 적용될 수 있는 기법에 대해 알아보았다. 본고에서는 다음과 같이 6가지를 제시하고, 구체적인 예를 통하여 그 것의 설정 근거를 보였다.

> (57) 중한 번역의 6가지 기법 [=(2)]
> ① 순서 바꾸기 ② 더하기 ③ 빼기
> ④ 나누기 ⑤ 틀 바꾸기 ⑥ 뒤집기

이 기법들은 중국어와 한국어 문법에 대한 대비 분석과 기존의 번역물에 대한 검토를 통하여 도출된 것이다. 아직 완결된 것은 아니지만, 어휘나 문화와 같이 글의 내용과 관련된 부분을 제외한다면, 중한 번역에 적용되어야 하는 기법은 대체로 이 여섯 가지를 넘지 않을 것으로 조심스럽게 생각해 본다.

이 기법들은 어쨌든 그 동안 우리가 중한 번역에 대해 가지고 있던 선입견과 고정 관념을 깰 것을 요구한다. 문장의 표면 구조에만 매달려서는 성공적인 중한 번역이 불가능하다. 가급적 의미 파악에 초점을 두고 그것을 정확하고 자연스러운 우리말로 옮기도록 노력해야 한다는 것이다. 이때 필요한 것이 우리말에 대한 능력이다. 우리말 능력은 중국어 능력 이상으로 중요하다. 우리말 능력이 뛰어난 사람은 감히 허술하게 번역할 생각을 하지 못한다. 스스로 보아서 번역문이 정확하고 자연스럽지 못하면 바로 번역에 문제가 있는 것이라는 사실을 아는 번역자라면 더더욱 그러하다. 그러므로 번역에 종사하는 이는 평소에 중국어에 대한 관심 못지 않게 우리말 능력 향상에도 힘써야 한다.

이 기법들은 단지 중한 번역에만 유용한 것이 아니다. 중국어 작문, 즉 한중 번역에도 적용될 수 있다. 이에 대해서는 다른 글에서 논의하기로 한다.

# 제11장
# 중한 사전의 뜻풀이와 용례분석

## 1. 들머리

본고는 우리나라 중국학계의 번역 수준을 가늠할 수 있는 것이 중한 사전이라는 인식 하에 중한 사전에 실린 표제어의 뜻풀이와 용례의 번역에서 보이는 오류의 양상과 유형을 관찰하고 기술하는 것을 목적으로 한다.

우리는 자칭 '금세기 최대의 30여만 어휘를 수록'하고 있으며 '신뢰도와 충실성에서 단연 세계 제일을 자랑하는' 중국어 번역 사전을 가지고 있다. 이 사전이 출판됨으로써 우리의 중국어 문헌 번역의 수준이 한 단계 올라갔다는 것은 누구도 부정할 수 없는 사실이다.

그런데 이 사전이 신뢰도와 충실성에서 의심을 받고 있다는 데서 문제가 야기된다. 주지하는 바와 같이 표제어와 용례를 살펴보면 뜻풀이와 번역에서 적지 않은 오류가 발견되고 있다. 예를 들면 '基本价格(최저 가격)을 '기본 가격'으로, '基本建设(기간 산업의 건설)을 '기본 건설'로 옮긴 것으로부터 시작하여, '수세에서 공세로 전환하다'라는 긍정적인 의미를 지닌 '反客为主'를 '주객(主客)이 전도되다. 본말

(本末)이 전도되다'와 같이 부정적인 뜻으로 옮기는 등 다양한 오역의 양상을 보이고 있다. 이런 것들이 곧바로 중한 번역 과정에서 오역으로 이어질 것임은 불을 보듯 뻔한 일이다.

이것은 이미 대부분의 중국학 전공자들이 느끼고 있는 사실이다. 하지만 직접 자료를 수집 분석하고, 그것을 바탕으로 문제점들을 정리하여 제시한 글은 아직 없는 것으로 보인다.

중한 사전에 대한 논의로는 최영애(1987), 정헌철(1995), 이상도(1998), 송인성(1999)가 있다. 최영애(1987)에서는 고대부터 현재까지 중국 사전의 편찬에 관한 역사를 개략적으로 훑어 본 것이다. 사전의 풀이에 관한 고찰은 애초부터 이 글의 목적이 아니었다. 해방 이후 한국에서 출판된 사전의 변천 과정을 조목조목 살펴 본 것은 정헌철(1995)가 처음인 것으로 생각된다. 다만 시기적으로 고려대출판부의 ≪中韩大辞典≫(1995)이 출판되기 직전까지의 사전만을 다루고 있으며, 또한 사전의 내용보다는 체제에 대한 언급이 주를 이루고 있다는 한계가 있다. 이상도(1998)에서는 사전 속의 표제자만을 검토 대상으로 하고 있다. 표제자를 어떻게 나누고 배치할 것인가에 대해 따져보는 것이 이 글의 주된 내용이다. 송인성(1999)에서는 고려대출판부와 진명출판사에서 나온 중형 중한 사전을 비교 검토하고 있다. 특정 분야에 대한 깊이 있는 분석보다는 사전 편찬과 관련된 여러 가지 사항에 대해 문제 제기를 하는 것이 이 논문의 목적이다. 이런 면에서 볼 때 중한 사전의 내용을 언어학적인 관점에서 분석하는 것은 본 논문이 최초가 될 것으로 생각한다.

본고에서는 ≪中韩大辞典≫(고려대출판부, 1995)을 검토 대상으로 삼았다. 이 책이 최근에 출판된 것 중 표제어와 용례를 가장 많이 수록하고 있으며 중국학계에서 그만큼 큰 영향력을 발휘하고 있기 때문이다. 필자는 이 사전과 ≪现代汉语词典≫(1996 수정판)의 표제어와 용례를 서로 대조하면서 문제가 있는 사례를 수집하였고, 이것을 유형별로 나누어 검토하였다. 단, 본고는 어디까지나 번역의 관점에서 사전을 검토한 것이므로, 용례의 수집 및 선택이나 표제자에서 동음이의어의 구분 문제와 같이 뜻풀이와 번역의 이전 단계에 속하는 사항은 다루지 않았다.[1]

## 2. 표제어 뜻풀이 오류의 여러 가지 양상

번역을 하다가 막히면 사전을 찾게 되는데 그때 가장 먼저 보게 되는 것이 표제어의 뜻풀이다.[2] 뜻풀이가 갖추어야 할 조건으로 두 가지가 있다. 첫째로 정확해야 하며, 둘째로 표제어보다 쉬워야 한다.

≪중한대사전≫(앞으로 ≪중한≫으로 줄여 씀)을 보면 이 조건을 지키고 않고 있는 부분이 적지 않게 보인다. 이 장에서는 표제어의 뜻풀이와 관련된 오류의 유형과 사례를 구체적으로 살펴보기로 한다.

### 2.1 중국어에 대한 이해와 관련된 문제들

#### 2.1.1 뜻풀이가 잘못 되어 있는 경우

우선 표제어의 뜻풀이가 잘못되어 있는 경우가 적지 않다. 예를 들면 '접대하다'

---

1) 사전 앞 부분의 100쪽 정도를 집중적으로 검토하였으며, 아울러 평소 사전을 참조하면서 발견한 사례를 논의에 포함시켰다. 사전 전체를 샅샅이 살펴본 것이 아니기 때문에 사전이 지닌 문제를 남김없이 드러내지는 못하겠지만 반드시 거론해야 할 핵심적인 문제들은 대개 다루었다고 생각한다.
2) 표제어란 다른 말로 풀이(definition)되기 위해 사전에 수록된 어휘를 말한다. 본고에서는 표제자와 더불어 풀이되기 위해 등재된 단어와 관용어, 끝줄임말(歇後语), 속담 등과 같은 모든 것을 포함한다.

의 뜻을 지닌 '招待'를 '초청하다, 초대하다'로 풀이하고 있다. 중국어의 '招待'가 우리말의 한자어인 초대(招待)와 뜻이 다르다는 것을 인식하지 못하고 우리말의 의미대로 풀이한 데서 기인한 오류이다.3) 이른바 우리말 한자어의 간섭(interference)으로 인해 일어난 오류라고 하겠다.4)

    (1) '深刻'     ①  심각하다. ② 깊다.
                    ⇨ ① 깊이가 있다. ② 깊다, (느낌이) 절절하다.
    (2) '劳神'     ① 근심하다, 걱정하다.
                    ⇨ ① 신경을 쓰다
    (3) '反客为主' ① (성) 주객(主客)이 전도되다, 본말(本末)이 전도되다.
                    ⇨ ① 수세에서 공세로 바뀌다.
    (4) '行若无事' ① 아무 일도 없는 것처럼 행동하다.
                    ⇨ ① 침착하다. ② (나쁜 짓을) 제멋대로 하다.

(1-4)의 표제어는 중국어를 모르는 이가 볼 때 아주 그럴 듯하게 풀이되어 있다. 그래서 중국어 학습자들이 이러한 풀이에 잘못이 있으리라고 생각할 가능성은 거의 없어 보인다. 이것은 자연스럽게 오역으로 이어진다. 실제 '深刻'를 '심각한'으로 옮기거나 '심각한 문제'를 '深刻的问题'로 작문을 하는 학생들을 우리 주위에서 얼마든지 발견할 수 있다.5) 잘못된 뜻풀이가 용례의 번역에 영향을 미치는 상황에 대

---

3) '초청하다'라는 뜻으로는 '邀请'을 쓴다. '招待'에 대한 두 번째 뜻풀이가 '접대하다. 봉사하다. 환대하다'로 되어 있는데, 여기에서도 '봉사하다'는 원래의 의미와 거리가 멀고, '환대하다'는 '款待'에나 맞는 뜻풀이이다.
4) 표제어의 뜻풀이나 용례의 번역에 대한 필자의 생각은 ⇨으로 표시할 것이다. 이것은 어디까지나 문제가 있는 뜻풀이와 번역보다 더 정확하고 자연스럽다는 것이지 그것이 가장 이상적인 뜻풀이이고 번역이라는 것을 의미하지는 않는다.
5) '심각하다'에 해당하는 중국어는 '严重'이다. '问题很严重', '严重的问题'가 중국어다운 표현이다. 참고로 '深刻'와 '问题'는 다음과 같이 함께 쓰이는 단어가 다르다.
   a. 深刻的{内容, 思想, 想法, 道理, 含义, ……}

해서는 3장에서 다룰 것이다.

## 2.1.2 뜻풀이가 불완전한 경우

뜻풀이가 완전히 잘못된 것은 아니지만, 필요한 만큼 충분하고 적절히 제시되지 않은 경우도 있다. 예를 들어 '发表'를 보면, ≪現代汉语词典≫(앞으로는 ≪词典≫으로 줄여 씀)에서는 '발표하다'와 '게재하다'를 두 개의 의미항목으로 나누어 등재하고 있는데,6) ≪중한≫에서는 '발표(하다), 공표(하다), 게재(하다)'와 같이 하나로 묶어서 제시하는 동시에 '글이나 논문을 신문에 게재하다'라는 뜻의 '发表文章'을 '문장을 발표하다'라고 잘못 번역하고 있다.7) 원래의 의미를 명확히 파악하여 적절히 의미 항목을 나누지 않은 데서 기인한 오류이다.

'发展'도 이와 유사한 경우에 속한다. ≪词典≫에서는 자동사 '발전하다'와 타동사 '발전시키다, 확충하다'와 같이 두 개의 항목으로 나누어 풀이하고 있는데, ≪중한≫에서는 자동사 '발전(하다), 확대(하다)'만을 뜻풀이로 제시하고 있다. 그러면서도 정작 용례로는 '发展重工业'(중공업을 발전시키다)와 같이 타동사로 쓰인 것을 제시하고 있다. 표제어의 의미 분석이 충분히 진행되지 않았으며, 표제어와 용례도 서로 일치하지 않았다.

물론 ≪词典≫의 뜻풀이도 우리의 관점에서 볼 때 보완해야 할 사항이 있다. 예를 들어 ≪词典≫에 실린 '发展'의 용례 중에 우리의 눈길을 끄는 것이 있다.

(5)　事态还在发展. (≪词典≫)

---

　　b. {严重, 重要, 复杂, 简单, 新鲜, 荒唐, ……}的问题
6) ① 向集体或社会表达(意见). ② 在刊物上登载(文章, 绘画, 歌曲等).
7) 그러므로 학술토론회에서 논문을 발표하는 것을 '发表文章'이나 '发表论文'이라고 하는 것은 적절치 않다. 이 때는 '宣读论文'이라고 해야 한다.

??사태가 여전히 발전하고 있다.

우리말의 '사태'는 부정적인 뉘앙스를 지니고 있다. 그래서 '사태가 악화되고 있다'고 하지 '사태가 발전하고 있다'고는 말하지 않는다. 중국어의 '事态'도 부정적인 뉘앙스를 지니고 있다.8) 그런데 중국어에서는 '事态'와 '发展'이 함께 쓰일 수 있다. 그렇다면 '发展'의 뜻풀이에 '악화되다'라는 의미항목을 더 설정할 수 있을 것이다. 중국인을 위한 사전에서는 필요 없다고 하더라도 한국인을 위한 사전에서는 '发展'이 부정적인 상황의 진전에도 쓰일 수 있음을 알려줘야 하기 때문이다. (5)는 다음과 같이 번역해야 한다.

⇨ 사태가 여전히 악화일로에 있다.

우리가 자주 사용하는 '麻烦'도 중한 사전의 풀이에서는 이 단어가 지니고 있는 풍부한 함의를 살려내지 못하고 있다.

  (6) '麻烦' ≪중한≫
    ① 귀찮다. 성가시다. 번거롭다.
    ② 귀찮게(번거롭게)하다. 성가시게 굴다. 부담을 주다. 폐를 끼치다.

'귀찮다'는 '~를 하기 싫다'라는 주관적인 심리상태를 담고 있는 말이다. 그런데 ≪词典≫의 풀이를 따른다면 '麻烦'은 '烦琐(복잡하다, 거치적거리다)나 '费事(힘이 들다)라는 상대적으로 객관적인 상황을 지칭하고 있다.9) 그렇다면 '麻烦'은 '이것저

---

8) '事态': 局势;情况(多指坏的). (≪词典≫)
9) '麻烦': ① 烦琐;费事. ② 使人费事或增加负担. (≪词典≫)

것 걸리는 게 많다, 힘이 들다' 정도로 옮겨야 한다. 그래야 다음과 같은 문장도 적절히 번역할 수 있다.

(7) 这么多的东西搬动起来很麻烦.
　　 이렇게 많은 물건은 옮기자면 매우 <u>귀찮다</u>. (≪중한≫, '搬动')
　　 ⇨ 이렇게 많은 물건을 옮기려 하니 <u>성가신 일이 많다.</u>

### 2.1.3 불필요한 뜻풀이가 포함된 경우

주어진 표제어의 본래 의미와 거리가 멀거나 전혀 관련이 없는 뜻풀이까지 나열하는 경우도 많이 보인다. 예를 들면 '몸가짐'이라는 중립적인(neutral) 의미로 쓰이는 '操守'에 '(청렴 결백한) 자질・품행. 절조. 지조. 절개'라는 뜻까지 덧붙여 나열한 것이다. 다음도 역시 그러한 예이다.

(8) '巴巴'　　②<부> <u>특별히. 일부러. 모처럼. 대단히.</u>
(9) '本领'　　본성(本性). 본령(本领). 재능. 기량. 수완.
(10) '板上钉钉'　(일이) 이미 결정되어 변경할 수 없다. 확고 부동하다. <u>틀림없다. 한 치의 빈틈도 없다.</u>

우리는 '특별히. 일부러. 모처럼. 대단히'라는 네 개의 뜻이 서로 어떤 관련이 있어서 하나로 묶였는지 알 수 없다. '본성. 본령. 재능'도 그렇고, '(일이) 이미 결정되어 변경할 수 없다. 한 치의 빈틈도 없다'도 역시 그러하다.

이렇게 원래의 표제어와 관련이 없는 뜻까지 보태 넣으면, 어느 것이 정확한 의미인지 가려낼 수 없는 학습자들에게 오역의 실마리를 제공할 것이다.

결론적으로 말해서 뜻풀이는 첫째, 정확해야 하고, 둘째, 필요한 만큼 충분히 제시해야 하며, 셋째, 필요한 만큼만 제시해야 한다.

## 2.2 한국어에 대한 이해와 관련된 문제들

### 2.2.1 축자 번역

뜻을 우리말로 풀이하지 않고 해당 어휘의 우리말 한자음으로 대치한 것이 많다. '学生'이나 '政府'와 같은 것은 그렇게 해도 된다. '학생'이나 '정부'가 한국어 어휘에 있는 단어이기 때문이다. 그런데 그렇게 했을 때 이해에 지장을 주는 것들은 우리말 한자음으로 대치해서는 안 된다.

    (11) '白热化' 백열화(하다) ⇨ 최고조에 달하다
    (12) '半休' 반휴하다 ⇨ (직장에서) 반나절 일하고 반나절 쉬다
    (13) '笔耕' 필경하다 ⇨ (글을) 쓰다
    (14) '辟谷' 벽곡하다 ⇨ 곡기를 끊다
    (15) '倒卵形' 도란형 ⇨ 거꾸로 세워 놓은 계란 모양

뜻풀이는 표제어보다 쉬워야 하는 법인데 쉬워진 느낌이 전혀 들지 않는다. '백열화(하다)'나 '도란형'이란 말만 보고 그 뜻을 올바로 짐작할 수 있는 이는 거의 없을 것이다.

이와 같이 동어반복(tautology)식으로 중국어 단어의 글자를 소리만 바꾸어 옮기는 것을 번역(翻译)과 반역(叛逆)의 중간에 있다는 뜻에서 반역(半译)이라고 부르기도 한다. 이러한 반역은 특히 천체, 우주, 지구, 인체, 동물, 식물, 광물, 생리, 물리, 화학 등 전문 분야의 용어에서 많이 보인다. 이들 전문 용어는 거의 모두가 이렇게 우리말 한자어의 소리로 옮겼다고 보면 된다.

성실한 번역자라면 좀더 확실한 번역어를 찾기 위해 노력하겠지만, 그렇지 않은 경우라면 그대로 갖다 쓸 것이다. 이것은 곧 중국 문헌 '번역'에 대한 '반역'으로 귀결될 것이다.[10]

## 2.2.2 한국어 문장이 비문법적인 경우

표제어의 뜻풀이에 사용된 우리말 문장이 어색하거나 비문법적인 경우도 많이 보인다.

(16) '不見不散'
  <u>만나지 않으면 헤어지지 않다</u>. 만날 때까지 기다리다.[11]

원래 의미는 '만나기로 한 사람을 보기 전까지는 약속 장소를 떠나지 않는다'이다. 이것을 '만나지 않으면 헤어지지 않다'로 잘못 풀이하였다.

(17) '白茶'
  <u>발효하지도 비비지도</u> 않은 특종의 차.

자동사인 '발효하다'와 타동사인 '비비다'를 연결시킴으로써 주술 관계의 불일치라는 오류를 범하고 있는 예이다. 원래의 의미는 '발효시키거나 손으로 비비지 않는 특수한 기법으로 만든 차'이다.

(18) '半農半医'
  농사 지으며 의사 노릇을 하다. [1960년대 초기 농촌 의료 인력과 설비의 결핍을 개선하기 위하여 농민들 중 일부를 선발하여 의학 지식을 <u>배워주고</u> 농촌에 돌려보냈음.]

'배워주고'는 한국어 문법에 어긋나므로 '가르쳐 주고'로 고쳐야 한다.

이렇게 한국어 문법에 맞지 않는 문장은 용례의 번역 부분에 가면 수없이 많이

---

10) 이에 관한 사례는 박종한(2000)을 참조할 것.
11) '不…不…' 항목에 대한 용례로 제시된 '不見不散'도 역시 마찬가지로 번역되어 있다.

만날 수 있다.

## 3. 용례와 관련된 문제들

판사가 판결로 말하고 학자가 논문으로 말한다면, 사전은 용례로 말한다. '뜻풀이'가 주장이라면 '용례'는 그 논거가 되는 것이다.

따라서 용례는 그 뜻풀이를 지지하는 데 가장 적절한 것으로 선정하여 제시해야 한다. 그리고 선정된 용례는 최대한 정확하고 자연스럽게 우리말로 옮겨야 한다. 사전을 찾는 이들이 그 용례와 번역을 모범으로 삼아 번역이나 작문을 할 것이기 때문이다.

### 3.1 중국어에 대한 이해와 관련되는 오류

#### 3.1.1 어휘(I): 표제어의 축자 번역에서 기인하는 오류

앞에서 말했듯이, 표제어의 정확한 의미를 알아보지 않고 우리말 한자음으로 축자 번역함으로써 야기된 잘못된 뜻풀이는 당연히 용례의 번역에 영향을 미치게 된다.

'采用'이라는 단어를 보자. 이것을 ≪중한≫에서 '채용하다'로 옮기고 있는데, 언뜻 보면 '采用'이란 단어를 아주 정확하게 옮긴 것으로 보인다. 하지만 중국어의 '采用'과 우리말의 '채용하다'는 뜻이 전혀 다르다. 우리말의 '채용하다'는 [사람]에 대해서만 쓴다. 그런데 중국어의 '采用'은 사람이 아닌 무정(inanimate) 명사만을 목적어로 선택한다.12)

(19) a. 采用{技术·主张·手段·方法·教法·举手表决方式…}
{기술, 주장, 수단, 방법, 교수법, 거수 표결 방식…}을 <u>채택하다</u>
b. 那篇稿子已被编辑部采用了.
그 원고는 이미 편집부에서 <u>채택했다</u>.

(19)를 통하여 중국어의 '采用'은 '채용하다'가 아니라 '채택하다'로 풀이되어야 한다는 것을 알 수 있다. 그러므로 중한 사전의 뜻풀이는 수정되어야 하며, 용례에 대한 번역도 다음과 같이 고쳐 써야 한다.

(20) 采用新技术
새로운 기술을 채용하다.
⇨ 새로운 기술을 채택하다.

이러한 차이를 모르면 다음과 같이 심각한 오류가 발생할 수 있다.

(21) <u>采用人员</u>当然要根据标准来采择. ('采择')
<u>채용 인원</u>은 당연히 표준에 근거하여 뽑아야 한다.

(21)은 원문이 비문법적이다. 중국어에서 '人员'을 뽑을 때는 '采用'이 아니라 '录用'을 쓴다. 배우는 학생들의 작문이라면 몰라도 사전에서 이런 오류가 빚어지는 것은 용납하기 어려운 일이다. 또한 한국어 번역문도 비문법적이다. '채용 인원'은 '직원을 뽑을 때'이나 '인력을 고용할 때'으로 바꾸어야 한다. 한 가지 더 트집을 잡는다면 '采择'도 잘 쓰는 동사가 아니다. 이 문맥에서는 '选择'를 쓰는 것이 자연스럽다.

---

12) ≪现代汉语词典≫ 및 ≪现代汉语实词搭配词典≫ 참조.

반역으로 인해 빚어지는 번역상의 오류는 중한 사전에서 숱하게 보인다.

(22) 这篇文章内容深刻, 见解精辟.
　　이 문장은 내용이 심각하고, 견해가 치밀하다.
　　⇨ 이 글은 내용에 깊이가 있고 견해가 예리하다.
(23) 有意见尽量谈出来, 不要保留. ('保留')
　　의견이 있으면 다 털어놓으시오, 남겨 놓지 말고
　　⇨ 불만이 있으면 남김 없이 다 말하세요.
(24) 他整天为了生活去奔命. ('奔命')
　　그는 하루종일 생활을 위해 필사적으로 일을 한다.
　　⇨ 그는 생계 유지를 위해 하루종일 필사적으로 일을 한다.
(25) 那个创造新方法的工人, 今年不过二十岁. ('不过')
　　새로운 방법을 창조한 그 공인은 올해 스무 살에 불과하다.
　　⇨ 새로운 방법을 창안한 그 직원은 올해 스무 살에 불과하다.

(22)의 '深刻'는 '심각하다'가 아니라 '깊이가 있다'로 옮겨야 하고, (23)의 '意见'은 '의견'이 아니라 '불만'으로 옮겨야 하며, (24)의 '生活'는 이 문맥에서 '생계' 또는 '생계 유지'가 자연스럽고, (25)의 '创造'와 '工人'은 각각 '창안'과 '직공'으로 옮기는 것이 우리말답다.

이와 같은 오류는 대개 중국어 단어에 대한 우리말 한자어의 간섭을 떨쳐버리지 못한 데서 기인한다. 이것은 학교 강의를 통하여 학생들에게 전파되면서, 한국의 중국학계에서 중국어투 한국어라는 기이한 문체가 횡행하게 되는 데 한 몫을 하고 있다.

### 3.1.2 어휘(Ⅱ): 어휘 의미에 대한 이해 부족

3.1.1이 우리말 한자어가 중국어 어휘의 정확한 의미를 파악하는 데 간섭 현상을 일으킨 경우라면, 이제부터 이야기하려는 것은 용례에 쓰인 어휘의 의미에 대한 이

해 부족에서 발생하는 오류이다.

　　(26) 这碗茶你还喝不喝啊? ('啊')
　　　　이 차를 너는 또 마시겠니?
　　　　⇨ (마시던) 이 차를 계속 마실 거니?
　　　　⇨ (마시던) 이 차를 더 마실래? (더 따라줄까?)
　　　　⇨ 이 차도 마셔 볼래?

'또'는 반복을 의미하므로, 번역문의 의미는 같은 종류의 차를 한 잔 더 마시겠느냐고 묻는 것으로 된다. 그런데 '还'는 이 문맥에서 '계속'이나 '첨가'를 의미한다. 즉, 이 문장은 '마시고 있던 차를 계속 마시겠느냐'나 '이런 종류의 차도 마셔보겠느냐'는 뜻을 나타내는 것이다.

　　(27) 群众发动起来, 事情就好办了. ('办')
　　　　군중들이 움직이면 일은 처리하기 쉽다.
　　　　⇨ 대중을 동원하면 일 처리가 쉬워진다.

'发动'은 '시작하게 하다', '움직이게 하다'란 뜻의 사역동사이다. 이것을 주의하지 않음으로써 오역이 발생했다.

　　(28) 她躺到床上老是翻来夏去地睡不着, 不住地唉声叹气. ('唉声叹气')
　　　　그 여자는 침대에 누워서 줄곧 엎치락뒤치락 잠을 이루지 못하며 끊임없이 탄식을 했다.
　　　　⇨ 침대로 가서 누운 그녀는 연신 한숨을 쉬며 엎치락뒤치락 줄곧 잠을 이루지 못하였다.

(28)에서 밑줄 친 '到'는 장소 이동을 함의하고 있는데 번역문에서는 이를 무시하고 '在'의 의미로 옮겼다. 그리고, 3.2.1에서 언급할 내용이겠지만, 고지식한 직역

이 문장의 이해에 지장을 주고 있다는 점도 지적해야 한다. 수정한 번역문에서 알 수 있듯, 이렇게 긴 복문을 우리말로 옮길 때는 때로 문장의 구조와 순서를 적절히 바꾸어 옮겨야 정확하고도 자연스러운 한국어 문장이 된다.

> (29) 这张桌子搬开吧, 在这儿搁着碍事. ('碍事')
> 이 책상을 <u>옮겨라</u>, 여기 놓아두니까 거치적거린다.
> ⇨ 이 책상 <u>치우렴</u>, 여기에 두니까 거치적거리는구나.

'搬开'를 '옮기다'로 번역한 것이 적절한 것으로 보이지 않는다. 우선 '搬开'의 '开'는 특정한 이동 방향을 함의하지 않는 방향보어이다. 단지 원래 있던 자리에서 벗어나기만 하면 되지 어느 쪽으로 가는지에 대해서는 묻지 않는다. 그런데 '옮기다'는 '~로 옮기다'와 같이 대개 특정의 목적지를 상정한다. 그러므로 '搬开'에 대한 번역어로는 '옮기다'보다는 '치우다'가 더 적절하다.

### 3.1.3 중국어 문법에 대한 이해 부족

중국어 문법에 대한 이해 부족에서 기인하는 오역의 사례도 만만치 않게 존재한다.

> (30) 人家一个大老实人, 都这么有胆气, 我们就草包? ('草包')
> 남들은 얌전하면서<u>도</u> <u>다</u> 이렇게 담력이 큰데, 우리들만이 겁장이인가요?
> ⇨ 평상시 양처럼 순한 그 사람조차도 이렇게 대담하게 나서는데 우리가 이렇게 변변찮게 굴어서야 되겠어요?13)

---

13) 이 용례가 쓰였던 글의 흐름을 알 수 있다면 더 자연스럽게 옮길 수 있을 것이다. 이런 경우 앞뒤 문맥을 확인할 수 있도록 그 출전을 함께 써 주면 좋을 것이다. 또 다른 방법은 용례를 가급적 특정 문맥의 도움 없이 의미를 이해할 수 있는 것으로 선정하는 것이다.

이 문장의 주어인 '人家一个大老实人'은 단수이다. '人家'와 '一个大老实人'이 동격이기 때문이다. 그리하여 '都'는 복수 주어 뒤에 쓰이는 '都'가 아니라 강조를 나타내는 '连…都~'의 '都'이다. 이것을 '남들은…다'로 오역했는데, '一个'를 왜 눈여겨 보지 않았는지 이해가 되지 않는다.

(31) 哎, 我倒有个办法, 你们大家看行不行? ('哎')
참, 내게 방법이 있는데 너희들 <u>보기</u>에 어떠니?
⇨ 참, 나한테 좋은 생각이 있는데, 쓸만한지 어떤지 좀 <u>볼래</u>?

(31)의 용례는 청유문이므로 '看'이라는 동작은 아직 발생하지 않았다. 그런데 사전의 번역문에서는 '너희들 보기에'와 같이 이미 완결된 사건으로 옮겼다. 명백한 오역이다. 이른바 상(aspect)이라는 문법 범주에 대한 이해 부족에서 기인한 오역이다.

(32) <u>让</u>我来跟你做个伴儿吧. ('伴')
내가 너의 짝이 <u>되도록 해</u> 달라.
⇨ 내가 너의 짝이 <u>되어줄게</u>.

이 문맥에서 '让'은 영어의 let에 해당하는 것으로 상대방에게 자신의 의지를 완곡하게 표현할 때 쓰인다. 이 '让'은 '让他走'(그 사람 보내 줘)의 '让'과 쓰임이 다르다.14) 또한 행동 주체(Agent)인 주어의 의지를 부각시키기 위해 '来'가 함께 쓰이고 있음도 알고 있어야 정확한 번역이 가능하다.

(33) 我叫家务<u>缠住</u>, 老没能来. ('缠住')
나는 가사에 <u>매달려</u> 여지껏 올 수가 없었습니다.

---

14) "让他走."는 주어를 넣어서 "你让他走."와 같이 말할 수 있지만, (32)의 경우에는 대단히 부자연스럽다.

⇨ 집안 일에 매여서 한시도 올 틈이 없었어.

'叫'는 피동을 나타내는 전치사이다. 이것을 무시하다 보니 위와 같이 능동형으로 번역되고 말았다.

(34) 晚上没睡好, 白天老是打盹儿. ('打盹儿')
　　　밤에 잠을 푹 자지 않으면 낮에 졸게 마련이다.
　　　⇨ 밤에 푹 자지 못해서 낮에 줄곧 졸고 있다.

사전에서는 'A이면 누구든 B다'라는 식의 조건문으로 옮겼다. 이것은 시제에 관계없이 항상 참(true)이라는 의미를 지니고 있다. 그런데 '没'로 미루어 볼 때 이 용례는 특정의 주체에 의해 이미 행해졌던 특정의 사건을 나타낸다. 역시 명백한 오역이다.

(35) 两个汉子个儿一样高, 年纪也挨肩儿. ('挨肩儿')
　　　두 청년은 키도 똑같이 크고 나이도 비슷하다.
　　　⇨ 두 남자는 키도 같고 나이도 비슷하다.

여기에 쓰인 '高'는 '低, 矮'와 반대되는 의미의 '크다, 높다'가 아니라 중립적인 '크기, 높이'란 뜻이다. '你有多重?'(몸무게가 얼마죠?)을 '당신은 얼마나 무거우세요?'라고 번역하지 않는 것과 같은 이치이다.

사실 이것들은 거의 기본적인 문법 사항에 속한다. 우리의 미성숙한 어학 연구 수준을 반영하는 것 같아 부끄러운 마음이 든다.

## 3.1.4 비문법적인 용례

용례는 무엇보다도 정확해야 한다. 표제어의 용법을 이해하는 데 도움이 될 뿐만 아니라 한국인이 중국어 작문을 할 때 믿고 의지하는 근거가 되기 때문이다. 예문의 문법성에 하자가 없으려면 가급적 한국인의 손으로 작문하지 말고 중국인이 쓴 모범적인 작품에서 수집해야 하며, 아울러 언어감각이 뛰어난 중국인을 통해 철저히 검증을 거쳐야 한다. 그렇지 않을 경우 오류가 발생할 가능성이 많다. 앞서 들었던 '采用'에 관한 예 이외에도 문법적으로 문제가 있는 중국어 문장이 가끔 눈에 띈다.

  (36) *到各处去见识见识. ('见识')
    각지를 돌아다니며 견문을 넓히다.

 이 문장은 비문이다. 일차적으로 '到各处去'가 의미상 말이 안 된다. '到各处' 뒤에는 보통 '走走' 같은 어구가 오는 것이 보통이다. 마침 ≪词典≫에는 '到各处走走, 见识见识也是好的.'(이곳저곳 다니면서 견문을 넓히는 것도 좋은 일이지)로 되어 있다.

  (37) *把他离开. ('离开')
    그를 멀리하다[떼어놓다]

 '离开'에는 [처치]의 의미가 없기 때문에 어느 경우에도 '把' 구문을 구성할 수 없다.
 화용론적인 측면에서 볼 때, 다음과 같은 문장도 비문에 속한다.

  (38) *好说! 你太夸奖了. ('好说')
    천만에요! 너무 치켜 세우시는군요!

 '好说'같은 말을 중국인들은 보통 두 번 말한다. 짝수가 되지 않으면 이가 빠진 듯 서운해 하는 것이 중국 사람들이다. 그러므로 ≪词典≫과 같이 "好说! 好说! 你

太夸奖了."(천만에요! 과찬이십니다)라고 해야 한다.

이 밖에 오자나 탈자 때문에 만들어진 비문도 보인다.

(39) *因为他为人正直, 所以<u>爱</u>到了大家的爱重. ('爱重')
그는 사람됨이 정직하여 사람들의 사랑과 중시를 받는다.
⇨ 그는 사람이 정직하기 때문에 사람들에게 사랑과 존경을 받았다.

(40) *我<u>容</u>残损的手掌, 摸索这广大的土地. ('残损')
나는 불구의 손바닥으로 이 광대한 토지를 탐색하였다.
⇨ 나는 상처 입은 손바닥으로 이 광활한 대지를 어루만졌다.

(41) *赶快打发<u>大</u>去请大夫. ('打发')
빨리 사람을 보내서 의사를 청해 오도록 해라.
⇨ 빨리 사람을 보내 의사를 모셔 오렴.

(42) *减少<u>层</u>次, <u>清</u>简人员. ('层次')
기구를 축소하고 인원을 줄임.
⇨ 결제 절차를 간소화하고 인원을 줄이다.

(43) *他的讲话不时被热烈的掌声<u>打断</u>. ('打断')
그의 말은 열렬한 박수 소리에 의해서 때때로 중단되었다.
⇨ 그의 연설은 열렬한 박수 소리에 종종 중단되었다.

'爱'는 '受'의 오자이고, '容'은 '用'의 오자이며, '大'는 '人'의 오자이고 '清'은 '精'의 오자이다. 그리고 (43)은 '打断'의 뒤에 조사 '了'를 써야 완전한 문장이 된다.

## 3.2 한국어에 대한 이해 부족에서 빚어진 오류

한국 사람이니까 한국어를 모두 정확하게 잘 구사할 것 같지만 꼭 그렇지는 않다는 것을 우리는 알고 있다.15) 말 잘한다는 정치인이나 라디오, TV 프로그램 진행자들이 '지금은 훨씬 나아진 <u>실정</u>입니다'를 연발할 때, 한국어를 정확히 사용하는 것이 그렇게 쉬운 일이 아님을 뼈저리게 느끼게 된다.

그러나 사전에서만큼은 이러저러한 핑계가 용납될 수 없다.

### 3.2.1 고지식한 직역의 오류

직역이란 원문의 배열 순서나 어구를 그대로 살려서 옮기는 것을 말한다. 용례의 번역을 살펴보면, 중한사전에서는 마치 직역을 원칙으로 하기로 의견의 일치를 본 것처럼 느껴진다. 이러한 직역이 꼭 필요한 경우도 있겠지만 대개의 경우 직역을 해서는 정확하고 자연스러운 한국어 문장을 만들어 내기가 어렵다는 것이 필자의 생각이다.16) 중한 번역서의 곳곳을 장식하고 있는 수많은 중국어투 한국어가 바로 이와 같은 고지식한 직역에서 비롯된다고 보는 것이다.

  (44) 他说中文虽然说得比较慢, 不过发音很清楚. ('不过')
    그는 중국어를 비록 비교적 천천히 말하지만 발음은 매우 분명하다.
    ⇨ 그는 중국어를 좀 느리게 말하기는 하지만 발음은 또렷하다.
  (45) 这是增产的一个具体步骤. ('步骤')
    이것이 증산의 구체적인 한 순서다.
    ⇨ 이것이 증산을 위한 구체적인 단계이다.17)

---

15) 어휘와 관련된 사항은 2장에서 언급한 것으로 충분할 것으로 보인다. 때로 다음과 같은 예가 나타나 웃음짓게 만들기도 한다.
 ⅰ) 自行车胎, 打气太多就绷了. ('绷')
  자전거의 타이어는 너무 많이 공기를 넣으면 <u>빵구</u>난다.
  ⇨ 자전거 타이어에 공기를 너무 많이 넣으면 <u>터진다</u>.
16) 필자는 지금 '번역'에 대해서 말하고 있다. 강독 시간의 해석과는 성격이 다르다. 직역과 의역에 관한 논의로는 박종한(2000: 30ff)을 참조할 것.
17) '增产'을 '생산을 증가시키다'로 풀어 쓸 수도 있을 것 같은데, 이렇게 하면 길이가 너무 길어지고, 또한 '증산'이란 말은 일상적으로 사용되는 말이므로, 그대로 써도 될 것 같다.

어구가 배열된 순서에 따라 하나하나 빠짐없이 정성껏 옮기고 있는, 전형적인 중국어투 한국어 문장이다. 이런 번역에서는 '比较'가 어김없이 '비교적'으로 번역된다.

다음과 같이 특정 어구를 직역한 예도 있다. 물론 두 개의 절을 순서대로 옮긴 것도 역시 직역을 해야겠다는 강박 관념에서 비롯된 것이라고 할 수 있다.18)

(46) 他说个没完, 别人半句话也插不进. ('插')
그는 말을 끝도 없이 해서 다른 사람이 반 마디도 끼어 들 수 없다.
⇨ 그는 다른 사람들에게 한 마디도 끼어 들 틈을 주지 않고 끊임없이 말을 늘어놓고 있다.

이와 같이 축자 번역을 하게 되면 마치 한문을 번역해 놓은 듯한 느낌을 주게 된다. 다음의 예에서 특히 '用来'를 빼놓지 않고 옮긴 모습을 보면 더욱 그러하다.

(47) 产业资本是用来生产商品的资本. ('产业资本')
산업자본이라 함은 그것을 가지고 상품을 생산하는 자본이다.
⇨ 산업자본이란 상품 생산에 쓰이는 자본을 말한다.

이렇게 직역에 의해 야기된 이상한 한국어 문장은 아주 많다.

(48) 他们备陈苦况呼吁外界同情. ('备陈')
그들은 어려운 형편을 상세히 말해서, 외부의 동정을 호소했다.
(49) 备明天的课. ('备课')
내일의 수업 준비를 하다.

---

18) 원문의 의미를 정확하게 옮기기 위해서는 두 절의 앞뒤 순서를 바꾸어야 한다는 것이 필자의 생각이다.(박종한, 1998c와 2000 참조)

'외부의 동정'은 '외부에 동정'으로, '내일의 수업 준비를 하다'는 '내일 수업을 준비하다'로 바꾸어야 할 것이다.

고지식한 직역은 대개 한국어에 대한 무관심과 한국인 독자에 대한 배려의 부족에서 일어난다.

### 3.2.2 한국어 문법에 대한 소양 부족

때로 한국어에 대한 소양 부족에서 비문법적인 문장이 만들어지기도 한다.

(50) 因为违章建筑, 房子被官扒了. ('扒房子')
   규칙에 위반하여 건축하였기 때문에, 가옥은 당국에 의해 허물어졌다.

이 예에서 '규칙에 위반하여'는 '규칙을 위반하여'가 맞다. 그리고 '허물어졌다'와 같이 피동문을 쓰는 것도 역시 한국어답지 않다. 이것은 다음의 a와 같이 고칠 수 있는데, 이것보다는 역시 주어 '그 집'을 앞으로 이동시키고 더 분명한 용어를 쓴 b가 더 한국어 문법에 맞는 것으로 보인다.

⇨ a. 불법으로 지었기 때문에 그 집은 행정 당국에서 허물어버렸다.
   b. 그 집은 불법건축물이기 때문에 행정 당국에서 허물어버렸다.

다음과 같이 무의식적으로 사용한 /-의/ 때문에 오역이 일어나기도 한다.

(51) 婚姻法保障了男女双方和下一代儿女的利益. ('保障')19)
   혼인법은 남녀 쌍방과 다음 대(代)의 자녀의 이익을 보장하고 있다.

---

19) 만약 이 예문이 혼인법에 관한 일반적인 진술이라면 '了'는 불필요하다.

'다음 대의 자녀'라면 남녀 쌍방의 자식의 자녀니까 결국 손자나 손녀가 된다. 원문의 뜻에서 한참 벗어난 것이다. 그리고 여기서 '保障'은 '보호하다'로 옮기는 것이 낫다.

⇨ 혼인법은 남녀 두 사람과 그 자녀의 이익을 보호하고 있다.

때로 우리말 단어의 용법에 대한 이해 부족으로 인한 오역도 눈에 띈다.

(52) 你一听说, 不用就蹭脑袋, 尽管办, 不要紧. ('蹭脑袋')
말을 들었다고 곧 그런 싫은 얼굴을 하지 말라, 서슴없이 하는 거야, 문제없어.

'서슴없이'는 보통 그 뒤에 '해치우다, 해버리다'의 뜻을 지닌 어구가 온다. 위와 같이 '서슴없이 하라'고 말하는 경우는 없다. 또한 '말을 들었다'는 '꾸지람을 들었다'로 이해되기 쉬우므로 '听说'의 뜻을 나타내기에 적절한 다른 말로 바꿔야 한다.

⇨ 그런 말을 전해들었다고 바로 얼굴 찌푸리지 말고 마음먹은 대로 해, 괜찮아.

어느 언어에나 반복하여 출현하는 성분을, 의미를 변화시키지 않는 범위 내에서 생략하는 규칙이 있다. 생략해야 할 것을 생략하지 않고 곧이곧대로 옮기면 번역문이 부자연스럽게 된다.

(53) 这个工厂开办时才五百工人, 现在已有几千工人了. ('才')
이 공장을 열었을 때는 겨우 500명의 직공이 있었는데, 지금은 몇 천명의 직공이 있다.

⇨ 이 공장을 처음 열 때에는 근로자가 겨우 500명이었는데, 지금은 벌써 몇 천명으로 늘어났다.

중복되는 어구를 생략하고 어순을 약간 조정한 뒤 '了'의 의미를 살려 놓으니, 비록 처음의 번역문보다 길이가 길어지기는 했지만 이해하기가 더 쉬워졌음을 느낄 수 있다.

3.2.3 화법에 맞지 않는 번역

화법에 맞지 않는 문장을 사용하는 것도 넓게 보면 문법의 문제로 볼 수 있다. 비록 문법적으로 옳고 그르고의 문제가 아니라 자연스러움의 문제이기는 하지만 말이다.

(54) 您找我哥哥呀? 他不在. ('不在')
　　 당신은 저의 형님을 찾으시는 가요? 그는 (집에) 없는데요.
(55) 你怎么才来就要走?
　　 너는 어째서 방금 왔다가 곧 가려고 하느냐?

집에 찾아온 손님에게 이렇게 말하는 사람이 있을지 의심스럽다.

⇨ 제 형님을 찾으세요? 지금 없습니다.
⇨ 너는 어떻게 오자마자 가려 하니?

감탄문을 평범한 진술문으로 옮긴 사례도 보인다.

(56) 材料还没备齐哪! ('备齐')
　　 재료가 아직 다 갖추어지지 않았다.
　　 ⇨ 자료가 다 준비되지 않았잖아!

다음에서는 원래 예문이 속해있던 글의 성격 때문이었는지 모르나 지금은 쓰지 않는 전근대적인 말투로 옮기고 있다.

(57) 一差半错的谁没有呢?
약간의 착오가 어느 누구에게 없으리오?
⇨ 그런 사소한 잘못이야 누군들 없겠니?

이제까지 표제어의 뜻풀이와 용례의 번역에 대해 살펴보았다. 지금까지 다룬 것들이 사소한 것 같지만 이런 것들이 하나 둘 모여서 사전의 신뢰도에 영향을 미치며, 나아가 중국 문헌 번역에 오역이라는 즐겁지 않은 상처를 남긴다.

이 밖에 번역의 관점에서 반드시 다루어야 할 것으로 고유명사 표기의 문제가 있다. 일반 대중 매체에서는 국립국어연구원의 연구를 바탕으로 한 외래어 표기 규정을 따르고 있고, 대부분의 중국학 연구자들도 중국어 원음을 존중하는 입장을 보이고 있지만, 중한 사전에서는 중국어 고유명사를 우리말 한자음으로 옮기고 있다. 이에 대해서는 따로 깊이 있는 토의가 있어야 할 것으로 생각한다.

## 4. 맺음말

이제까지 표제어의 뜻풀이와 용례의 번역에서 보이는 오류의 유형과 양상에 대해 살펴보았다.

오류가 발생하는 원인의 하나는 중국어 단어와 문장에 대한 이해가 부족하기 때문이고, 또 하나는 한국어에 대한 이해가 부족하기 때문이다.

그런데 이 중에서도 한국어에 대한 이해 부족에서 기인하는 오류가 훨씬 더 많고 문제도 심각하다. 표제어 및 용례와 관련된 대부분의 문제들은 한국어의 쓰임에 대해 고심하고 한국인 독자를 배려하는 마음이 있었다면 대개 피할 수 있었을 것이다. 이 연구를 통해 얻은 가장 큰 소득은, 중한 사전을 편찬하는 데 중국어 능력 이상으로 필요한 것이 한국어 능력이라는 사실을 다시 한 번 확인했다는 점이다.

≪중한대사전≫이 역작임에는 틀림없다. 많은 사람들이 이 사전을 통해 많은 도움을 받고 있다. 그리고 이 사전이 지닌 오류들은 1980-90년대의 시대적인 한계와 어학 연구 수준의 한계 등에서 기인한 어쩔 수 없는 것이었다고 생각한다.

하지만 이제는 사정이 많이 나아졌다. 어학 전공자들도 늘어났고, 자료 수집도 훨씬 용이해졌다. 현대문학작품은 인터넷 자료실에 들어가면 무궁무진하게 널려 있다. 이제부터라도 적절한 절차에 따라 차근차근 사례를 수집하고 정리하여 명실공히 신뢰도와 충실성에서 세계에 내놓을만한 사전을 만들 수 있도록 함께 힘을 모아야겠다.

비판하기는 쉽지만 만들기는 어렵다. 여러 가지로 어려웠던 시기에 사전 편찬 작업에 참여하여 한국의 중국학 연구의 수준을 한 단계 끌어올려 놓았던 많은 분들께 충심으로 감사드린다.

# 【참고 문헌】

권경원(1987), 전제와 함의 연구, 한신문화사.
김경학(1986), 통제와 문법 이론, 한신문화사.
김광해(1992), 국어 사전의 뜻풀이와 유의어, *새국어생활 2:1*.
김선희(1984), 합성동사의 의미 분석, *한글 183호*, 99-119.
김완진(1991), 한국에서의 외래어 문제, *새국어생활 1:4*, 국립국어연구원.
김윤진(1994), 불문학텍스트의 한국어 번역에 대한 연구, 서울대 박사학위 논문.
김정우(1994), 번역문체의 역사적 연구, 서울: 국립국어연구원.
──(1995), *Active English*(국어문화학교 번역반 교재), 서울: 국립국어연구원, 1995.
──(1996), 영어를 우리말처럼 우리말을 영어처럼, 창문사.
김종호(1994), 현대한어 부사에 관한 통사 의미론적 연구, 연세대 박사학위 논문.
김진우(1985), 언어-그 이론과 응용, 탑출판사.
김창섭(1992), 파생 접사의 뜻풀이, *새국어생활 2:1*.
남기심(1992), 표제어의 풀이와 표제어 설정의 문제, *새국어생활 2:1*.
──・이정민・이홍배(1985), 언어학 개론, 탑출판사.
**单耀海**(1992), '현대한어사전'과 '현대한어대사전', *새국어생활 2:4*, 국립국어연구원.
**大江孝南**(1993), 사전의 역할에 관해서, *새국어생활 3:4*, 국립국어연구원.
문교부(1986), 외래어 표기 용례집(지명・인명), 국어연구소.
박양규(1987), '보내오다'류의 유표적 복합동사들, *국어학16*, 459-486.
박종한(1990a), 명사구의 한정성과 중국어의 주제, 성심여대 논문집 22, 5-20.
──(1990b), "동사 '进行'의 문법적 특성과 기능," **鲁城崔完植先生颂寿论文集**.
──(1992a), "현대 중국어 동사 분류 연구사 소고," 중국언어연구 제2집, 37-70.
──(1992b), 현대 중국어 동사 '来'와 '去'의 문법적 특성, 성심여대 논문집 제24집, 33-50.
──(1993), 현대중국어 방향동사 '上, 下'의 통사 의미론적 연구, 중국문학 제21집, 315-343.
──(1994), 현대 중국어 동사 유의어의 분석 방법에 관한 연구, 서울대 박사학위 논문.
──(1995a), 현대중국어에서의 통제와 의미 해석, 중국문학 제24집, 433-453.
──(1995b), 현대중국어의 '전제'에 대하여, 가톨릭대학교 논문집, 67-90.
──(1997a), 인지문법에 의한 현대중국어 다의어 분석, 중국언어연구 제5집, 한국중국

언어학회, 325-359.
―――(1997b), 중한 번역에서 사전의 이용에 관한 몇 가지 의견, 중국문학 제28집, 331-346.
―――(1997c), 중한 번역에서 부딪치는 몇 가지 문제점: ≪사람아, 아, 사람아≫을 중심으로, 한국중국언어학회 하계논문발표회(1997. 8) 발표 원고.
―――(1998a), 중국어와 한국어의 문법적 특성 대조 연구, *Foreign Languages Education* (4)1, 1998년 봄호, 137-161, 한국외국어교육학회.
―――(1998b), 중한번역에서 부딪치는 몇 가지 문제, 중국언어연구 제6집.
―――(1998c), 중한 번역 기법의 모색, 중국어문학 32집, 영남중국어문학회.
―――(1999a), 중한 사전의 뜻풀이와 용례, 중국언어연구 제9집, 159-182.
―――(1999b), (很)[有NP] 구성의 어휘화에 대한 고찰, 중어중문학 제25집, 73-97. 한국중어중문학회.
―――(2000a), (很)[VP] 구성의 어휘적 특성에 대한 실증적 연구, 중국문학 제33집, 한국중국어문학회.
―――(2000b), 중국어 번역 테크닉, 중국어문화원(Sisa Education).
―――(2000c), 중국어 동사 유의어 연구 방법론, 중국도서문화중심.
―――·박덕준(1996), 한국어와 중국어에서 동사와 목적어의 의미 관계 대조 연구, 중국언어연구 제4집, 1-37.
백수진(1997), 중국어-한국어 번역의 이론과 실제(1), 중국어문학역총 제7집.
백은희(1989), 动宾离合动词에 대한 연구, 서울대 석사학위 논문.
서울대학교 대학원 국어연구회 편(1990), *국어 연구 어디까지 왔나*, 서울: 동아출판사.
성광수(1992), 문법 형태소의 뜻풀이, *새국어생활* 2:1.
송인성(1999), 중한 사전의 몇 가지 문제점과 개선 방안, 가톨릭대학교 중어중문학과 창립 20주년 기념 연합학술대회 발표 원고.
신효필(1990), HPSG를 기초로 한 한국어 동사의 하위 범주화, 언어학연구 제7호, 서울대 언어학과 석사논문.
심재기·이기용·이정민(1984), *의미론 서설*, 집문당.
안정효(1996), *번역의 테크닉*, 현암사.
양동휘(1989), *지배-결속 이론의 기초*, 신아사.
엄익상(1996), 중국어 한글 표기법의 문제점과 개선 방안, 중국언어연구 제4집, 39-84.
엄정식 편역(1983), *비트겐슈타인과 분석철학*, 서광사.
오문의(1996), 중한 번역의 양상과 그 규칙의 모색: 鲁迅 ≪伤逝≫의 번역문에 대한 분석, 중국언어연구 제4집, 85-112.
유영란(1991), 번역이란 무엇인가, 태학사.
──(1977), 동사 '오다' '가다'의 의미 분석, 말2, 139-160.
이기동 편저(1983), 언어와 인지, 한신문화사.
──(1984), 다의어와 의미의 일관성, 인문과학 52, 17-46, 연세대 인문과학연구소.
──(1992), 다의구분과 순서의 문제, 새국어생활 2:1, 55-71.
────· 김종도 역(1991), 인지문법, 한신문화사.
이기문(1992), 국어 사전의 어원표시에 대하여, 새국어생활 2:4.
이병근(1992), 사전 정의의 유형과 원칙, 새국어생활 2:1.
이상도(1998), 중국어 사전 표제자 수록 문제에 대하여, 중국언어연구 제6집.
이성하(1998), 문법화의 이해, 한국문화사.
이익섭(1986), 국어학개설, 서울: 학연사.
──(1997), 로마자 표기법의 성격, 새국어생활 7:2, 국립국어연구원.
────· 이상억 · 채완(1997), 한국의 언어, 서울: 신구문화사.
────· 임홍빈(1984), 국어문법론, 서울: 학연사.
이익환(1983), 현대의미론, 민음사.
──(1985), 의미론개론, 한신문화사.
──(1992), 국어 사전 뜻풀이와 용례, 새국어생활 2:1.
이정민·배영남(1987), 언어학사전, 박영사.
이지양(1998a), 국어의 융합 현상, 태학사
──(1998b), 문법화, 문법 연구와 자료, 801-818, 태학사.
이효상(1993), 담화 · 화용론적 언어 분석과 국어연구의 새 방향, '.
임동훈(1996a), 외래어 표기법의 원리와 실제, 새국어생활 6:4, 국립국어연구원.
──(1996b), 현대 국어 경어법 어미 '-시-'에 대한 연구, 서울대 박사학위 논문.
──(1997), 이중 주어문의 통사 구조, 한국문화 19, 31-66.
임지룡(1997), 인지의미론, 탑출판사
임홍빈(1989), 한국어 문법의 정의와 파싱(parsing), 자연언어처리의 기초연구, 한국과학재단, 103-186.
──(1995), 국어의 문법적 특징(국어문화학교 번역반 교재), 국립국어연구원.
──(1996), 외래어 표기의 역사, 새국어생활 6:4, 국립국어연구원.
장의원(1993), 중국어 번역 기초, 중국연변대학출판사/한국 도서출판 일중사.
전상범(1995), 형태론, 한신문화사.

진성기(1996), 불한 번역 대조 분석, 서울:어문학사.
전수태(1987), 「가다」, 「오다」의 의미연구, 한국언어문학 제24집, 51-83.
정재서(1991), 고전 번역의 역사적 전개, 세계와 나 1991년 3월호.
정춘희(1989), 원형범주론에 의한 어의연구, 충남대학교 박사학위논문.
───(1992), 인지언어학, 형설출판사.
─── 편역(1992), 인지언어학, 형설출판사.
정헌철(1995), 우리 중국어 사전의 회고와 전망, 중국어문논집 10(부산경남 중국어문학회)
정희원(1990), 한국어 내포문 통제 구문의 유형:HPSG를 중심으로, 언어학연구 9, (서울대 언어학과 석사논문).
천시권·김종택(1987), 국어 의미론(증보판), 형설출판사.
최규발(1995), 현대한어 결과보어의 의미지향 연구, 고려대 박사학위 논문.
최기천(1988), 중국어번역법, 연변/서울:학고방.
최영애(1987), 중국 사전의 사적 고찰, 성곡논총 18, 877-900.
하워드 베커 지음[이성용·이철우 옮김(1999)], 사회과학자의 글쓰기, 일신사.
허만길(1994), 한국 현대 국어 정책 연구, 국학자료원.
허성도(1986), 현대 중국어에 있어서의 부정접두정태동사 연구, 서울대 박사학위 논문.
───(1992a), 현대중국어어법연구, 도서출판 서울.
───(1992b), 한국어와 중국어의 대조 분석, 이중언어학회지 제9호 [허성도(1992b)에 실림. 372-390].
───(1997), 중국어 회화 문장 자료집(CD), 연강재단 지원.
─── ·박종한·오문의(1995), 중국어학개론, 한국방송통신대학교출판부.
홍재성(1987), 한국어 사전에서의 다의어 처리와 동형어 처리의 선택, 동방학지 54, 949-971.

贾彦德(1992), 汉语语义学, 北京大学出版社.
贾采珠(1990), 北京话儿化词典, 语文出版社.
耿 非(1983), 中性词与褒贬义, 中国语文 1983年 第5期, 396.
孔令达(1986), 动词性短语+动态调查'过'的考察, 安徽师大学报 1986年 第3期.
───(1986), 关於动态助词 '过'和 '过', 中国语文 1986年 第4期.
─── ·周国光·李向农(1993), 儿童动态助词过'习得情况的调查和分析, 语言文字应用 1993年 第4期.
国家对外汉语教学领导小组办公室汉语水平考试部(1992), 汉语水平词汇与汉字等级大纲,北京语言学院出版社.
兰宾汉(1988), 副词都的语义及其对後面动词的限制作用, *语言教学与研究* 1988年 第2期.
卢晓逸 외4인(1986), *初级口语*, 北京语言学院出版社.
段永华(1993), '很+VP'式句法语义之我见, *汉中师院学报* 1993年 第1期, 77-80.
马　真(1991), 普通话里的程度副词'很, 挺, 怪, 老', *汉语学习* 1991年 第2期, 8-13.
马庆株(1981), 时量宾语和动词的类, *中国语文* 1981.
———(1992), *汉语动词和动词性结构*, 北京语言学院出版社.
孟　琮 외 编(1987), *动词用法词典*, 上海辞书出版社.
———·郑怀德·孟庆海·蔡文兰 编(1987), *动词用法词典*, 上海辞书出版社.
关　崧(1992), 说'很'修饰各种词组, *江汉大学学报*, 32-39.
房玉清(1992a), 动态助词'了,着,过'的语义特徵及其用法比较, *汉语学习* 1992年 第1期.
———(1992b), *实用汉语语法*, 北京语言学院出版社.
白林·崔健(1991), *汉朝语对比和常见偏误分析*, 北京: 教育科学出版社.
范継淹(1985), 无定NP主语句, *中国语文* 1985年 第5期.
———·饶継庭(1964), 再谈动词结构前加程度修饰, *中国语文* 1964年 第2期.
范　晓(1985), 有关动词研究的几个问题, *句型和动词*, 274-282, 中国社会科学院语言研究所 现代汉语研究室 编(1985).
———(1992), 'VP主语句:兼论'N的V'作主语, *语法研究和探索 6*, 语文出版社, 176-189.
———·杜高印·陈光磊(1987), *汉语动词概述*, 上海教育出版社.
杉村博文(1983), '下,下来,下去'的引伸意义,
徐　杰(1985), ''都'类副词的总括对象及其隐现位序, *汉语学习* 1985年 第1期.
徐思益(1981), *描写语法学初探* 新疆人民出版社.
———(1988), 从空语类说开去, *语法研究和探索 4*, 320-330.
徐烈迥(1990), *语义学*, 北京:语文出版社.
石安石(1993), *语义论*, 北京:商务印书馆.
石佩雯 编(1986), *普通话朗读示范*, 香港:三联书店.
邵敬敏(1997), 论汉语语法的语义双向选择性原则, *中国语言学报* 第8期, 17-24.
宋玉柱(1983), 关於'着,了,过'的语法单位的性质问题, *语文学习* 1983年 第5期.
———(1991), 经历体存在句, *汉语学习* 1991年 第5期.
时卫国(1999a), '很'的三种用法, 日本中国语学会第49次全国大会口头发表要旨.
———(1999b), 论程度副词连用, *中国语学* 246, 日本中国语学会, 40-46.
申小龙(1996), 当代中国语法学的文化重逢, 중국언어연구 제4집, 113-134.

吕叔湘(1980), *现代汉语八百词*, 香港:三联书店分局.
王军虎(1988), 动词带'过'的把'字句, *中国语文* 1988年 第5期.
王　力(1989), *汉语语法史*, 商务印书馆.
王　蒙(1991), *中国当代作家选集丛书:王蒙*, 人民文鹤出版社.
王宗联(1993), 程度副词'很'与'最', *四川师范大学学报*, 75-78.
饶継庭(1961), '很'+动词结构, *中国语文* 1961年 8月号.
袁　晖(1992), 动词性宾语与相关句型的选用, *语法研究和探索 6*, 语文出版社.
刘　坚·江蓝生(1992), *近代汉语虚词研究*, 语文出版社.
刘月华(1980), 关於趋向补语'来', '去'的几个问题, 刘月华(1989)에 실림.
――(1983), *实用现代汉语语法*, 外语教育与研究出版社.(윤화중 외 역(1987), 현대중국어문법, 대한교과서주식회사.)
――(1988a), 趋向补语的语法意义. 刘月华(1989)에 실림.
――(1988b), 动态助词'过₁,过₂,了₁'用法比较, *语文研究* 1988年 第1期.(刘月华 1989에 실림.)
――(1989), *汉语语法论集*, 现代出版社.
李　明 等编(1990), *听和说*, 北京语言学院出版社.
李临定(1984), "究竟哪个'补哪个?", *汉语学习* 1984年 第2期.
――(1990), *现代汉语动词*, 中国社会科学出版社.
林书武(1994), 汉语"名词是名词"句, *语用研究论集*, 北京语言学院出版社, 214-218.
张　黎(1994), *文化的深层选择*, 中国:吉林教育出版社.
――(1997), 什么是意合语法, *汉语学习* 1997年 第1期, 58-61.
蒋国辉(1988), '来', '去'析, *求是学刊* 1988年 第6期 72-76.
张寿康·林杏光(1992), *现代汉语实词搭配词典*, 商务印书馆.
张爱民(1992), '有'字的意义与有字句式, *汉语研究论集* 第1辑, 语文出版社, 161-177.
蒋子龙(1989), *子午流注*, 中国青年出版社.
储泽祥·肖扬·曾庆香(1999), 通比性的'很'字结构, *世界汉语教学* 1999年 第1期, 36-44.
丁声树 等 저(1961[1980]), *现代汉语语法讲话*, 商务印书馆.
朱德熙(1982), *语法讲义*, 北京:商务印书馆.
――(1985), 现代书面汉语里的虚化动词和名动词, *第一届国际汉语教学讨论会论文选*.
――(1986), 变换分析中的平行性原则, *中国语文* 1986年 第2期, 81-87.
周绍珩(1985), 前提和语义, *语言论文集*, 北京市语言学会 编, 113-128.
陈光磊(1994), *汉语词法论*, 上海:学林出版社.

陈望道(1938) 黄汉先生提出的问题--'来, 起来, 去, 下去'是否表存续, 夏旦大学语言研究室编(1980), *陈望道语文论集*, 上海教育出版社.
陈宗明(1993), *汉语逻辑概论*, 北京:人民出版社.
詹开第(1981), 有字句, *中国语文* 1981年 第1期, 27-34.
邹韶华(1986), 名词在特定环境中的语义偏移现象, *中国语文* 第4期, 267-271.
汤廷池(1978), '来'与'去'的意义与用法, *国语语法研究论集*, 台湾:学生书局301-320.
──(1982), *国语变形语法论集·移动变形 第三版*, 台湾:学生书局 (박종한 역, 1990, 중국어 변형생성문법, 서울: 도서출판 학고방)
──(1988), *汉语词法句法论集*, 台湾:学生书局.
──(1995), 从传统语法到当代语法理论:汉语[兼语式]的结构与功能, 上海:汉语语言学现代化问题学术讨论会.
彭利贞(1995), 说'很有NP', *语文研究* 1995年 第2期, 16-21.
贺 阳(1994), '程度副词+有+名'试析, *汉语学习* 1994年 4期, 22-24.
许维翰 등 편(1986), *现代汉语常用词语翻解 下*, 北京语言学院出版社.
胡裕树·范晓 编(1995), *动词研究*, 河南大学出版社.
胡正微(1992), *汉语语法场导论*, 北京:商务印书馆.
今富正巳(1988), *中国语⇔日本语翻译の要领*, 光生馆.
砂冈和子(1991), Modal+VP+的+N, *第三届国际汉语教学讨论会论文选*, 383-391.
森中野枝(1999), *中国语の程度副词挺について*, 59-67.
Aoun, J. & Yen-hui A. Li(1989), Scope and Constituency, *Linguistic Inquiry 20*.
Chafe, W. L.(1976), Givenness, Contrastiveness, Definiteness, Subjects, Topics, and Point of View, in Li, C. N. ed.(1976).
Chao, Yuan-ren(1968), *A Grammar of Spoken Chinese*, University of California Press.435-480.
Chen, Ping(1986), *Referent Introducing and Tracking in Chinese Narratives*, U. of California 박사학위논문.
Chi, Te-lee(1984), *A Lexical Analysis of Verb-Noun Compounds in Mandarin Chinese*, U. of California 박사학위논문.
Chomsky, Noam(1981), *Lectures on Government and Binding*, Foris Publications. (이홍배 역, 1987, 지배-결속이론, 한신문화사)
Chu, Chauncey(1979), Definiteness, Presupposition, topic, and Focus in Mandarin Chinese, in Tang, Cheng & Li eds.(1983).

Dressler, W.(1985), Suppletion in word-formation, in Fisiak eds.(1985), *Historical Semantics, Historical Word-Formation*, Berlin:Mouton.
Fillmore, C. J.(1968), The case for case, (남용우·임선호·이홍진·황봉주 역(1987)에 실림.)
─────(1971), Some problens for case grammar, (남용우·임선호·이홍진·황봉주 역(1987)에 실림.)
Gazdar, G.(1979), *Pragmatics*, Academic Press.
Gordon, W. T.(1982), *A History of Semantics*, John Benjamins Publishing Company.
Heim, I.R.(1982), *The Semantics of Definite and Indefinite Noun Phrases*, U. of Massachusetts 박사학위 논문.
Horn, L.(1989), *A Natural History of Negation*, The University of Chicago Press.
Hou, J.Y.(1979), Totality in Chinese:the Syntax and Semantics of *DOU*, in Tang, Chen & Li eds.(1983).
Huang, Cheng-Teh(黃正德)(1982), *Logical Relations in chinese and the Theory of Grammar*, Doctoral Dissertation, MIT.
Huang, Mei-Jin(黃美金)(1988), *Aspect: A General System and its Manifestation in Mandarin Chinese*, Student Book Co., Taipei.
Huang, Shuan-fan(1977), Space, Time and the Semantics of Lai and Qu, in Robert Cheng et. al.(eds)(1977) Proceedings of the Conference on Chinese Linguistics.
Hurford, J. R. & Brendan Heasley(1983), *Semantics: A Course Book*, Cambridge University Press.
Langacker, R.W.(1988 ets.), (이기동·김종도 옮김, 1991, 인지 문법, 한신문화사)
Lee, T. Hun-tak(1986), *Studies on Quantification in Chinese*, U. of California 박사학위논문.
Leech, G.(1981), *Semantics*, Penguin Books.
Levinson(1983), *Pragmatics*(이익환·권경원 역, 1992, 화용론, 한신문화사)
Li, C. N. ed.(1976), *Subject and Topic*, New York:Academic Press.
─────(1985), *Participant Anaphora in Mandarin Chinese*, U. of Florida 박사 학위논문.
───── & Thompson, S. A.(1976), Subject and Topic: A New Typology of Language, in Li, C. N. ed.(1976).
─────────────(1981), *Mandarin Chinene: A Functional Reference Grammar*, Uninversity of California Press(박종한 외 역, 1989, 표준 중국어 문

법, 한울아카데미)

Li, Mei-Du(李梅都)(1986), *Anaphoric Structures of Chinese*, Student Book Co., Taipei.

Li, Yen-hui A.(1987), Duration Phrases:Distributions and Interpretations, *JCLTA* 22.3.

Lyons, J.(1977), *Semantics*, Cambridge University Press.

Nida, Eugene A.(1975), *Componential Analysis of Meaning*, (조항범 역, 1991, 의미분석론, 탑출판사)

Palmer, F.R.(1981), *Semantics:A New Outline, California University Press*(현대언어학연구회 옮김(1984), 의미론, 서울:한신문화사).

Ross, Claudia(1990), Resultative Verb Compounds, *JCLTA* 26:3, 61-83.

Song, Young-sok(1978), A grammar of 'Coming', *Language* 3:1, 95-105.

Tai, Hao-Yi(1985), Temporal sequence and Chinese word order, in John Haiman (Ed.), *Iconicity in Syntax*[pp.49-72], Amsterdam:John Benjamins Publishing Company.

Tai, J. Hao-yi(戴浩一)(1985), Temporal Sequence and Chinese Word Order, in *Typological Studies in Language* 6, 49-72.

Tang, Chih-Chen Jane(汤志真)(1990), *Chinese Phrase Stuctrure and the Extended X'-Theory*, PhD dissertation, Cornell University.

Tang, Ting-chi(1975), *A Case Grammar Classification of Chinses Verbs*, Hai-guo Book Company, Taipei, Taiwan.

──────── · Cheng, R. L. & Li, Ying-che eds.(1983), *Studies in Chinese Syntax & Semantics*, 台湾:学生书局.

Tzao, Feng-fu(1977), *A Functional Study of Topic in Chinese*, U. of Southern California 박사학위논문, 台湾:学生书局에서 보급.

## 한국어에서 중국어 바라보기

Copyright ⓒ 2004 by 박종한
ⓒ HAKGOBANG Press Inc., 2004, Printed in Korea.

발행인/하운근
발행처/學古房
교정·편집/박분이·김영은

첫 번째 찍은 날/2004. 10. 20.
첫 번째 펴낸 날/2004. 10. 30.

등록번호/제8-134호
서울시 은평구 대조동 213-5 우편번호 122-030
대표(02)353-9907 편집부(02)356-9903 팩시밀리(02)386-8308

ISBN 89-87635-92-9 93820

http://www.hakgobang.co.kr
E-mail: hakgobang@chollian.net

값 18,500원

파본은 교환해 드립니다.